RESEARCH ON MOTOR
VEHICLE REGISTRATION INSPECTION

机动车
登记查验研究

公安部道路交通安全研究中心　编

人民交通出版社
北京

内 容 提 要

为促进机动车登记查验研究和交流，发挥基层首创精神，2019年1月以来，公安部道路交通安全研究中心在《汽车与安全》期刊开设"机动车登记查验专栏"。为便于读者查阅、学习和交流相关专业知识，现将论文集结出版。全书围绕机动车查验、登记、车辆运行安全等内容展开，并对上述已发表论文进行了重新梳理和优化分类，形成了查验基础知识、查验管理、重点车辆查验、嫌疑车辆调查、大吨小标治理、机动车非法改装、车辆运行安全、改革与创新、境外概览等九个章节。

图书在版编目(CIP)数据

机动车登记查验研究 / 公安部道路交通安全研究中心编 . — 北京 : 人民交通出版社股份有限公司, 2024.
12. — ISBN 978-7-114-19707-9

Ⅰ . D922.14

中国国家版本馆 CIP 数据核字第 2024U24U34 号

Jidongche Dengji Chayan Yanjiu

书　　名:	机动车登记查验研究
著 作 者:	公安部道路交通安全研究中心
责任编辑:	李　佳　绳晓露
责任校对:	赵媛媛　魏佳宁
责任印制:	张　凯
出版发行:	人民交通出版社
地　　址:	(100011)北京市朝阳区安定门外外馆斜街3号
网　　址:	http:// www.ccpcl.com.cn
销售电话:	(010)85285857
总 经 销:	人民交通出版社发行部
经　　销:	各地新华书店
印　　刷:	北京科印技术咨询服务有限公司数码印刷分部
开　　本:	787×1092　1/16
印　　张:	17.25
字　　数:	376千
版　　次:	2024 年 12 月　第 1 版
印　　次:	2024 年 12 月　第 1 版　第 1 次印刷
书　　号:	ISBN 978-7-114-19707-9
定　　价:	100.00元

(有印刷、装订质量问题的图书,由本社负责调换)

本书编写组

主　　编　　周文辉　张煜笛　李光耀　董世凯

编审人员　　尚　健　陈　烜　刘宝森　罗　跃　吴海英　马明月
　　　　　　张　浩　张博瑞　杨尚利　沈宇辉　王　奉　田广堤
　　　　　　李　健　金平章　邓　洪　刘　伟　胡　建　罗云智
　　　　　　王艺帆　曾祥凯　金成军　康东飞　余　曦　陈　斌
　　　　　　崔　铭　张　洋　林继开　杨建明　肖超波　肖敬斌
　　　　　　马振杰　舒　强　刘万彦　雍成明　孙秀萍　韩志福
　　　　　　李　尧　陈海峰　杨腾健　柏汝军　杨　鸣　韩　睿
　　　　　　贾国强　文　锐　石增兵　常　颖　谢东亮　张余波
　　　　　　马向明　张海洋　杜　龙　王益辉　司春伟　秦敬哲
　　　　　　殷晓东　孔　蔓　郝　萌　陈培进　陈子丽　黄光晓
　　　　　　邹　鹏　白云武　徐　萌　张承荣　李　磊　梁　元
　　　　　　毛圣明　袁建伟　牟宗春　王　虹　陈振乾

前言
PREFACE

　　近年来，为紧密服务道路交通事故预防中心工作，推进车驾管改革，公安交管系统在机动车登记查验领域出台了一系列法规政策和标准规范。《汽车与安全》期刊中仅"机动车登记查验专栏"开栏以来，新修订出台的重要标准制度就有：《机动车登记规定》（公安部令第164号）、《机动车登记工作规范》《机动车安全技术检验项目和方法》（GB 38900—2020）、《道路交通管理 机动车类型》（GA 802—2019）。为了增强时效性和适用性，本书在编写过程中，将原论文中部分相关规定、标准及其内容更新为最新版本内容，同时对原论文中引用的部分较陈旧的数据等内容，也做了相应的删除或优化。但为便于读者理解特定经济社会背景下机动车登记查验的内涵和要义，仍保留了原论文中部分历史版本的规定、标准的引用和内容，在此提醒读者在实际工作中，注意参考使用最新版本的规定和标准。

　　本书在编写过程中得到了包括本书作者在内的基层人员的大力支持。在此，一并表示感谢。由于我们水平有限，且时间仓促，书中一定有错漏之处，欢迎广大读者批评指正。

编　者
2024年6月

目录
CONTENTS

RESEARCH ON MOTOR
VEHICLE REGISTRATION INSPECTION

机动车
登记查验研究

第一章

查验基础知识

第一节　公　　告

公告，即"道路机动车辆生产企业及产品公告"，是公安机关交通管理部门办理机动车注册登记的主要依据之一，是发现违规产品、消除道路安全隐患的关键制度。正确地理解和运用公告，对机动车查验和登记工作有着重要的理论意义和实践意义。

一、关于公告管理的职能问题

公告，是国家对汽车行业实施管理的一种行政手段。2001年以前，国家对汽车制造、销售实施目录管理，即《全国汽车、民用改装车和摩托车生产企业及产品目录》，凡列入该目录内的企业，则认为具备汽车生产资质，列入目录内的车型允许在国内上牌；目录只发布车辆型号，不发布车辆参数，车辆参数以使用手册为准。2001年4月，汽车产品公告管理制度正式开始实施。2004年，《汽车工业产业政策》进一步完善公告管理制度，列入公告的企业视为具备生产资质，列入公告的车型视为具备生产、销售资质；公告发布车型的生产企业、车辆参数、外观照片，销售车型必须与公告发布的型号、参数、外观特征一致方能注册登记。可见，公告是国家主管部门对汽车制造、注册登记实施的一种管理制度，其实质是一种行政审批行为，只因该审批结果是以公告的形式发布，故称作"公告"。

这里需要说明的是，出于对公共安全的考虑，对车辆企业及产品实施许可管理，是国际上通行的做法，并不是我国独创。比如欧盟采取"车辆型式批准"的方式；美国则分成两部分，其中涉及车辆安全部分采用企业自我认证、政府事后监管的方式，环保部分采取"车辆型式批准"的方式。我国的公告管理，与欧盟国家的"车辆型式批准"相类似。

二、关于公告管理的范围问题

公告管理的范围，也就是公告的边界问题，即明确在我国哪些车辆纳入公告管理、哪些车辆注册登记时须比对公告。

1. 把握公告管理范围的渐进性

2001年6月14日，公安部印发《关于按照〈车辆生产企业及产品公告〉办理注册登记有关问题的通知》（公交管〔2001〕94号），要求自2001年1月1日起，各级公安机关交通管理部门对汽车、摩托车和农用运输车新产品，应按照公告办理注册登记。2002年10月18日，国家经济贸易委员会和公安部联合下发《关于进一步加强车辆公告管理和注册登记有关事项的通知》（国经贸产业〔2002〕768号），将半挂车纳入公告管理。2011年12月31日发布《关于进一步提高大中型客货车安全技术性能加强车辆公告管理和注册登记管理工作的通知》（工信部联产业〔2011〕632号），要求自2012年9月1日起，将全挂车纳入公告管理。可见，目前纳入公告管理范围的机动车包括：在我国生产、销售并上道路行驶的汽车（包括三轮汽车和低速货车）及相应底盘、半挂车、全挂车、摩托车产品。无轨电车、轮式专用机械和拖拉机暂不实行公告管理。

2. 把握公告管理范围的引申性

就车辆管理工作而言，依据公告管理范围的规定可以得出以下结论：在我国生产、境外销售的车辆（即出口的车辆）不实行公告管理；境外生产、国内销售的车辆（即进口车辆）不实行公告管理；我国生产、销售的非道路车辆（即具有挖掘、装卸、平地设备的轮胎式自行机械等场地车辆）不实行公告管理；有无公告并不是车管部门允许注册登记的充分必要条件，即不能依据有无公告来决定能否注册上牌；有无公告并不是判断机动车的充分必要条件，有的机动车没有公告，即没有纳入公告管理范围；能核发临时牌照不一定能注册登记，如超限车辆只能核发临时牌照但不能注册登记。

3. 把握公告管理范围的局限性

这一点主要体现在对超限机动车的管理上。现实工作中，部分超限车辆实行公告管理，在公告中注明"超限"字样，明确该部分车辆需要上道路行驶时，只能核发超限临时号牌（不受次数限制）。但还有一部分超限车辆没有纳入公告管理，也不符合机动车登记条件，也只能核发临时超限号牌。实践中，尤其要注意区分未纳入公告管理的超限车辆与违规车辆产品的区别，前者是技术参数超过《汽车、挂车及汽车列车外廓尺寸、轴荷及质量限值》（GB 1589）的规定，一般需要在特定的道路上行驶，或者事先需要审批（办理通行证）；后者则属于公告管理的车型，只是实车数据与公告不一致或违反相关国家标准，不符合道路行驶条件，不能办理注册登记。

三、关于公告管理的内容问题

公告管理的内容，就是明确公告要管什么的问题。从公告的名称（道路机动车辆生产企业及产品公告）可以看出，公告管理含有两方面内容：企业和产品，即企业的准生产和产品的准销售。简单来说，对于企业而言，无论是新企业的建立，还是原企业的扩大再生产，在满足一定的条件后，需要向主管部门递交资料，经现场考核、公示、审批后，以公告的形式发布；对于产品而言，无论是新车型的确认，还是原车型的改进，都需要向主管部门申报，经过检测、审批后，以公告的形式发布。公告管理的具体内容见表1-1。

公告管理的内容　　　　　　　　　　　　　表1-1

企业	车型	产品
新建	批准	新产品
变更	变更	更改
撤销	撤销	报废
经营与监督	真实性与合理性	一致性与符合性

通过公告管理的内容可以看出，依据申报公告的目的划分，公告可以分为如下几种类型：

（1）申报车辆新产品，是指新设计的全新产品或改进型产品首次申报公告；

（2）申报产品扩展，是指车辆产品在不改变其基本特征和产品型号的状况下，增加或减少某些配置（或参数）；

（3）申报产品变更，是指车辆产品在不改变其基本特征和产品型号的状况下，替换某些配置（或参数）；

（4）产品勘误，是指车辆产品在申报环节中，由于疏忽造成参数填报错误或漏报需要进行更正；

（5）产品撤销，是指企业不再生产主动撤销的产品，以及不符合国家实施新标准、规定强制撤销的产品。

这里需要说明的是，公告是以批次为单位，按照不同的车型（车辆型号）来发布（审批）的，同一批次的公告可以有不同或相同的生产厂家。所以，公告与具体某一辆车不是一一对应的关系，而是一对多的关系。如果把公告比作百家姓的话，公告是按照姓氏来管理的，而具体的某辆车则如同姓氏中的具体人，是依据户口本（合格证）进行管理，即一批公告对应大量的机动车，而每一辆机动车对应一张合格证。

四、关于公告管理的作用问题

公告管理是道路车辆管理的源头，涉及3C、交通、环保、车辆税费政策、市场监管、执法诉讼、仲裁、刑侦、购车指导和部队、公安等单位装备的列装与选型等问题。基于公告，还衍生出新能源汽车目录、车辆购置税减免、国税总局计税系统、车辆企业生产经营许可、机动车出厂合格证、公告数据库、合格证数据库、汽车材料数据系统（CAMDS）等与公告相关的系统。对于机动车登记工作而言，主要是涉及合格证与用户注册和购置税核查两个方面，其基本信息流程如图1-1所示。

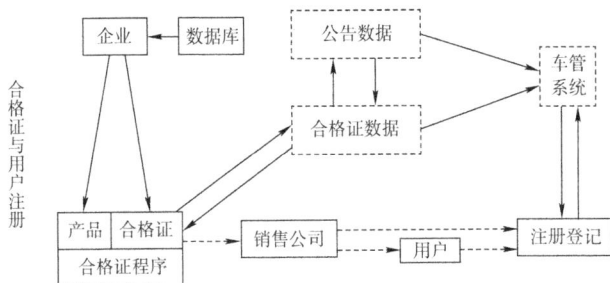

图1-1　公告信息流程图

五、关于公告比对方法的问题

1. 明确公告比对的原因

首先，作为保证生产一致性的责任主体，车辆生产企业理应严格按照国家法律法规和主管部门的有关规定，建立完善生产一致性保证体系，确保车辆产品符合国家标准要求，但客观上个别车辆并不一定与公告、合格证所记载的电子数据完全一致，还存在"两张皮"的现象，甚至个别不良厂家受利益驱动，故意生产违规产品。其次，公告审批、合格证的签发工作有时难免存在疏漏，导致公告本身违规，进而按违规公告生产的机动车流向市场。最后，是国家层面管理制度设计的需要。主管部门通过公告管理允许企业批量生产、销售机动车，但不是逐车检查验收，只有在公安交通管理部门注册登记时增加比对公告环节，查看实车是否与申报的信息相一致，才能守住最后一道关口，实现监督管理工作的闭合回路。

2. 明确公告比对的批次

要正确理解《关于进一步加强道路机动车辆生产企业及产品公告管理和注册登记工作的通知》（工信部联产业〔2008〕319号）文件中关于"各地公安机关交通管理部门要严格按照最新公告办理机动车注册登记"的含义。在2018年10月之前，对于存在多个均在有效期内公告批次的公告而言，需按以下原则选定公告批次：

（1）机动车出厂合格证的发证日期（即出厂日期）应等于或晚于车辆制造日期，发证日期和车辆制造日期之间的时间间隔没有特别要求，车辆制造日期与实际车辆铭牌上的日期应保持一致。

（2）机动车整车出厂合格证的签发日期应等于或晚于公告的生效（发布）日期。需要注意的是，对于新产品、产品更改、产品扩展的公告，其公告生效日期等于公告发布日期；产品勘误的公告，其公告生效日期等于勘误产品上次的公告发布日期。

（3）机动车整车出厂合格证签注日期应不晚于公告的停止生产日期，并且车辆销售发票日期应不晚于停止销售日期。

在符合上述条件情况下，如果存在多个批次公告，应选取合格证技术参数信息、实车外观与公告的技术参数和照片相符的公告批次进行比对。需要说明的是，2018年10月通过系统升级，在查验岗扫描合格证后，系统会自动选定公告批次，不存在人工选定的可能。

3.明确公告比对的内容

首先，要明确比对的标准（图1-2）。这是公告比对的关键。因为客观上公告、实车和合格证均存在违规的可能，所以既要比对三者之间的一致性，又要比对三者是否符合《机动车运行安全技术条件》（GB 7258）、《汽车、挂车及汽车列车外廓尺寸、轴荷及质量限值》（GB 1589）等国家标准的规定。也就是说，国家的法律法规和相关技术标准是比对的基本准则。其次，比对形式是否合规。比如改装车使用了不允许使用的底盘；二轮摩托车公告参数中出现了"载质量"；侧三轮摩托车中出现了"三轴"；号牌板架出现了"翻转现象"；公告照片防护装置不合格、反光标识不合格等。最后，比对具体数据是否违规。重点比对车辆产品尺寸及质量参数是否符合《汽车、挂车及汽车列车外廓尺寸、轴荷及质量限值》（GB 1589）等相关标准，比如外廓尺寸、货厢内部尺寸、轴距、轮距、前悬/后悬是否在公差允许范围之内；比对公告中照片所包含信息与实车是否一致等。

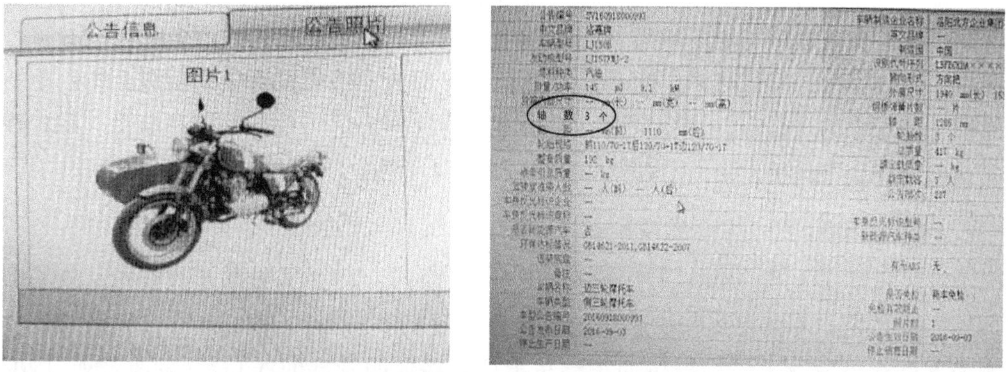

图1-2 公告中为三轴，实车为两轴

六、关于违规公告的处理问题

公安机关交通管理部门在办理注册登记时，通过比对公告、实车查验发现车辆产品不符合公告批准的技术参数和有关国家标准、未列入公告、超过公告有效期出厂、车辆技术参数和相片与公告不一致、车辆识别代号拓印膜和实际车辆不一致等情形的，应复印留存车辆、违规部位照片、合格证等资料照片，取证后按照《机动车查验工作规程》(GA 801)要求，详细记录具体信息，录入机动车登记信息系统并逐级上报。

这里需要说明的是，对已列入"涉嫌违规机动车产品库"车型的车辆，要按照公告批准的技术参数和有关国家标准，严格查验，重点核查。对确属不符合标准和规定的，不予办理注册登记；对已进行整改，不存在违规情形的，应排除嫌疑后予以办理注册登记。

第二节　合　格　证

机动车整车出厂合格证明（以下简称合格证）是车辆制造企业进入公告产品目录，车辆制造完毕、检验合格后随车配发的证明性文件。合格证是办理国产机动车注册登记必须提交的法定凭证之一，也是机动车生产企业产品生产一致性管理考核的重要内容。

一、合格证发展历程概览

合格证是工业化的产物，是工业化生产中企业对自身产品检验合格后所出具的证明。合格证的发展历程，依据在机动车注册登记中规范、细化的程度，总体上可以分为三个阶段。

1. 2004 年之前：初步形成阶段

这一阶段，合格证的主要参考标准是《工业产品保证文件　总则❶》(GB/T 14436—1993)。标准中规定，产品合格证是指，产品生产者提供的一种表明产品经出厂检验，质量符合标准及相关规定的凭证。产品合格证应包括执行产品标准号，检验项目及其结果或检验结论，成批交付的产品还应有批量、批号、抽样受检件的件号，产品的检验日期、出厂日期、检验员签名或印章等内容。当时的合格证没有固定的样式，由各生产厂家自行设计制作，品种繁多、样式各异，大小尺寸不统一，部分合格证没有防伪功能，特别是一些小规模生产厂家的合格证，内容填写不够规范，有的连出厂年月日都没有填写。东方红—28 拖拉机合格证如图 1-3 所示，某汽车合格证如图 1-4 所示。

2. 2004—2008 年：快速发展阶段

为解决机动车生产、销售、注册管理中存在的现实问题，有效防范被盗抢、走私和拼装车辆违法入户，不断规范和提高机动车注册登记工作，2004 年 12 月 13 日，国家发改委和公安部联合下发《关于规范机动车整车出厂合格证明管理的通知》(发改产业〔2004〕2881 号)，对合格证的式样和内容进行统一，并开始建立合格证信息管理系统。

（1）合格证应用范围。通知规定，列入公告的汽车（包括三轮汽车及低速载货汽车——原农用运输汽车）及汽车底盘（含二类底盘和三类底盘）、改装车、半挂车、摩托

---

❶　该标准已于 2024 年 3 月 28 日废止。

车产品在国内销售时，均应由机动车生产企业随车配发符合规定的合格证。

未列入公告但需要办理注册登记手续后上路行驶的无轨电车、其他挂车、轮式专用机械车等类型的机动车辆（不包括进口机动车），也应由生产企业随车配发符合规定的合格证。

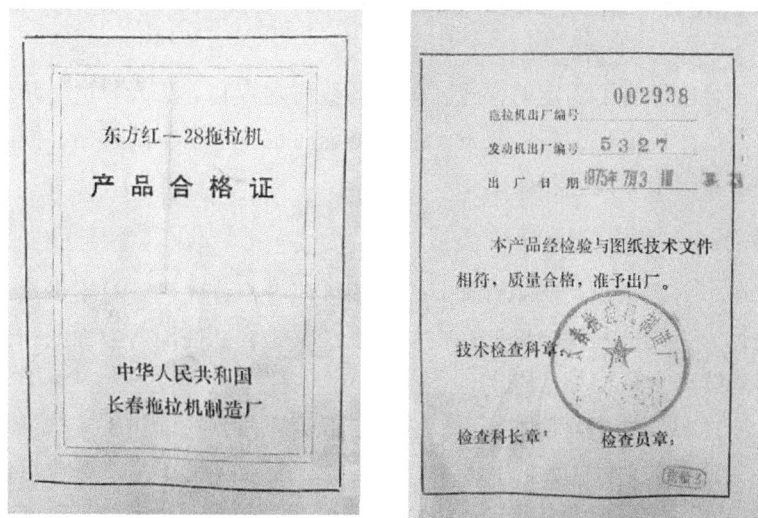

图1-3 拖拉机合格证

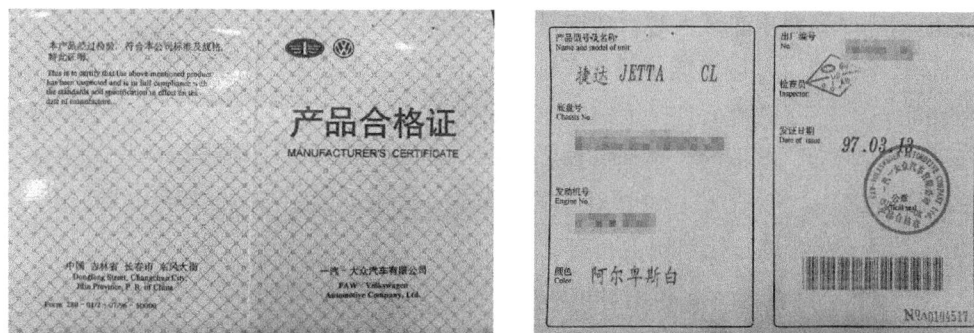

图1-4 汽车合格证

（2）合格证实施的时间。所有免于上检测线的轿车产品，从2005年5月1日起实施；其他汽车类产品（包括汽车底盘，不含三轮汽车及低速载货汽车）、摩托车产品、挂车类产品，从2005年7月1日起实施；所有改装车、三轮汽车和低速载货汽车及未列入公告管理的机动车辆产品，从2005年9月1日起实施。从实施之日起，生产出厂的机动车产品未按上述规定配发合格证的，由机动车生产企业回收并重新配发符合规定的合格证。同时，通知对合格证的样式和内容进行了统一。

2005年8月5日，为落实好《国家发展改革委、公安部关于规范机动车整车出厂合格证明管理的通知》（发改产业〔2004〕2881号）文件的要求，公安部交通管理科学研究所发布《关于办理车辆新车注册登记时审查整车出厂合格证的说明》，要求"机动车底盘出厂合格证"作为"机动车整车出厂合格证"的组成部分,在新车注册登记时应随"机动车整车出厂合格证"一起查验和存档,并明确了机动车注册登记参数表的填报要求。

2007年9月10日,国家质量监督检验检疫总局和国家标准化委员会发布《机动车出厂合格证》(GB/T 21085—2007,2020年被GB/T 21085—2020代替),并于2008年4月1日起实施。

这一阶段,合格证有了固定的样式、固定的签注内容和方法,并进一步促进了国家标准的出台,使各生产厂家在配备、核发产品合格证时也有了基本的遵循,同时明确了合格证在机动车注册登记中的地位和作用。

3. 2008年至今:规范完善阶段

为加强机动车生产企业及产品管理,进一步规范合格证管理,打击倒卖、伪造、假冒合格证等违法行为,充分发挥合格证在机动车生产、销售、注册等方面的积极作用,国家相关职能部门陆续出台了相关规定。

2008年3月18日,国家发展改革委、公安部联合下发《关于进一步加强机动车整车出厂合格证管理的通知》(发改产业〔2008〕761号),要求机动车生产企业在机动车制造完毕且检验合格后应当随车配发合格证,合格证的正面需印制合格证的纸张编号,合格证的填报内容应符合国家标准《机动车出厂合格证》(GB/T 21085)规定,并与公告公布车型和对应的车辆产品技术参数一致;要求从2008年4月1日起,须使用新版"机动车整车出厂合格证打印系统"打印生成《机动车注册登记技术参数表》,并在配发机动车出厂合格证后的48h内通过"机动车合格证信息上传系统"向工作机构❶上传合格证信息,上传的合格证信息应与实际配发的合格证信息一致;要求从2008年6月1日起对所有乘用车及客车(即微型客车、小型客车、中型客车、大型客车)类产品、从2008年12月1日起对其他机动车产品实施合格证信息网上核查。

2008年11月17日,工业和信息化部与公安部联合下发《关于进一步加强道路机动车辆产品生产企业及产品公告管理和注册登记工作的通知》(工信部联产业〔2008〕319号),基于公告管理的角度,明确公告产品有效期是指车辆产品从公告发布之日起至公告公布撤销之日止,要求车辆生产企业在公告有效期内完成产品出厂检验、签发合格证和销售手续;公告有效期满后生产企业不得通过《机动车合格证信息上传系统》传送合格证信息,未销售的车辆不得继续销售;对产品撤销的,公告签注为"自××××年××月××日起不得生产、自××××年××月××日起不得销售";对产品变更的,公告签注为"允许其所生产的相应产品在核准更改后的×月内按照原公告内技术参数生产、销售"。

这一阶段,基于网络技术的发展和公安交通管理综合应用平台(即"六合一"平台)的深度应用,合格证自身的规范化管理得到不断加强。通过增加合格证印刷编号,参考

❶ 国家发展改革委委托中国汽车技术研究中心和公安部委托公安交通管理科学研究所作为合格证信息管理工作机构。

《机动车出厂合格证》（GB/T 21085）填报技术参数，以及将原全项和简化版合格证统一为全项合格证等改革，合格证对车辆生产、销售、注册管理的辐射作用得到进一步发挥，同时因合格证而产生的不能办理注册的现象也越来越多。

二、关于合格证的管理

合格证作为车辆产品质量管控的重要文件，不仅是职能部门行业主管的有力抓手，也是车辆生产企业一致性管理的重要手段。

1.合格证生产

各生产企业须严格按照合格证管理相关规定，规范合格证样式备案、制作、配发、重发以及合格证电子信息上传、修改、撤销等工作，确保合格证及其电子信息与实际车辆唯一对应且保持一致。各生产企业须在配发合格证（以合格证电子信息中"发证日期"项为准）后48h内向工信部门上传合格证电子信息，并参照《企业机动车出厂合格证管理办法编制指南》编制本企业合格证管理办法。

2.合格证配发

合格证配发，是指生产企业车辆制造完成并检测合格下线后通过合格证系统打印纸质合格证的全过程。合格证换发，是指因自身操作错误或产品技术升级等原因，需要对已经配发的合格证进行信息更改，换发的规范流程及要求、旧合格证收回流程及处理方式等都有明确的规定。合格证重发，是指机动车生产企业因合格证污损、丢失等原因，在不改变车辆任何技术参数信息，仅改变合格证纸张编号的前提下，重新发放原车辆合格证的工作流程，重发的批准流程、旧合格证回收或注销等均有明确的规定。

可见，生产企业对合格证有着严格的管理体系，在注册登记时，如果机动车同时具有两张合格证是不符合常理的。一般认为存在造假嫌疑，或者企业管理不严格，换发、重发时应交的旧合格证没有上交。

三、关于合格证的核查

1.合格证核查的背景与进程

国产合格证的核查源于对进口机动车的核查。为打击倒卖、伪造、假冒合格证等违法行为，防范被盗抢、走私和非法拼组装车辆办理注册登记，公安部积极借鉴进口机动车核查系统的成功经验和核查模式，通过建立国产机动车合格证信息数据库与国家发改委实现数据交换共享，从2008年6月1日起实现机动车注册登记时核查比对合格证，对嫌疑车辆进行预警提示，从2014年1月1日起对客车和乘用车实施强制核查，从2014年5月1日起对其他车型实施强制核查，核查未通过的车辆禁止通过"六合一"平台办理注册登记。

2.合格证的注册管理

合格证是机动车注册登记的核心要件之一，由其导致的不能注册的问题也时有发生。《机动车登记工作规范》中关于档案留存的款项明确要求，国产机动车，收存合格证原件，使用底盘改装机动车的，还应收存底盘合格证原件。工作中需要注意的是，收存底盘合格证的动因，是为了"溯源"，是为明确作为商品的底盘的责任主体；对于在自制底盘（通常底盘和整车为同一生产厂家）上生产的整车，底盘不是作为商品，而是作为整车产品的一个"部件"，所以不能在办理注册、转入业务时强行收存底盘合格证，其责任主体与整车相同，在整车合格证上体现。

第三节 产品认证

车辆产品认证是我国车辆生产、销售、进口、注册、召回等管理的重要组成部分，对机动车登记查验工作有着具体和直接的影响。作为机动车查验员，只有对车辆产品认证制度有基本的了解和掌握，才能够更深层次地理解国家管理行政主管部门关于车辆管理的相关政策，才能够更好地做好机动车查验工作。

一、车辆产品认证的基本概念

认证，是指由国家认可的认证机构证明一个组织的产品、服务、管理体系符合相关标准、技术规范或强制性要求的合格评价活动。

车辆产品认证，是指通过官方确认和批准，证明车辆产品能够达到法律和法规要求的过程，不仅包括车辆产品的生产过程，而且包括车辆产品售后的使用过程。

车辆产品认证制度包括强制性认证和自愿性认证两种方式，其中强制性认证是国家强制执行的，依据汽车技术法规和质量保证体系标准，经认证机构确认并通过颁发认证证书来批准同一型式车辆产品的生产、销售或进口的活动；自愿性认证有节能环保认证和中国环境标志认证，是政府采购和政府工程推荐产品的技术指导，不进行认证就不能进入政府采购清单。

通俗地理解，车辆产品认证制度，就是基于管理体制和公共交通安全的特殊需求。一方面要避免行政主管部门既当"司令员"又当"审判员"的制度短板，另一方面要避免生产厂家既是"运动员"又是"裁判员"的先天不足，力求打破"自说自话"的管理弊病和"自圆其说"的利益束缚。在国家层面积极引进统一建立、公众信服的第三方机构——认证机构，按照既定的标准、方法和规则，对生产厂家计划生产或经销商计划进口的样车，以及生产厂家保证进行与样车一致性生产的管控体系进行检验和监督，同时对认证结果以统一样式的标识对外发布，以便广大群众易于辨认、识别和认可，不断提升产品可信度的一系列制度的统称。

二、车辆产品认证的管理体系

工业和信息化部建立了统一的车辆生产企业和产品的准入管理制度，将符合管理制度规定和相关法规、技术规范的强制性要求的车辆产品列入"道路机动车辆生产企业及产品公告"，在发布后才能进行生产和销售。

国家市场监督管理总局负责车辆及相关产品的强制性认证，对列入《中华人民共和国实施强制性产品认证的产品目录》的产品，经国家指定的认证机构认证合格、取得证书、加施认证标志后，方可出厂销售、进口和进行经营性活动。强制性认证具体由国家认证认可监督管理委员会（以下简称国家认监委）负责组织、实施、监督和协调，中国质量认证中心只是受理车辆产品强制认证的中介机构，而且也是唯一一家得到国家认监委授权的车辆产品强制认证机构。

三、车辆产品认证的主要内容

1. 公告管理

公告的前身——目录管理起源于1985年，从2001年起，目录管理逐渐过渡到公告管理，类似于欧洲的"车辆型式批准制度"。公告管理主要包括车辆生产企业的准入管理和车辆产品的准入管理两部分。简单地说，就是车辆生产企业应当按照国家相关法律法规、章程政策的规定，具备一定的规模条件、设计开发、生产一致性保证和售后服务的能力；所生产的产品应符合有关国家标准和规定，并且不侵犯他人的知识产权。同时，企业还应建立和完善生产一致性管理体系，保证实际生产销售的产品与公告批准的车辆产品、用于试验的样品、产品合格证及出厂车辆上传信息中有关技术参数、配置和性能指标一致。

2. 中国强制性产品认证

中国强制性产品认证，英文为"China Compulsory Certification"，即CCC（俗称"3C"）认证，是我国政府为保护广大消费者人身和动植物生命安全，保护环境、保护国家安全，依照法律法规实施的一种产品合格评定制度，它要求产品必须符合国家标准和技术法规。CCC认证与公告管理有相似之处，内容存在重叠，区别是进、出口车辆也须进行CCC认证，但进、出口车辆不在公告管理范围之内。

我国车辆产品强制性认证的基本模式是型式试验、初始工厂审查（企业质量保证能力和产品一致性检查）和获证后监督，并从2002年5月1日开始，通过制定强制性产品认证的产品目录（明确需要认证的范围）和实施规则（明确如何开展认证），开始实施认证工作。凡列入强制性产品认证目录内的产品，没有获得CCC证书、CCC标志、一致性证书（COC证书），一律不得进口、不得出厂销售和在经营服务场所使用。

这里需要注意的是关于进口车辆的3C认证。总体上，进口车辆可以分成"获得强制性产品认证的汽车产品"和"免于强制性产品认证的汽车产品"两大类。

（1）获得强制性产品认证的汽车产品又分为如下几种：

①量产车，即俗称"大贸车"或"大3C"，指批量化生产、规模化生产的车辆，其认证方式与国产车相类似，即采取"型式试验+初始工厂审查（企业质量保证能力和产品一致性检查）+获证后监督"的模式，同一车型仅需对样车进行检验，无须每台检验。量产车对进口数量没有限制。量产车企业质量保证能力和产品一致性检查按照生产一致性审查方式进行。

②非量产车，即俗称"小贸车"或"小3C"，是指非规模化生产的车辆，最常见的是非量产改装车（即为符合我国标准和法规的要求以进入我国市场而进行的改装），其认证模式与量产车相类似，只是免除了破坏性的试验项目，保证了认证车辆的完整性，增加了生产现场或口岸现场抽样检测或者检查的方式。非量产车中包含平行进口车，即在汽车生产厂商授权销售体系之外，由除总经销商以外的其他进口商从境外进口的汽车，与国内授权经销商"平行"。2015年始，国家认监委调整了认证模式，简化了工厂检查要求，满足条件的可在自贸区内设厂。非量产车采取"10抽2"模式，即每10辆随机抽取2辆的方式，进行一致性参数核查及部分强制性检验项目的试验。

③单车认证，其前身是"小批量认证"，即针对特殊用途或因特殊原因而未获得强制性产品认证的小批量用于生产和生活消费的进口产品。国家认监委于2017年将"小批量"作为单车CCC认证纳入强制性产品认证。单车认证模式为100%检验，即每台产品均须送样检测，一车一证，其检测项目视不同车型及车辆改装情况单独制定。

（2）免于强制性产品认证的汽车产品：一种是无须认证的产品，即外国驻华使领馆、办事机构、入境人员从境外带入境内的自用物品（不含从出国人员服务公司购买的物品），政府间援助、赠送的物品，展览品（非展销品），特殊用途（军事等目的）的产品等，无须申请强制性产品认证证书，也不需要加施中国强制性认证标志；另一种是免于办理强制性认证的产品，如为科研、测试需要进口和生产的产品，专供出口的产品（不包括该产品有部分返销国内或内销的），为考核技术引进生产线需要进口的零部件等，提交相关手续并经批准获得免办强制性产品认证证明后，可出厂销售、进口和在经营性活动中使用。对于免于办理强制性认证的汽车产品，先前采用的是"小批量"管理模式，2017年起调整为"单车认证"管理模式。

这里需要说明的是，公告管理、CCC认证会强调车辆产品一致性检验、监督和保证的问题，会从整车生产的一致性和零部件管控一致性两个方面，通过要求企业编制《生产一致性保证计划》等文件和开展自上而下的检查，落实"四个一致"（即发布的车型、用于试验的车辆样品、实际生产的车辆产品和产品的合格证等随车清单信息的有关技术参数、配置和性能指标相一致），进而保证相关标准、法规的落实。

四、车辆产品认证的作用

企业可根据自身的申报策略，自行决定车辆产品不同认证内容的认证顺序，大多数以公告管理为先，CCC认证与环保型式认证可同时进行，但均需在出厂销售、进口前完成。总体上看，车辆产品认证的作用主要体现在以下几个方面：

（1）市场准入作用。车辆产品认证在本质上是一种行政许可，是车辆产品的信用资格保证，更是车辆产品的"准生证"，一款全新车型必须获得工业和信息化部的公告、国家市场监督管理总局的CCC认证和生态环境部的环保目录，才能准予生产、销售，进口车辆产品认证制度也是汽车产业与国际接轨的桥梁，是获得国际认可的手段和保证。

（2）使用管理作用。认证制度与其他管理制度相结合，共同构成我国车辆产品管理体系。比如在车辆产品认证的基础上，公安机关依据公告、合格证等资料进行注册和管理；道路运输管理部门规定，申请燃料消耗量达标的车型应为已列入公告的国产车辆或已经获得CCC认证的进口车辆，经指定的检验检测机构检测，并由交通运输部节能中心进行技术审查；市场监督管理部门规定，对由于设计、制造、标识等原因导致的在同一批次、型号或者类别的汽车产品中普遍存在的不符合保障人身、财产安全的产品，汽车产品制造商或进口商有义务履行召回责任。

（3）监督依据作用。车辆产品通过认证后，市场（实车）中还存在有"大吨小标"、商用车不装配制动防抱死制动系统（ABS）、轻型货车认证结束后产品减配、货厢栏板高度和认证不符、分点装配的"大委改"等现象，这些问题是车辆使用过程中的问题，是"在用产品"与"认证产品"不一致的问题，不是简单地通过产品认证、注册管理就能够解决的问题，需要加强企业诚信建设，提高车主法律、安全意识，靠后继市场监管和联合执法等加以解决。

五、车辆产品认证结果在登记查验中的应用

车辆产品认证，在横向上由国家各部门分工管理和负责，在纵向上不同部门依据自身职责，结合工作需要，对认证结果予以采纳和应用。就机动车登记查验工作而言，既要对认证结果有正确的认识，又要在工作中合理地把握和运用。

1.关于公告管理

公告管理的结果，是发布公告，准予生产销售，同时为出厂检测合格的车辆配发合格证。公告管理是对机动车注册登记的法定依据，注册登记时须进行公告、合格证、实车之间的比对。鉴于关于公告管理部分与机动车注册登记联系紧密，相关的工作制度规定比较完善、政策调整及时，在此不作赘述。

2.关于CCC认证

CCC认证的结果有CCC证书、CCC标志、COC证书，具体样式如图1-5所示。

CCC证书、COC证书不是机动车注册登记审核、存档的规定要件。但查验实践中，除了借助COC证书维护进口机动车技术参数、签注相关信息外，还应注意和把握以下几点：

（1）关于COC证书时间的问题。车辆认证通过后才能生产，所以，CCC证书获得日期

应早于或等于COC证书签发日期，COC证书签发日期应早于或等于车辆的制造日期。对于进口车，COC证书签发日期还应早于或等于车辆报关（即进口）日期。在开展认证工作的早期，有个别进口车的制造日期早于CCC认证、COC证书签发日期。

图1-5　CCC认证标志、证书样式

（2）关于COC证书配发的问题。COC证书随车配发，其内容经认证机构备案后，生产企业可以自行打印，也就是说COC证书可以补、换领；发现认证车型没有配发COC证书的，可告知车主或经销商，向中国质量认证中心（CQC）确认是否是获证车型，发现配发的COC证书涉嫌伪造、变造时，也可告知CQC，由其核实并做出相应处理。

（3）关于COC证书核查的问题。中国质量认证中心（CQC）开发的一致性认证证书核查系统中，收录的是获得CCC证书车型的COC参数，对于免于办理强制性认证的车辆和小批量（2017年7月1日起改为单车认证）的车辆，系统中查询不到。查询结果只是作为机动车查验的辅助判断材料。

（4）关于COC证书形式的问题。COC证书在内容上要符合规定要求，具体版式由厂家自行设计。对于存在多个VIN的车辆，查验时应拓印COC证书标注位置的VIN，并在机动车查验记录表备注栏内说明；对于2016年12月1日起进口的新能源汽车，核对进口机动车辆随车检验单中"检验情况"是否标明"新能源汽车"，同时可比对COC证书上"新能源车"项目是否进行签注；因CQC与车辆进口管理部门对"制造国或地区"的界定标准不一致，会出现COC证书与货物进口证明书上所签注的"制造国或地区"不一致的情形。

第四节　车辆识别代号

车辆识别代号（Vehicle Identification Number，VIN，俗称"车架号"），是车辆制造厂为了识别某一辆车而为该车辆指定的一组字码。只有正确认识和全面把握关于VIN的系列制度规定，才能充分发挥其在机动车登记查验中的重要作用。

一、机动车登记查验中有关VIN规定的标准制度梳理

1.《道路车辆　车辆识别代号（VIN）》中的规定

于2004年6月21日发布，自10月1日起施行的《道路车辆　车辆识别代号（VIN）》（GB 16735—2004），是将国家推荐性标准《道路车辆　车辆识别代号（VIN）位置与固定》（GB/T 16735—1997）和《道路车辆　车辆识别代号（VIN）内容与构成》（GB/T 16736—1997）整合与完善后，升级为强制性国家标准。2019年，国家标准化管理委员会发布了《道路车辆　车辆识别代号（VIN）》（GB 16735—2019），于2020年1月1日正式开始实施。其主要内容如下：

VIN由世界制造厂识别代号（WMI）、车辆说明部分（VDS）、车辆指示部分（VIS）三部分组成，共17位阿拉伯数字和大写的罗马字母（字母I、O及Q不能用），是机动车的身份证，在全世界范围内具有唯一性（表1-2、表1-3）。机动车登记查验中应用最多的是检验位和年份代码位。VIN的第9位字码是检验位，可为"0～9"中任一数字或字母"X"，车辆制造厂在确定了VIN的其他16位代码后，通过以下方法计算得出检验位（计算结果用以核对车辆识别代号记录的准确性）：①车辆识别代码中的数字和字母对应值见表1-2、表1-3；②按表1-4给车辆识别代码中的每一位指定一个加权系数；③将检验位之外的16位每一位的加权系数乘以此位数字或字母的对应值，再将各乘积相加求得的和被11除，所得余数即为检验位。如果余数是10，检验位应为字母"X"。

车辆识别代码的数字对应值 表1-2

VIN中的数字	0	1	2	3	4	5	6	7	8	9
对应值	0	1	2	3	4	5	6	7	8	9

车辆识别代码中的字母对应值 表1-3

VIN中的字母	A	B	C	D	E	F	G	H	J	K	L	M	N	P	R	S	T	U	V	W	X	Y	Z
对应值	1	2	3	4	5	6	7	8	1	2	3	4	5	7	9	2	3	4	5	6	7	8	9

车辆识别代码中的位置与加权系数对应表 表1-4

VIN中的位置	1	2	3	4	5	6	7	8	9	10	11	12	13	14	15	16	17
加权系数	8	7	6	5	4	3	2	10	*	9	8	7	6	5	4	3	2

VIN中第10位为年份代码（数字0和字母I、O、Q、Z不能用），按表1-5规定使用（30年循环一次）。

年份代码对照表 表1-5

年份	代码	年份	代码	年份	代码	年份	代码
2001	1	2011	B	2021	M	2031	1
2002	2	2012	C	2022	N	2032	2
2003	3	2013	D	2023	P	2033	3
2004	4	2014	E	2024	R	2034	4
2005	5	2015	F	2025	S	2035	5
2006	6	2016	G	2026	T	2036	6
2007	7	2017	H	2027	V	2037	7
2008	8	2018	J	2028	W	2038	8
2009	9	2019	K	2029	X	2039	9
2010	A	2020	L	2030	Y	2040	A

2. 《机动车运行安全技术条件》中的规定

《机动车运行安全技术条件》是我国机动车安全技术管理中最基本的技术性法规，是新车注册登记、用车定期检验和事故车辆检验的主要依据，其历次版本修订时都将VIN作为重要内容加以规定和表述。

《机动车运行安全技术条件》（GB 7258—1987）：是我国第一部机动车运行安全技术管理的技术性法规。尽管在该版本标准中没有对VIN的具体规定，但它的颁布和实施，在保障机动车运行安全、促进机动车技术和质量的提高及检测技术的发展等方面发挥了重大作用。值得注意的是，标准中规定发动机的型号和出厂编号字体应为二号印刷字，底盘的型号和出厂编号字体应为一号印刷字，这是标准中唯一对字体的规定。

《机动车运行安全技术条件》（GB 7258—1997）：1997年4月9日批准，1998年1月1

日起施行。新标准充分借鉴了1987年版实施多年的实践经验和国外车辆管理的先进方法，条款由141条增加到223条。标准在3.1.4中规定，"易于拓印的车辆识别号（VIN）可代替整车型号和出厂编号"，虽然是选择性条款，但开启了VIN纳入《机动车运行安全技术条件》管理的新篇章，为实现车辆管理与国际接轨奠定了基础。

《机动车运行安全技术条件》（GB 7258—2004）：2004年7月12日发布，当年10月1日起施行。该标准在4.1.3中明确规定，"汽车、摩托车及轻便摩托车、半挂车必须在车架（无车架的机动车为车身主要承载且不能拆卸的部件）上打刻易见且易于拓印的车辆识别代号，打刻位置应尽量位于前部右侧，如受结构限制亦可打刻在其他部位，组成车辆识别代号的字母和数字的高度和深度应符合 GB 16735 的规定，车辆识别代号一经打刻不得更改、变动""打刻的所有车辆识别代号应一致，车上所有的车辆识别代号内容应一致"。此外，鉴于运输车不宜分工业用和农业用的共识，在2004年版标准中将"三轮农用运输车"更名为"三轮汽车"，将"四轮农用运输车"更名为"低速货车"，明确"农用运输车"实质上是汽车的一类。

《机动车运行安全技术条件》（GB 7258—2012）：2012年5月11日批准发布，当年9月1日起施行。新版本中的一个显著变化，就是对VIN的打刻要求和标示要求更加严格，在实践中更具有可操作性和严密性，以期提升对汽车（尤其是乘用车）的可追溯性，更好地打击和预防盗抢机动车违法犯罪行为。标准增加了乘用车和总质量不大于3500kg的货车（低速汽车除外）还应在靠近风窗立柱的位置设置能永久保持、可从车外清晰识读的标有车辆识别代号的标识的规定；增加了"乘用车至少还应在后备箱标识车辆识别代号及在其他5个主要部件上标识车辆识别代号或零部件编号""具有ECU单元的乘用车，其ECU应能读取车辆识别代号等特征信息或能通过电子接口读取车辆识别代号等特征信息""对机动车进行改装或修理时不允许对车辆识别代号等整车标志进行遮盖（遮挡）、打磨、挖补、垫片等处理及凿孔、钻孔等破坏性操作"以及"不应破坏或未经授权修改ECU记载的VIN信息"等要求。

《机动车运行安全技术条件》（GB 7258—2017）：2017年9月29日发布，2018年1月1日起施行。为从制造源头上加大栏板式、仓栅式、自卸式、罐式货车/挂车等重点车辆造假难度，限制不法分子使用"标准车厢""值班车厢"等手段在注册登记检验、定期安全技术检验等环节中蒙混过关，标准进一步规范了车辆识别代号的打刻要求，明确总质量大于或等于12000kg的栏板式、仓栅式、自卸式、罐式货车及总质量大于10000kg的栏板式、仓栅式、自卸式、罐式挂车还应在其货箱或常压罐体上打刻至少两个车辆识别代号，并且距货箱（常压罐体）前端面距离应小于或等于1000mm。

3. 其他规定

1996年12月25日发布《车辆识别代号（VIN）管理规则》，于1997年1月1日起施行，要求每一辆汽车、挂车、摩托车和轻便摩托车都必须具有车辆识别代号。规则过渡期为24个月，即1999年1月1日以后，规则范围内所有新生产车辆均须使用VIN。

1998年11月19日，《公安部关于实施〈车辆识别代号（VIN）管理规则〉有关问题的通知》（公交管〔1998〕296号）印发，要求公安交管部门对打刻了VIN的车辆，应当使用VIN代替车架号作为判别车辆唯一性的标识之一，注册登记时应拓印VIN并留存，在过渡期内车辆打刻VIN或车架号均视为有效，不得以未使用VIN为由拒绝办理注册登记。

2002年10月18日，国家经贸委和公安部联合下发《关于进一步加强车辆公告管理和注册登记有关事项的通知》（国经贸产业〔2002〕768号），规定实施车辆识别代号（VIN）的管理，要求汽车整车、汽车底盘、半挂车、摩托车产品实施VIN管理，采用汽车整车的产品或底盘改装的产品，应在改装车产品的规定部件或产品标牌上完整保留汽车整车产品或底盘的VIN。

2004年11月2日，《车辆识别代号管理办法（试行）》（国家发改委第66号）发布，该办法于2004年12月1日起施行，与《道路车辆　车辆识别代号（VIN）》（GB 16735—2004）配套使用，共同对我国车辆VIN进行管理，原《车辆识别代号（VIN）管理规则》同时废止。

2006年，《国家发展改革委关于规范三轮汽车、低速货车管理有关事项的通知》（发改产业〔2006〕823号）要求，三轮汽车、低速货车应当实施VIN管理，并且自2007年3月31日始，公告内未标识VIN的产品将撤销，并不得销售。

2008年1月2日，国家市场监督管理总局和公安部联合发布《对进口机动车车辆识别代号（VIN）实施入境验证管理的公告》（2008年第3号），规定自2008年3月1日起，进口机动车的VIN必须符合《道路车辆　车辆识别代号（VIN）》（GB 16735—2004）的要求。对不符合上述标准的进口机动车，检验检疫机构将禁止其进口，公安机关不予办理注册登记手续，国家特殊需要经批准的，以及常驻我国的境外人员、我国驻外使领馆人员自带的除外。

二、机动车登记查验中需要注意和把握的问题

1. 正确理解年份代码的含义

根据《道路车辆　车辆识别代号（VIN）》（GB 16735—2019）的规定，VIN的第10位表示车辆的生产年份，它可以是实际制造车辆的历法年份，也可以是车辆制造厂决定的车型年份。当采用车型年份时，可以与实际制造的历法年份不一致，只要实际周期不超过两个历法年即可。由于合格证上并未注明采用哪种年份，需要查验员根据实车判断：如果年份代码与制造年份一致，采用的是"制造年份"，如果不一致，则采用的是"车型年份"。

"两个历法年份"，是指VIN中年份代码对应的年份与车辆实际制造年份的差值。制造年份，对国产车是指机动车整车出厂合格证（对改装车是指底盘出厂合格证或用于改装的整车的机动车整车出厂合格证）上"车辆制造日期"对应的年份，而不是"合格证签发日

期"对应的年份；对进口车应采用其整车货物进口证明书及车辆一致性证书等经确认的技术文件上记载的车辆制造日期对应的年份，而不是货物进口证明书上"进口日期"对应的年份。比如VIN第10位为G，其对应的历法年份为2016年，其实际制造年份最早可以是2014年1月1日（至2016年1月1日不超过2年），最晚可以是2018年12月31日（与2016年12月31日不超过2年），即以2016年为基准左右各2个历法年度，车辆制造日期在2014年1月1日至2018年12月31日之间均视为符合要求。

需要说明的是：《机动车运行安全技术条件》（GB 7258—2017）条文释义中关于"车型年份"的说明是根据《道路车辆　车辆识别代号（VIN）》（GB 16735—2019）编写的。《道路车辆　车辆识别代号（VIN）》（GB 16735—2019）规定，车型年份由车辆制造厂为某个单独车型指定，只要实际周期不超过24个月，可以和历法年份不一致。若实际生产周期不跨年，车型年份应与历法年份一致；若实际生产周期跨年，车型年份应包含且仅包含年份代码对应历法年份的1月1日。重点是要正确理解"包含且仅包含年份代码对应历法年份的1月1日"，即只能有一个1月1日。比如采用车型年份，代码为K，对应的历法年份为2019年，则该车型最长的允许生产周期为2018年1月2日至2019年12月31日（即只能有2019年的1月1日，而不能有2018年和2020年的1月1日）。

2. 正确把握查验的确认尺度

VIN是机动车登记查验的核心项目，也是确认机动车唯一性的重要依据，事关群众的切身利益，工作中必须做到依法依标查验，既不要人为抬高标准，又不能肆意降低标准，坚决杜绝随意性。比如，标准未规定VIN两端是否打刻起止标记，但如果打刻则不应与VIN相混淆，且与VIN的字母、数字的间距应紧密、均匀；标准未规定VIN的字体形式，鉴于不同部件材质及受力面大小的不同，不同部位构件上的VIN无法做到字体和大小相同，但同一车辆的所有VIN内容应相同，同一部位VIN字母和数字的大小应相同；尽管规定了VIN打刻的深度和高度，但实践中以拓印膜清晰可读为符合标准VIN从上（前）方易于观察、拓印，并非指车辆的正前方，在车辆侧面易于观察和拓印也应视为符合要求；对于部分平行进口车和进口改装车，存在第10位年份代码为"0"，或者打刻的要求不符合《机动车运行安全技术条件》（GB 7258）的规定，在用车以排除盗抢为主，新车应严格把关，不应为其办理注册登记。

第五节　进口机动车辆制造厂名称和汽车品牌中英文对照表

一、在查验工作中的应用

除嫌疑违规车辆调查外，办理机动车登记和业务确认机动车时，应用《进口机动车辆制造厂名称和汽车品牌中英文对照表》（以下简称《对照表》）的环节主要有两个。

1. 采集签注机动车信息

按照现行《机动车登记工作规范》《机动车登记信息采集和签注》（GA/T 946）的规定，一般情况下将《对照表》记载的制造厂签注名称和车辆品牌签注名称分别录入登记系统的"制造厂名称"和"车辆品牌"两个项目中。

需要注意的是，登记系统中还有"制造国""签注产地"和"签注厂牌型号"项目需要录入，对于这三个项目，应当录入进口凭证相应项目载明的内容，而不是《对照表》或《强制性产品认证车辆一致性证书》（以下简称《一致性证书》）等其他资料内容，如图1-6、图1-7所示。

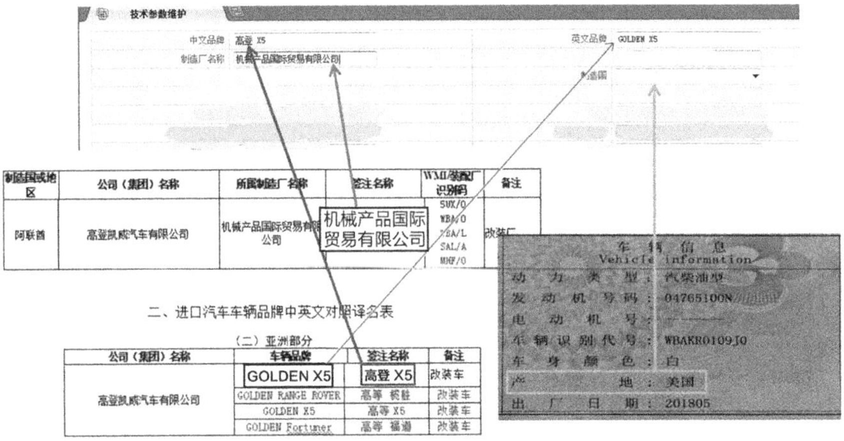

图1-6 录入中文品牌、英文品牌、制造厂名称和制造国示意图

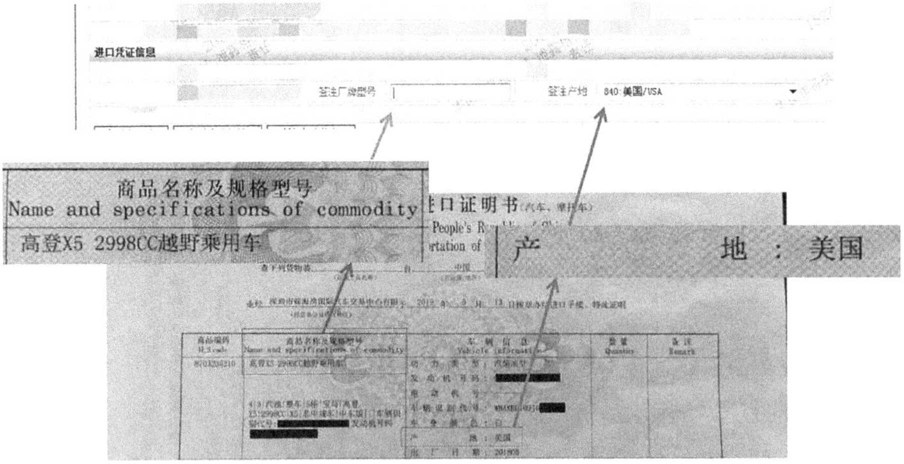

图1-7 录入签注厂牌型号和签注产地示意图

2. 查验车辆品牌和型号

查验车辆品牌和型号项目时，应查看实车标牌上标明的车辆品牌、型号，其标明的内容应当规范、清晰耐久且易于识别，对一般的进口车，标明的车辆品牌应当与《一致性证

书》一致且被列入《对照表》，标明的车辆品牌和型号应当与货物进口证明书等进口凭证以及进口机动车辆随车检验单记载的内容相符、无矛盾。

需要注意的是，《机动车查验工作规程》（GA 801—2019）明确规定，除办理注册登记和因质量问题更换整车变更登记时查验"车辆品牌和型号"项目外，其他登记和业务均不查验"车辆品牌和型号"项目。

二、应用中存在的问题

《对照表》是由进出口检验检疫部门（现已并入海关）不定期修订和勘误刷新的记录进口车厂牌信息的表格。自2002年1月1日起印发实行《对照表（2001年版）》以来，相关部门不断勘误更新，截至2024年9月《对照表（2004年版）》已更新到第八十三次修订和勘误刷新版本。但是，由于缺乏具体的使用方法或指引，表中"公司（集团）名称""车辆品牌"等项目内容没有专门的、针对性的定义，导致查验员在实际工作中对《对照表》的理解不同。

三、查询方法及流程

查询《对照表》时，首先在制造厂签注名称表中搜索实车标牌上标明的生产厂名，将制造厂签注名称表第三列"所属制造厂名称"与标牌上生产厂名一致且其他各列与标牌对应项目均一致或相符（为空的视为相符）的公司（集团）名称全部记录下来。其次在车辆品牌中英文对照译名表中查看记录的公司（集团）名称，应至少有一个公司（集团）名称列有与标牌一致的中英文品牌。查询流程如图1-8所示。

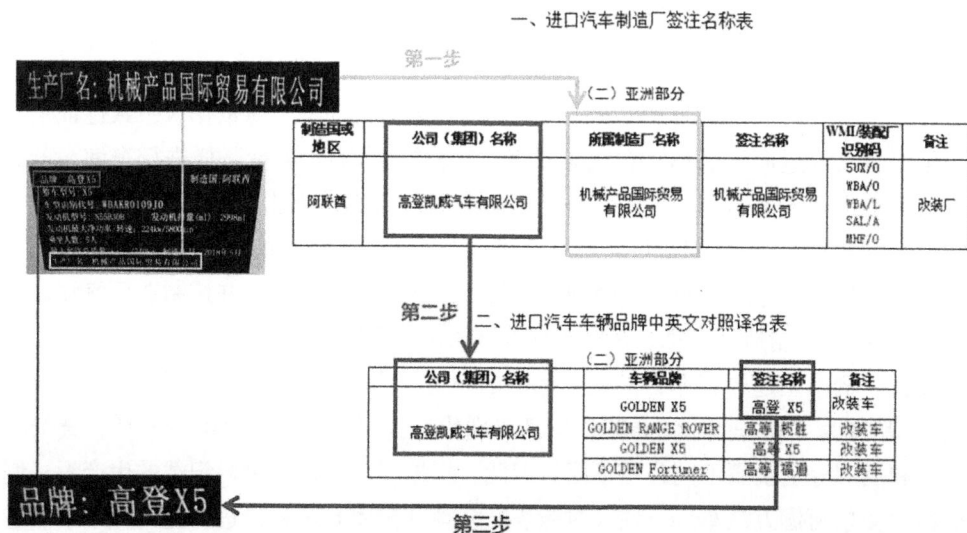

图1-8　查询流程示意图

对于无法查询到"所属制造厂名称",或者记录的全部公司（集团）名称未列有与标牌一致的中英文品牌时,应进行反向查询,即先在车辆品牌中英文对照译名表中查找标牌标明的品牌,将对应的公司（集团）名称全部记录下来,再用记录的公司（集团）名称查找制造厂签注名称,应至少有一个公司（集团）名称旗下列有与标牌相符的制造厂（"所属制造厂名称"为空的视为相符）。

需要说明的是,不论如何查询,《一致性证书》记载的生产者（制造商）名称都可用来准确快速地查找公司（集团）名称,只因其不是机动车登记审查的法定凭证,上文未说明其重要用途。

对车辆品牌和型号查验合格的机动车,应当将制造厂签注名称表中"签注名称"项和车辆品牌中英文对照译名表中"签注名称"项记载的内容分别录入计算机系统"制造厂名称"和"车辆品牌"栏目中。

四、使用要点及案例分析

1.将《对照表》分开储存

目前使用的《对照表》是2004年版,包括"一、进口汽车制造厂签注名称表""二、进口汽车车辆品牌中英文对照译名表""三、进口摩托车制造厂签注名称表""四、进口摩托车车辆品牌中英文对照译名表"四部分内容,最后还附有三条注释。建议将四部分内容四个表分别储存在四个文档中,查找时避免在多个表来回循环,更加便捷。

2.适用范围

《对照表》的适用范围仅限进口汽车和摩托车,不包括进口挂车等车辆。使用时,应以最新版本为准。

3.对品牌或生产厂名未列入《对照表》的机动车

对按照本小节"三、查询方法及流程"查询未果的机动车,应依据《一致性证书》记载的"生产者（制造商）名称"在《对照表》"公司（集团）名称"栏进行查询,若制造厂签注名称表中列入了制造厂（列入是指"制造国""WMI/装配厂识别码"等各栏与《一致性证书》均相符,"所属制造厂名称"栏可能为空）,且《一致性证书》《进口机动车辆随车检验单》与实车标牌标明的品牌均一致的,则应予以通过查验并按制造厂签注名称表"签注名称"栏录入制造厂名称、按实车标牌标明录入车辆品牌。

例如,一辆小型越野客车,其铭牌标明的制造国为"美国"、生产厂名为"联合太平洋公司"、品牌为"新桦兴GLS450"、车辆识别代号为"4JG*******B******",查询结果是生产厂和品牌分别隶属不同公司集团。因此,根据《一致性证书》记载的生产者（制造商）名称"艾尔阿伽万汽车厂"在《对照表》公司（集团）名称栏进行查询,结果制造厂签注名称表中列入了该车生产厂名,且各种凭证记载的车辆品牌均一致,因此,予以通过查验并录入制造厂名称"联合太平洋",录入车辆品牌"新桦兴GLS450",如图1-9所示。

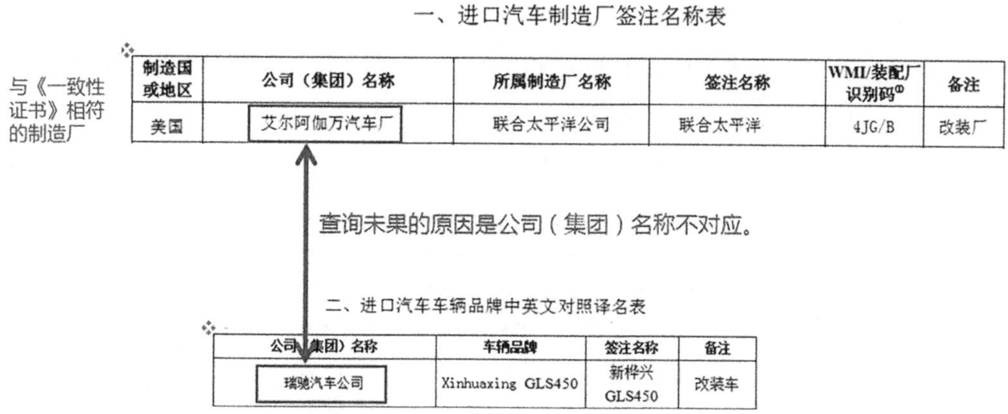

一、进口汽车制造厂签注名称表

	制造国 或地区	公司（集团）名称	所属制造厂名称	签注名称	WMI/装配厂 识别码①	备注
与《一致性 证书》相符 的制造厂	美国	艾尔阿伽万汽车厂	联合太平洋公司	联合太平洋	4JG/B	改装厂

查询未果的原因是公司（集团）名称不对应。

二、进口汽车车辆品牌中英文对照译名表

公司（集团）名称	车辆品牌	签注名称	备注
瑞驰汽车公司	Xinhuaxing GLS450	新桦兴 GLS450	改装车

图1-9 因未列入车辆品牌查询未果的示意图

对使用上述方法仍查询不到某机动车相关数据，且制造厂签注名称表中未列入与《一致性证书》相符的制造厂时，应当联系检验检疫部门，确认其备案的制造厂名称和车辆品牌后，再予以办理。

4.对标牌标明的品牌与货物进口证明书不一致的机动车

对机动车标牌标明的品牌与货物进口证明书"商品名称"栏中的车辆品牌不一致的情况，如实车标牌记载的品牌、生产厂名、制造国或地区三个项目与《一致性证书》对应项目均一致，各凭证相互没有矛盾、不符的情况，则应认定品牌型号项目查验合格，按《对照表》采集签注制造厂名、车辆品牌。

需要说明的是，依据《国家质量监督检验检疫总局、公安部、海关总署关于印发进口机动车辆制造厂名称和车辆品牌中英文对照表的通知》（国质检联〔2001〕150号）、《海关总署关于对进口机动车规范车辆品牌名称及有关问题的通知》（署法函〔2001〕508号）、《关于修订〈中华人民共和国海关进出口货物报关单填制规范〉的公告》（海关总署公告2016年第20号）等规定，海关系统执行《对照表》另有规定，因此存在品牌不一致情况。

5.关于《对照表》"制造国或地区"和货物进口证明书"产地"

由于海关系统执行《对照表》另有规定，且签注产地遵循机动车原产地有关规定，造成货物进口证明书签注的车辆品牌（"商品名称"栏）、产地与实车产品标牌标明的车辆品牌、制造国或地区经常出现不一致的情况。

6.查询内容应相互对应

查询制造厂签注名称表或车辆品牌中英文对照译名表时，不能单纯查询标牌标明的生产厂名和品牌在两个表中是否分别存在，标明的其他项目还要与《对照表》的制造国、WMI/装配厂识别码、备注这些栏目一一对应，并且查询到的生产厂名和车辆品牌应归属同一公司（集团）名称。

7. 英文品牌不区分大小写

实践中，存在机动车实车标牌上的英文品牌首字母为大写、其余为小写，而中英文对照表中的所有字母为大写的情况，这种情况应认定为一致。

8.《对照表》客观存在的问题

《对照表》存在重复列入生产厂名或车辆品牌的情况，见表1-6、表1-7。

重复列入的生产厂 表1-6

制造国或地区	公司（集团）名称	所属制造厂名称	签注名称	WMI/装配厂识别码	备注
阿联酋	和合加利福尼亚汽车集团公司	幸运汽车贸易有限公司	幸运汽车贸易有限公司	1N6/N JTN/8 ……	改装厂
阿联酋	和合加利福尼亚汽车集团公司	幸运汽车贸易有限公司	幸运汽车贸易有限公司	1N6/N JTN/8 ……	改装厂

重复列入的车辆品牌 表1-7

公司（集团）名称	车辆品牌	签注名称	备注
和合加利福尼亚汽车集团公司	BLR BENTAYGA	英路 添悦	改装车
和合加利福尼亚汽车集团公司	BLR BENTAYGA	英路 添悦	改装车
和合加利福尼亚汽车集团公司	BLR BENTAYGA	英路 添悦	改装车
和合加利福尼亚汽车集团公司	BLR BENTAYGA	英路 添悦	改装车
美国幸运汽车贸易有限公司	BLR BENTAYGA	英路 添悦	改装车

公司（集团）名称和制造厂名相似交互，见表1-8。

相似交互的制造厂签注名称表 表1-8

制造国或地区	公司（集团）名称	所属制造厂名称	签注名称	WMI/装配厂识别码	备注
阿联酋	美国联合太平洋集团	艾尔阿伽万汽车厂	艾尔阿伽万汽车厂	SAL/A WD4/3 JTE/K ZAM/1 ……	改装厂
美国	艾尔阿伽万汽车厂	联合太平洋公司	联合太平洋公司	JTM/5 JTE/K 1C4/L WAU/A ……	改装厂

车辆品牌与原型车（本书指制造平行进口车的改装厂采购的、经简单改装即可进入中国销售的世界知名品牌汽车）系列型号混淆。平行进口车采集签注的车辆品牌有的与原型

车品牌相同或相似、有的与原型车系列名称相同或相似、有的与原型车在其他国家的俗称相似。例如，丰田汽车公司旗下在国外有丰田牌、雷克萨斯牌，分别对应有普拉多、花冠和 ES、LS 等系列或型号，但国内的《对照表》却将普拉多、花冠、雷克萨斯、吉普（Jeep）等系列、型号或俗称与丰田作为品牌并列在一起。

第六节　车辆类型确定

一、背景及其历史发展

随着我国改革开放的不断深入，机动车作为生产生活的工具，逐渐进入到寻常百姓家。形势的发展和改变，给机动车查验工作带来新的问题和挑战。20世纪80年代，北京车管所在新车检验查验工作中就发现了很多问题，比如检验查验地点分散，查验民警业务水平参差不齐，对标准的执行把握不一致等，让"车虫"有"空子"可钻，致使一些走私车、非法改装车辆蒙混过关，甚至个别查验民警还因为廉政问题被处理等。因此，必须痛定思痛，深入分析原因，研究行之有效的对策。从1992年开始，实行了对辖区首次上牌的新车型进行技术鉴定的工作方法，并一直延续到现在。经过20多年的发展，这个方法也得到不断的完善，在人员、管理规定、鉴定设备、数据库的建立和使用等方面，形成了系统化的管理体系，也逐步固化了依据道路交通管理法律法规和《机动车运行安全技术条件》（GB 7258）等机动车国家安全技术标准。对每一种新车型第一辆车，还有合格证、产品公告等进行全方位复核的鉴定模式。对于鉴定合格的车型，留存相关图像和技术资料，建立新车型技术参数库，供北京市37个新车查验区调用。只有鉴定合格的新车型，才能在全市范围内注册上牌，即统一了查验标准，强化了源头把关作用。

二、常见标准中车辆分类的主要内容

1. 《汽车、挂车及汽车列车的术语和定义》中的分类

《汽车、挂车及汽车列车的术语和定义　第1部分：类型》（GB/T 3730.1）是汽车行业的通用性分类方法，主要用于一般概念的确定，以及统计、保险、政策制定和车辆管理等内容的分类。虽然该标准是推荐性国家标准，但因其制定早、基础性强、覆盖面广，在后续修订时，引用了国际标准的部分内容，不再对车辆进行分级，而是明确了各种车型的具体术语和定义，对规范汽车产品的共同认识，推动汽车主管部门的行业用语以及与国际接轨方面具有重要意义。该标准也是产品合格证中车辆名称的主要命名依据。《汽车、挂车及汽车列车的术语和定义　第1部分：类型》（GB/T 3730.1—2022）中规定：

（1）乘用车是指设计、制造和技术特性上主要用于载运乘客及其随身行李和/或临时物品，包括驾驶员座位在内最多不超过9个座位的汽车。乘用车可能装备一定的专用设备或器具，也可能牵引挂车。

（2）客车是指设计和技术特性上用于载运乘客及其随身行李，包括驾驶员座位在内的座位数超过9个的汽车。也可牵引挂车。

（3）载货汽车是指设计、制造和技术特性上主要用于载运货物和/或牵引挂车的汽车，也包括装备一定的专用设备或器具但以载运货物为主要目的，且不属于专项作业车、专门用途汽车的汽车。

（4）专用汽车是指设计、制造和技术特性上，用于载运特定人员、运输特殊货物（包括载货部位为特殊结构），或装备有专用装置用于工程专项（包括卫生医疗）作业或专门用途的汽车。包含：专用乘用车、专用客车、专用货车、专项作业车、专门用途汽车。

2.《机动车辆及挂车分类》中的分类

《机动车辆及挂车分类》（GB/T 15089—2001）主要用于汽车产品的型式认证，是汽车产品型式认证标准范围的依据。比如，国家经济贸易委员会和公安部在2002年联合下发的《关于进一步加强车辆公告管理和注册登记有关事项的通知》（国经贸产业〔2002〕768号）中，关于车辆产品尺寸及质量参数公差允许范围规定，M类、N类和O类汽车产品尺寸参数允许公差为±1%，质量参数允许公差为±3%。可见，《机动车辆及挂车分类》（GB/T 15089）与《汽车、挂车及汽车列车的术语和定义　第1部分：类型》（GB/T 3730.1）一起构成工信部门对车辆进行分类的两项主要标准。《机动车辆及挂车分类》（GB/T 15089—2001）将机动车辆和挂车分为L、M、N、O、G五大类（图1-10）。

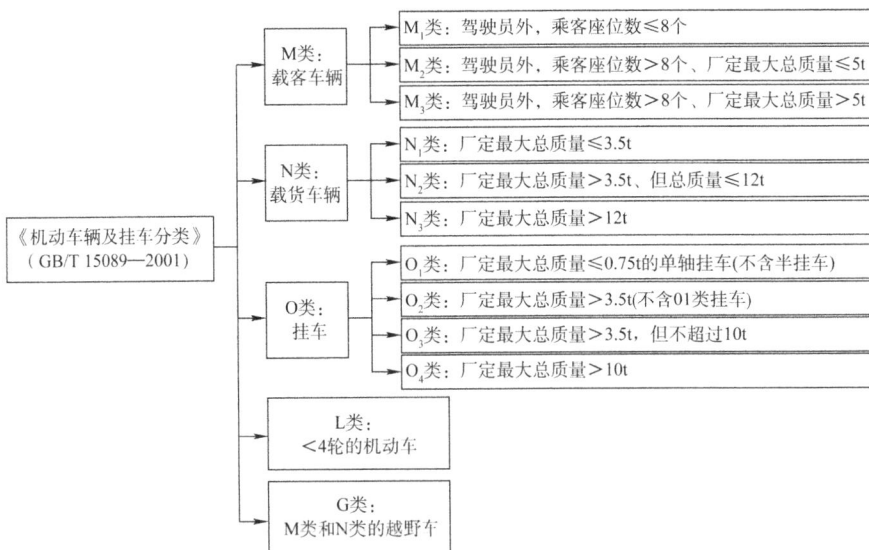

图1-10　《机动车辆及挂车分类》（GB/T 15089—2001）中关于车辆分类的规定

L类：二轮或三轮机动车辆；M类：至少有四个车轮并且用于载客的机动车辆；N类：至少有四个车轮并且用于载货的机动车辆；O类：挂车（包括半挂车）；G类：满足一定条件的M类、N类的越野车。

这里需要注意的是，国家强制标准《客车结构安全要求》（GB 13094—2017）只适用于《机动车辆及挂车分类》（GB/T 15089—2001）中规定的 M$_2$ 类和 M$_3$ 类客车，包括无轨电车；但不适用于卧铺客车、专用校车、专用客车和非道路行驶的客车。其中"卧铺客车"是《卧铺客车结构安全要求》（GB/T 16887—2008）中的定义；"专用校车"是《专用校车安全技术条件》（GB 24407—2012）中的定义；"专用客车"在不同的标准中有不同定义；"非道路"是《中华人民共和国道路交通安全法》中规定的不在公路、城市道路和虽在单位管辖范围但允许社会机动车通行的地方，包括广场、公共停车场等用于公众通行的场所。

3.《汽车产品型号编制规则》中的分类

1988年，为了有序规范汽车生产企业产品，中国汽车产业联合会组织行业归口单位中国汽车技术研究中心，根据《全国汽车、民用改装车和摩托车生产企业及产品目录》（以下简称"《目录》"）管理、安全技术检测和车辆用途等现实需求，在借鉴、归纳前期汽车分类方法和标准的基础上，编制了《汽车产品型号编制规则》（GB 9417—1988），在《目录》和公告管理中发挥了重要的作用。虽然该标准现阶段已经废止，但出于公告管理需要，被中机车辆技术服务中心（2005年成立，受国家发改委委托开展公告管理中的技术审查和技术服务工作，现已注销）以管理附件的形式引用，重新赋予了其车辆管理职能。因该标准是公告、合格证、产品标牌中车辆型号编制的基本遵循，所以在工作中仍具有重要的实用意义。该标准规定，汽车的产品型号由企业名称代号、车辆类别代号、主参数代号、产品序号组成（图1-11）。必要时附加企业自定代号。

图1-11 汽车产品型号组成元素

a-企业名称代号；b-车辆类别代号；c-主参数代号；d-产品序号；e-企业自定代号；□-用汉语拼音字母表示；○-用阿拉伯数字表示；▢-用汉语拼音字母或阿拉伯数字表示均可

其中能代表车辆分类的是第1位数字，即"车辆类别代号"项，其具体含义见表1-9。

车辆类别代号表　　表1-9

车辆类别代号	车辆种类	车辆类别代号	车辆种类
1	载货汽车	6	客车
2	越野汽车	7	轿车
3	自卸汽车	8	备用代号
4	牵引汽车	9	半挂车及专用半挂车
5	专用汽车		

对于专用汽车及专用半挂车还应在企业自定代号前增加专用汽车分类代号，其具体含义见表1-10。

专用汽车分类代号表　　　　　　　　　　　表 1-10

厢式汽车	罐式汽车	专用自卸汽车	特种结构汽车	起重举升汽车	仓栅式汽车
X	G	Z	T	J	C

4.《机动车运行安全技术条件》中的分类

《机动车运行安全技术条件》（GB 7258—2017）将机动车分为汽车及汽车列车、摩托车、拖拉机运输机组、轮式专用机械车、挂车。其中，汽车的分类内容见表 1-11。

汽车的分类内容　　　　　　　　　　　表 1-11

		乘用车	≤9人	
汽车	载客汽车	旅居车		
		客车（＞9人）	未设置站立区的客车	公路客车
				旅游客车
				公共汽车
				专用客车
			设置站立区的客车	
		校车	幼儿校车	
			小学生校车	
			中小学生校车	
			专用校车	
	载货汽车	半挂牵引车		
		低速汽车	三轮汽车	
			低速货车	
	专项作业车			

5.《道路交通管理　机动车类型》中的分类

《道路交通管理　机动车类型》（GA 802—2019）规定了机动车类型的规格和结构分类、机动车使用性质分类，以及车辆类型的确定要求；规定了机动车类型分类的规格术语、结构术语及机动车使用性质术语。

6.《机动车出厂合格证》中的分类

《机动车出厂合格证》（GB/T 21085—2020）将车辆分为机动车［《机动车运行安全技术条件》（GB 7258—2017）中的定义］和非完整车辆。非完整车辆至少由车架、动力系统、传动系统、行驶系统、转向系统和制动系统组成的车辆，但仍需要进行制造作业才能成为完整车辆，包括二类底盘和三类底盘。二类底盘是指带有驾驶室、不具有容纳货物的装置或者专项作业装置的非完整车辆。三类底盘是指不具有车身的非完整车辆。

三、需要把握的原则

通过上面的介绍可以看出，不同的标准因为适用对象或使用者的需求不同，对车辆有不同的分类方法，甚至是对同一车辆有着不同的分类名称，这是客观存在的事实。对于机动车查验而言，应从道路交通安全管理的角度，合理界定车辆类型。

1. 正确对待公告上记载的车型

机动车产品公告中记载的车辆型号和车辆类型，是车辆生产厂家申报公告时确定的车型，可以与《道路交通管理　机动车类型》（GA 802）中规定的车型不一致，此时不应以此认为是违规产品，而应根据公告、合格证记载的车辆型号，结合实车的载客人数、车长、结构等情况确定车辆类型。比如公告中型号为FV7148FADBG（车型代号为7）的应确定为小型轿车；DHW6463R1CSE（车型代号是6）为小型普通客车；BJ2024E1（车型代号是2）为小型越野客车；车辆型号为BJ5036XXC-D1，合格证及公告记载的宣传车，车辆类型应认定为非载货专项作业车；车辆型号为DLQ5110TQPJX的大力牌货车（"5"为专用汽车代号），公告中车辆类型为"中型普通货车"缺少结构术语，参照实车照片，依据《道路交通管理　机动车类型》（GA 802—2019），应确定为"中型特殊结构货车"。所以，不能简单认为公告上的车型有误而不予办理注册登记，而是应通过"公安交通管理综合应用平台"（即"六合一"）内"机动车查验—技术参数管理—技术参数维护"模块进行维护，重新根据实车数据维护车辆类型。

2. 正确对待合格证上记载的车型

根据《机动车出厂合格证》（GB/T 21085—2020）规定，车辆名称用于描述车辆类型及车辆用途特征的车辆名称，如对于"DFH1040载货汽车"需填写"载货汽车"。如随车起重运输车，虽然有起重装置，但以载货为主，应定义为普通货车，不宜认定为专项作业车；再如合格证上签注的"仓栅式自卸半挂车"，不在《道路交通管理　机动车类型》（GA 802）范围中的车辆类型，应具体分析判断，实车查看是否存在违规项目。

3. 正确理解"客车"的含义

"客车"有两种含义，一种是《机动车运行安全技术条件》（GB 7258—2017）中载客汽车的一个分类，指设计和制造上主要用于载运乘客及其随身行李，并且包括驾驶人座位在内座位数超过9个的汽车。另一种是《道路交通管理　机动车类型》（GA 802—2019）中"载客汽车"的简称，比如载客人数小于9人、车长小于6m的"小型普通载客汽车"定义为"小型普通客车"。再比如，《道路交通管理　机动车类型》（GA 802—2019）中的"专用客车"和《机动车运行安全技术条件》（GB 7258—2017）中的"专用客车"均是指车辆型号中代号为"5"的专用汽车，但《机动车运行安全技术条件》（GB 7258—2017）中的"专用客车"是指大于9人的载客汽车，《道路交通管理　机动车类型》（GA 802—2019）包含有小于9人的"小型专用客车"（即"小型专用载客汽车"）。

此类车辆的许多技术特性与专用客车一致，但并不适用《机动车运行安全技术条件》（GB 7258—2017）中对专用客车的相关规定（如乘客通道、应急出口、灭火器配置等要求），在实践中要具体分析，防止用错标准。

4. 正确把握标准规定的连续性

2004年6月29日《机动车登记工作规范》（公安部令第72号）❶颁布，要求公安机关交通管理部门依据其附件《机动车类型分类表》确定车辆类型；2008年，公安部发布《机动车类型 术语和定义》（GA 802—2008），要求公安机关交通管理部门依据该标准确定车辆类型，后经多次修订，现行标准为2019年发布的《道路交通管理 机动车类型》（GA 802—2019）。这里需要注意的是，机动车查验工作应把握不同时期（车辆注册日期）车辆类型划分依据的连续性和差异性，把握车辆类型名称的使用时限，既不能用现行标准否定原有的车辆类型，更不能出现因行驶证记载的车辆类型不符合现行标准而退办相关业务。比如《机动车登记工作规范》（表1-12）中，没有面包车、专用客车、仓栅式货车、平板货车等结构术语；与《机动车类型 术语和定义》（GA 802—2008）相比，在《机动车类型 术语和定义》（GA 802—2014）中，将原来符合特定条件的普通客车〔《机动车运行安全技术条件》（GB 7258—2017）中乘用车〕确定为"面包车"，将原"专项作业车"按照是否有载货功能及载货质量分为"无载货功能的专项作业车"和"具有载货功能的专项作业车"；将原"半挂车"分为"半挂车"和"中置轴半挂车"，所以在版本变化期间产生安全技术检验和相关登记业务时，不能因行驶证上记载的"车辆类型"与实车不一致而退办，而是提醒车主通过补换行驶证的方式，更新车辆类型名称。

《机动车登记工作规范》附件中机动车结构术语分类　　　　表1-12

分类		结构术语	说明
汽车	载客	普通客车	车身为长方体或近似长方体，单层地板，一厢或两厢式结构，安装座椅的载客汽车
		双层客车	车身为长方体或近似长方体，双层地板，一厢或两厢式结构，安装座椅的载客汽车
		卧铺客车	车身为长方体或近似长方体，单层地板，一厢或两厢式结构，安装卧铺的载客汽车
		铰接客车	车身为长方体或近似长方体，单层地板，由铰接装置连接两个车厢且连通，安装座椅的载客汽车
		越野客车	车身结构为一箱式或者两箱式，所有车轮能够同时驱动，接近角、离去角、纵向通过角、最小离地间隙等技术参数按照高通过性设计的载客汽车
		轿车	车身结构为两厢式且乘坐人数不超过5人，或者车身结构为三厢式且乘坐人数不超过7人的载客汽车。但同一型号车辆可增加乘坐人数的除外
	载货汽车	普通货车	载货部位的结构为栏板的载货汽车，不包括具有自动倾卸装置的载货汽车
		厢式货车	载货部位的结构为封闭厢体且与驾驶室各自独立的载货汽车
		封闭货车	载货部位的结构为封闭厢体且与驾驶室联成一体，车身结构为一厢式载货汽车
		罐式货车	载货部位的结构为封闭罐体的载货汽车

❶ 现行有效版本是以公安部令第164号发布的修订版本。

5. 正确把握相近车型的区分与界定

（1）区分小型普通客车与小型面包车。国家标准及相应的文件中明确了面包车的定义，即平头或短头，发动机中置，单层地板，长度≤4500mm，宽度≤1680mm。实践中应重点查验相关数据，尤其是"发动机中置"是指"缸体"中置，要防止错误核定为"专用客车"。

（2）区分专项作业车与货车。因为货车（危险品运输车除外）的强制报废年限为15年，非载货专项作业车的报废年限为30年，个别厂家为增加车辆使用年限，将普通货车按工具车申报公告，按非载货专项作业车销售，如钧天牌（车辆型号为JKF5031XGJT）的工具车，是由皮卡车（多用途货车）改变而来，不应核定为非载货专项作业车。

（3）区别越野货车与普通货车。越野车适用于野外没有路或路况极差的地区使用，根据其使用特性，在设计和制造上有其特有的技术特点和特征，在接近角、离去角、纵向通过角、前后轴的离地间隙、传动装置的差速锁装置等数据都有与普通车的要求不同，而个别货车生产厂家，为了规避"大吨小标"的问题，将普通货车套用越野车的公告进行生产销售，涉嫌违规。

（4）区别越野客车与普通客车。在查验工作中发现，有的单位将SUV小型普通客车参数维护为越野客车，如车辆型号为CC6467VM09A的多用途乘用车，外形酷似越野车，但其技术参数特性不符合越野车的技术参数特征，不宜根据其外形认定为越野车。对于这类载客汽车，应根据产品合格证、公告，进口车依据货物进口证明书、一致性证书等相关资料确认是否为越野车还是普通客车。

四、违规车型案例

【案例1】重型货车公告中号牌板架可翻转

某品牌重型罐式货车，公告的车辆外形照片中，显现的前号牌板架是可翻转的。属于《机动车运行安全技术条件》（GB 7258—2017）明确的，不符合管理规定的问题。

【案例2】尺寸参数超出误差范围

某品牌厢式货车，实车高度2600mm，公告中高度2500mm，误差4%，超出了《关于进一步加强车辆公告管理和注册登记有关事项的通知》（国经贸产业〔2002〕768号）文件允许的1%的误差范围。

【案例3】车辆识别代号打磨后重新打刻

某品牌重型厢式半挂车，原车辆识别代号被打磨后，在附近位置重新打刻，违反了《机动车运行安全技术条件》（GB 7258—2017）关于"车辆识别代号一经打刻不应更改、变动"的要求。

【案例4】加装后向照明灯具

某品牌半挂车，加装了向后照射的灯具，违反了《机动车运行安全技术条件》（GB 7258—2017）关于"不应加装强制性标准以外的外部照明和信号装置，如货车和挂车向前行驶时向后方照射的灯具"的要求。

【案例5】合格证记载的乘坐人数与公告不一致

某品牌纯电动城市客车，公告中允许的乘坐人数为76/24~52人，可以看出这款车是允许站立的公交车，而其生产的车辆合格证记载的乘坐人数为51人，实车也安装了51个座椅，说明没有设置站立席，实际车辆状态与公告批准的状态不一致。

RESEARCH ON MOTOR
VEHICLE REGISTRATION INSPECTION
机动车
登记查验研究

第二章

查 验 管 理

第一节　查验的职能定位

一、对机动车查验工作法定性的理解

机动车查验执法工作包含查验工作和安全技术检验监督工作。

1. 查验工作的法定性和职责任务

（1）法律法规规定了机动车查验是公安机关交通管理部门依法办理机动车注册登记、变更登记、转移登记等业务的法定环节。

《中华人民共和国道路交通安全法》第八条规定"国家对机动车实行登记制度。机动车经公安机关交通管理部门登记后，方可上道路行驶。"第十条规定"准予登记的机动车应当符合机动车国家安全技术标准。申请机动车登记时，应当接受对该机动车的安全技术检验。"

理解的中心要点：上道路行驶的机动车必须登记，登记时必须符合国家安全技术标准。

《中华人民共和国道路交通安全法实施条例》第五条、第六条、第七条规定：申请办理注册登记、变更登记、转移登记业务时，应当交验机动车。

理解的中心要点：办理登记业务，申请人有责任和义务交机动车给公安机关交通管理部门，公安机关交通管理部门要对机动车进行查验，因而办理登记业务时查验机动车是法定的职责。

（2）部门规章规定了车辆管理所是机动车查验的执法主体，应设置查验岗，按照机动

车查验工作规程开展机动车查验执法工作。

《机动车登记规定》（公安部令第164号）第二条规定"直辖市公安机关交通管理部门车辆管理所、设区的市或者相当于同级的公安机关交通管理部门车辆管理所负责办理本行政辖区内机动车登记业务。"第十五条规定"有下列情形之一的，不予办理注册登记：（五）机动车的有关技术数据与国务院机动车产品主管部门公告的数据不符的；（六）机动车的型号、发动机号码、车辆识别代号或者有关技术数据不符合国家安全技术标准的。"

理解的中心要点：车辆管理所是机动车查验执法的执法主体，确认机动车时，对机动车的有关技术数据与国务院机动车产品主管部门公告的数据不符的、机动车的型号、发动机号码、车辆识别代号或者有关技术数据不符合国家安全技术标准的均不予办理注册登记。

与部令配套的《机动车登记工作规范》（公交管〔2022〕75号）第二条规定"车辆管理所办理机动车登记业务，应当设置查验岗、受理岗、档案管理岗和监督岗。"第四条规定"公安机关交通管理部门应当按照机动车查验工作规程查验机动车。按照道路交通管理机动车类型标准确定机动车的车辆类型和使用性质。"

理解的中心要点：查验岗要按照机动车查验工作规程查验机动车，按照机动车类型术语和定义标准确定机动车的车辆类型和使用性质。

《机动车查验工作规范（试行）》（公交管〔2018〕692号）明确了查验组织、查验员资格、查验程序、监督管理等要求。第二条规定"机动车查验是指车辆管理所办理机动车登记等业务时，依据道路交通安全法律法规和相关标准确认机动车。"第四条规定"车辆管理所开展机动车查验业务时，应当设置查验业务岗、查验监督岗。"

理解的中心要点：查验是指依据道路交通安全法律法规和相关标准确认机动车，要设置查验业务岗、查验监督岗，要使用符合相关标准和规定的查验场地、查验工具、查验智能终端查验机动车，按规定使用全国统一的机动车查验监管系统，未按规定使用的，不得开展机动车查验工作。进一步明确了查验工作开展的程序、使用的场地、工具、系统等，明确了要依据道路交通安全法律法规和相关标准确认机动车。

（3）国家标准、行业标准明确了机动车查验的依据和程序。

《机动车运行安全技术条件》（GB 7258—2017）引言中明确"GB 7258是我国机动车国家安全技术标准的重要组成部分，是进行注册登记检验和在用机动车检验、机动车查验等机动车运行安全管理及事故车检验最基本的技术标准，同时也是我国机动车新车定型强制性检验、新车出厂检验和进口机动车检验的重要技术依据之一。"在范围中明确"GB 7258规定了机动车的整车及主要总成、安全防护装置等有关运行安全的基本技术要求，以及消防车、救护车、工程救险车和警车及残疾人专用汽车的附加要求。该标准适用于在我国道路上行驶的所有机动车，但不适用于有轨电车及并非为在道路上行驶和使用而设计和制造、主要用于封闭道路和场所作业施工的轮式专用机械车。"

理解的中心要点：在我国道路上行驶的机动车，其各项安全技术条件必须符合《机动车运行安全技术条件》（GB 7258）的有关规定，凡是不满足GB 7258要求的，对生产厂家来讲无论其他标准怎么规定，也绝不允许生产出厂（或进口）进入销售环节，对安全技术检验机构来讲，一律不应该签发合格的安全技术检验报告，对公安机关来讲绝不允许办理注册登记，绝不允许核发检验合格标志，因此《机动车运行安全技术条件》（GB 7258）是对上道路行驶的机动车最低、最基本的要求，也是机动车查验的实体性依据。

《汽车、挂车及汽车列车外廓尺寸、轴荷及质量限值》（GB 1589—2016）引言中明确本标准规定了汽车、挂车及汽车列车的外廓尺寸、轴荷及质量的限值。本标准适用于在道路上使用的汽车、挂车及汽车列车。但不适用于军队、武警、公安特警装备的专用车辆，也不适用于在限定道路上运行的双铰接客车。

理解的中心要点：《汽车、挂车及汽车列车外廓尺寸、轴荷及质量限值》（GB 1589—2016）是汽车标准中最重要的基础标准之一，对汽车制造、物流运输、交通管理起到重要作用，对汽车的发展起到至关重要的引领作用，凡需要注册后在道路上使用的汽车、挂车及汽车列车都必须符合要求。因此《汽车、挂车及汽车列车外廓尺寸、轴荷及质量限值》（GB 1589—2016）也是对上道路行驶的机动车最低、最基本的要求，也是机动车查验执法的实体性依据。

《机动车查验工作规程》（GA 801—2019）在范围中明确"本标准规定了机动车查验项目和查验工作要求，本标准还规定了公安机关交通管理部门对机动车安全技术检验进行监督的工作要求。"

理解的中心要点：《机动车运行安全技术条件》（GB 7258）对机动车上道路行驶提出了全方面具体要求，也是我国机动车新车定型强制性检验、新车出厂检验和进口机动车检验的重要技术依据之一，但查验员在注册登记、转移登记、核发检验合格标志等业务环节，全方面开展对车辆是否符合《机动车运行安全技术条件》（GB 7258）的查验检验，不具有实际可操作性。因此《机动车查验工作规程》（GA 801）按照法规规定的验车要求，明确了公安机关在注册登记、转移登记、核发检验合格标志等业务环节如何验车，明确了查验项目、查验要求、特殊情形的处理、检验监督要求等，并且按照《机动车运行安全技术条件》（GB 7258）历次版本对这些项目的要求摘要形成了资料性附录"机动车查验合格主要要求"。因此《机动车查验工作规程》（GA 801）是机动车查验执法的程序性规定，其资料性附录"机动车查验合格主要要求"是查验的参考性依据，对经查验不符合要求的，还需开具退办单或告知单。

2. 安全技术检验监督工作的法定性和职责任务

（1）法律法规规定了机动车安全技术检验与核发检验合格标志的职责和关系。

《中华人民共和国道路交通安全法》第十三条规定"对登记后上道路行驶的机动车，应当依照法律、行政法规的规定，根据车辆用途、载客载货数量、使用年限等不同情况，定期进行安全技术检验。对提供机动车行驶证和机动车第三者责任强制保险单的，机动车安全技术检验机构应当予以检验，任何单位不得附加其他条件。对符合机动车国家安全技术标准的，公安机关交通管理部门应当发给检验合格标志。"

理解的中心要点：在用车应定期进行安全技术检验，经安全技术检验机构检验合格的，公安机关交通管理部门就应当发给检验合格标志，允许车辆上道路行驶。

（2）法律法规规定了机动车的安全技术检验实行社会化，机动车安全技术检验机构对检验结果承担法律责任。

《中华人民共和国道路交通安全法》第十三条规定"对机动车的安全技术检验实行社会化。具体办法由国务院规定。"

《中华人民共和国道路交通安全法实施条例》第十五条规定"机动车安全技术检验由机动车安全技术检验机构实施。机动车安全技术检验机构应当按照国家机动车安全技术检验标准对机动车进行检验，对检验结果承担法律责任。机动车安全技术检验项目由国务院公安部门会同国务院质量技术监督部门规定。"

理解的中心要点：机动车的安全技术检验实行社会化，机动车安全技术检验机构应按照国家机动车安全技术检验标准开展检验，并对检验结果承担法律责任。

（3）国家标准《机动车安全技术检验项目和方法》（GB 38900—2020）明确了机动车安全技术检验机构的检验依据。

国家机动车安全技术检验标准《机动车安全技术检验项目和方法》（GB 38900—2020）在范围中明确"本标准规定了机动车安全技术检验的检验项目、检验方法、检验要求和检验结果处置。本标准适用于机动车安全技术检验机构对机动车进行安全技术检验。本标准也适用于出入境检验检疫机构对入境机动车进行安全技术检验。"

理解的中心要点：机动车安全技术检验机构依法开展检验工作，要按照《机动车安全技术检验项目和方法》（GB 38900—2020）进行检验，因而《机动车安全技术检验项目和方法》（GB 38900）是机动车安全技术检验机构执行的程序性和实体性标准。

（4）法律法规规定了公安机关交通管理部门对机动车安全技术检验机构实施监督要求。

《中华人民共和国道路交通安全法》第九十四条规定"机动车安全技术检验机构不按照机动车国家安全技术标准进行检验，出具虚假检验结果的，由公安机关交通管理部门处所收检验费用五倍以上十倍以下罚款，并依法撤销其检验资格；构成犯罪的，依法追究刑事责任。"

理解的中心要点：①公安机关交通管理部门在核发检验合格标志时对机动车安全技术检验机构不按照《机动车安全技术检验项目和方法》（GB 38900）进行检验，出具虚假检验结果的，要按照代码5044实施检验费用五倍以上十倍以下罚款处罚；②要抄告市场监管部门，由市场监管部门依法撤销其检验资格。

（5）规范性文件明确了认定为出具虚假检验结果的六种情形。

2014年，公安部、国家质量监督检验检疫总局发布的《关于加强和改进机动车检验工作的意见》（公交管〔2014〕138号），明确"检验机构有下列情形之一的，认定为出具虚假检验结果，由公安机关交通管理部门根据《中华人民共和国道路交通安全法》第九十四条的规定处所收检验费用五倍以上十倍以下罚款，并依法撤销检验资格：①为未经检验的机动车出具检验合格证明；②用其他车辆替代检验；③利用计算机软件等手段篡改或者伪造检验数据和结果；④为检验不合格机动车出具检验合格证明；⑤擅自减少检验项目或者降低检验标准；⑥明知是盗抢、报废、拼装、套牌等车辆予以通过检验。"

理解的中心要点：法规明确机动车安全技术检验机构出具虚假检验结果的，由公安机关交通管理部门处罚并依法撤销其检验资格，但未细化出具虚假检验结果的具体情形，《关于加强和改进机动车检验工作的意见》明确细化了出具虚假检验结果的具体情形，方便公安机关交通管理部门实际操作。

（6）行业标准明确了公安机关交通管理部门对机动车安全技术检验进行监督的具体要求。

《机动车查验工作规程》（GA 801—2019）在范围中明确"本标准也适用于公安机关交通管理部门对机动车安全技术检验进行监督"，并提出了开展检验监督的具体要求。

理解的中心要点：法规明确了公安机关交通管理部门对安全技术检验机构有监督职责，《关于加强和改进机动车检验工作的意见》细化了认定出具虚假检验结果的具体情形，《机动车查验工作规程》（GA 801—2019）明确了公安机关交通管理部门怎样开展监督和具体任务。

二、对机动车查验工作社会意义的理解

1. 从车辆管理工作在道路交通管理中的定位理解机动车查验执法的社会意义

车辆和驾驶人管理工作具有为道路交通管理服务、为公安工作大局服务、为经济社会发展服务、为人民群众服务四个主要功能，车辆管理工作应有四个基本定位。一是道路交通管理的重要基础。车辆管理所是驾驶人和车辆行驶准入的关口，关口把得严不严，直接关系到道路交通的安全、畅通和人民群众的生命财产安全。因此，车辆和驾驶人管理是预防道路交通事故的第一道防线，机动车查验执法工作正是在车辆登记、检验和日常监管中，严格把关，确保上道路行驶的机动车安全技术状态合法合规、良好安全，进而确保道路行车安全。二是执法的重要关口。车辆和驾驶人管理是公安工作的重要组成部分，是公安机关依法履职打击违法犯罪的前沿阵地，机动车查验执法能够在机动车登记、检验环节有效查处假牌、假证，杜绝走私、盗抢机动车办理牌证，为打击犯罪、保护人民、维护社会和谐稳定作出贡献。三是服务经济社会的重要手段。车辆和驾驶人管理工作与交通运输、汽车工业、城市规划和建设，人民生活质量密不可分，是国家经济社会发展的"助推器"，严格规范的机动车查验执法能够为国家职能部门提供管理意见、推进相关安全技术标准的制定修订和完善，进而促进国家汽车消费政策、汽车产业科学的完善和进步。四是服务群众的重要窗口。车辆登记是与人民群众息息相关的公共服务工作，车管所作为公安机关与人民群众密切联系的纽带和桥梁，坚持管理与服务的有机统一，致力为人民群众提

供更加优质、高效、便捷、热情的服务。

　　2.从机动车查验执法的工作定位理解机动车查验执法的社会意义

　　机动车查验执法作为车辆管理工作的一个环节，从业务流程上看，服务于车辆管理的整个业务流程，是交验车辆办理相关业务的第一道环节，是服务的第一道窗口；从功能上看，服务于道路交通管理整个工作，是夯实道路交通事故预防的第一道防线；从技术性上看，服务于大公安职责，是保护人民群众生命财产安全和社会和谐稳定的重要履职基础。因此，机动车查验执法的社会意义还体现在如下的工作定位：一是预防道路交通事故源头的第一道防线。通过对机动车的查验和对机动车安全技术检验机构的监管，对符合标准的机动车依法核发检验合格标志，授予道路行驶权，阻挡不合格车辆获得道路行驶权，从源头上预防道路交通事故。二是严把国家机动车有关政策法规的重要关口。通过对机动车的查验，在机动车登记、核发检验合格标志等环节把关，认真检查比对机动车产品公告信息、进口信息等，确认机动车唯一性，确保机动车符合国家相关政策，杜绝走私车、拼组装车获得道路行驶权。三是打击盗抢机动车的重要手段。通过对机动车的查验，及时发现和甄别盗抢车辆，预防和打击违法犯罪活动，确保国家和人民群众的财产安全。四是服务群众的重要窗口。实际工作中，查验流程、退复办流程的不同设置，查验标准学习不够，理解掌握不一、执行不一等突出问题已经成为整个车管服务工作中较为突出的问题，严重制约窗口服务效能和群众获得感的提升，因而公安部交管局"20条'放管服'改革措施"中提出了免拓印、通道式查验、转籍一次查验等便利化服务要求。五是安全宣传的重要阵地。在机动车查验执法中通过对三角警告牌、反光背心等项目进行查验，并提醒送检人正确使用，能够增强驾驶人的安全防范意识。

三、对机动车查验工作特征的理解

　　从机动车查验布控专业特性来看，机动车查验作为公安机关交通管理部门的法定职责，涉及多学科专业知识的复合运用，机动车查验执法具备以下工作特征：

　　1.具有强技术性

　　机动车查验不仅是一项技术性要求极高的专业，涉及汽车工程、机械工程、计算机、计量、检测等学科的相关知识，以及道路交通安全法律法规和其他相关法律法规的规定，同时又要有丰富的实际应用经验和技能。目前，机动车查验工作涉及汽车强制性国家标准100多项，行业标准20多项。同时，专业还涉及先进的软硬件设备，如掌上电脑（PDA）、汽车智能诊断系统（OBD）、机动车特征信息读取设备（CDR）、红外探伤仪、便携式电子显微镜、红外光谱仪、油漆覆层测厚仪、便携式工业内窥镜、查验业务系统、查验检验监管系统不断更新的软硬件设备的应用等，这些均要求该专业方向的民警对设备的构造、工作原理、规格、性能、使用方法等熟练掌握，才能准确应用在具体的工作中。

2.具有实战性

车辆查验广泛应用于道路交通秩序管理、道路交通安全防控等道路交通管理的各个领域，在重大活动交通安保、重大交通事故处置、反恐防暴以及重大事件套牌车辆查处等工作中发挥重要作用。

3.具有专业性

随着经济社会的快速发展，部分厂家为迎合市场追求利润最大化，生产了大量的超长超宽、"大吨小标"等不符合国家安全技术标准的车辆，成为严重的道路交通安全隐患，通过严格的机动车查验执法，能够及时发现违规产品，并认定取证上报及处置，消除隐患。

综上所述，机动车查验执法工作的特征具有很强的技术性、广泛的实战性、工作的专业性，是警务交通特有的专业，除对从业人员除有较高的专业要求外，还有长期的实战经验要求。

第二节　查验规范化建设

机动车查验执法作为车辆管理工作的一个重要业务环节，既是执法的重要关口，也是服务群众的重要窗口，应用法治思维，做好查验执法规范化建设，应当把握好以下六个维度的原则。

一、规则性思维

法律法规是从预设规则着手，明确什么可行、什么不可行、如何行以及不同行为的法律后果，强调先立规则后办事，立好规则再办事，凡事都按规则办。《中华人民共和国道路交通安全法》《中华人民共和国道路交通安全法实施条例》以及部令、工作规范、国家标准、行业标准等确定了机动车查验执法应当遵循的各项规则，各级车辆管理所的机动车查验工作作为行政执法，就应当严格按照"法无授权不可为"的原则，按照已有的具体规定依法依规开展查验执法工作。

二、合法性思维

执法工作除应当合乎法律法规的具体规定外，对尚无具体规定的，还应当合乎立法目的、法律原则和法治精神。国家标准、行业标准的条文，在设置时都经过了专家们的认真讨论和审查，经过规定的程序才予以发布实施，但条文不能涵盖所有的详细情况，一般国家强制标准发布后，都会同步发布"条文释义"对具体条文设置的目的、原则和精神进行讲解宣贯，如《机动车运行安全技术条件》（GB 7258—2017）、《机动车安全技术检验项目和方法》（GB 38900—2020）等标准发布后，国标委还同步发布了"条文释义"，对具体条文设置的目的、原则和精神进行描述，查验员应当认真学习掌握。对在查验执法中遇到的尚无具体规定或规定不清楚、不详细的，也应当按照法律对行政相对人设置的"法未禁止均可为"的原则，根据该条文设置的目的、原则和精神，去正确处理，不能产生理解偏差，具体到一个地区来讲，发现有标准条文无具体规定或规定不清楚、不详细的，就应根据该条文设置的目的、原则和法治精神，制定全域统一执行的要求。

在实务工作中，如《机动车登记规定》第十六条规定"更换发动机的，机动车所有人应当向登记地车辆管理所申请变更登记"，实际工作中机动车所有人更换了发动机缸体的怎么办？部令、规范没有明确规定，如按照部令中更换发动机的规定办，群众要对车辆进行安全技术检验后才能办理变更，如按照规范变更备案办理，群众无须检测，打刻原发动机号码后便完成备案，由于规定不明，不同的人理解也会出现不同，业务流程、群众的时间成本、经济成本也会不同。发动机总成、车架总成等是车辆中重要的总成，而发动机缸体是发动机总成上的一个零部件，总成在制造中一般都会在缸体上打刻有发动机号码，而缸体作为零部件在制造中一般不打刻号码，部令设置的变更登记，是对车辆五大总成之一做出的规定，而总成在制造中一般都会在缸体上打刻有发动机号码，规范设置的发动机变更备案针对的是发动机缸体上原号码发生的变化，按照行政部门"法无授权不可为"、行政相对人"法未禁止均可为"的原则，发出通知明确，对更换发动机后缸体上无号码的，按照更换发动机后缸体办理变更备案，对更换发动机后缸体有新号码的，按照更换发动机总成办理变更登记，这样既符合部令的规定精神，也满足群众简化手续的需求。

三、程序性思维

要求行使公权力必须有正当合法的程序，并充分发挥程序的作用。《机动车查验工作规程》（GA 801）、《机动车查验工作规范（试行）》是公安机关机动车查验执法的程序性依据，《机动车运行安全技术条件》（GB 7258）、《汽车、挂车及汽车列车外廓尺寸、轴荷及质量限值》（GB 1589）、公告管理相关政策等是公安机关机动车查验执法的主要实体性依据，《机动车安全技术检验项目和方法》（GB 38900）是机动车安全技术检验机构实施机动车检验的主要实体性依据。

因而各级车辆管理所开展机动车查验执法应当遵循《机动车查验工作规程》（GA 801）确定的查验项目和要求，遵循《机动车查验工作规范（试行）》的流程和要求，按照《机动车运行安全技术条件》（GB 7258）中对具体项目的规定和公告管理相关政策进行判定；只要严格按照《机动车查验工作规范（试行）》的流程，完成《机动车查验工作规程》（GA 801）规定的查验项目，按照《机动车运行安全技术条件》（GB 7258）规定的项目和公告管理相关政策要求进行判定，就表明已经履行完了法定的查验职责，而不是按照《机动车运行安全技术条件》（GB 7258）、《机动车安全技术检验项目和方法》（GB 38900—2020）规定的全部项目和要求以及其他车辆生产标准开展查验工作。

如重中型货车注册登记时，"钢板弹簧片数"是车辆管理所需要登记的项目，但并不是《机动车查验工作规程》（GA 801—2019）规定的查验项目，而《机动车安全技术检验项目和方法》（GB 38900—2020）中却明确规定为检验项目，应当怎么进行"钢板弹簧片数"的登记工作按照程序性思维。笔者认为，"钢板弹簧片数"虽然是车辆管理所需要登记的项目，但却不是公安查验员每台车必须去查的项目，而是机动车安全技术检验机构必须逐台进行检验的项目，重中型货车注册前在安全技术机构进行检验时，安全技术机构应当对实车"钢板弹簧片数"进行检验，符合规定的，才能出具安全技术检验合格证明，公安机关交通管理部门在对安全技术检验机构的检验行为进行监督时，应当查看是否有对"钢板弹簧片数"进行检验的行为，是否有"钢板弹簧片数"的照片，对"钢板弹簧片数"有疑问时，应当通过安全技术检验机构进行核实。在车管所注册登记查验环节，一般不再对"钢板弹簧片数"进行查验，而直接采信安检机构的检验结果，按照机动车合格证记载的"钢板弹簧片数"进行登记，这样办理完全符合规定；但车管所查验员在对实车查验过程中，发现外观形状异常、可通过核对"钢板弹簧片数"进行排查，如发现"钢板弹簧片数"与机动车合格证记载不符，应当不采信安检机构的检验结果，不予继续办理业务，应开具退办单，并立即启动对安检机构的问责程序，确保查验程序依法依规。

四、权责性思维

法治既授予权力，更约束权力，行使公权力必须清醒认识到所承担的责任和义务，依法行政，严格施政，不得逾越法律之外，减损他人合法权益或增加他人义务，拥有并行使权力还必须履行并承担职责，做到有权必有责，权责要相当。各级车辆管理所在业务办理中应当要有权责意识、证据意识，必须按规定规范使用PDA、执法记录仪等查验装置和设备，留下查验项目的原始状态照片和查验过程的视频，对查验全过程留痕，这些证据材料，经核查属于符合规定的，作为依法办理的依据，经核查属于不符合规定的，将作为违规办理依法追责的证据。只有养成权责思维和证据意识的工作习惯，才能做到依法依规规范办理。

五、理性思维

要求在服从规则和逻辑的同时，注重价值权衡，合理平衡各种价值和正当利益，坚持维护道路交通安全，坚持以人民为中心，用法治提升群众幸福感、获得感。机动车查验执法的社会意义主要体现在五个方面：一是预防道路交通事故源头的第一道防线，二是严把国家机动车有关政策法规的重要关口，三是打击盗抢机动车的重要手段，四是服务群众的重要窗口，五是安全宣传的重要阵地。

机动车查验执法既要严格执法又要服务群众，在严格执法方面，对注册车辆查验过程中发现送检车辆不符合国家标准规定，应当不予办理，开具退办单或告知单后，我们的业务工作就可以结束了，但在服务群众方面，群众会怎么想？群众依法在公开的市场依法购买了有"机动车出厂合格证"的产品，经安全技术检验机构检验合格，怎么到了公安机关车管部门，查验就不合格了就不给办了？怎么让群众理解怎么让群众满意？笔者认为，要树立理性思维，要坚持以人民为中心，运用好相关的法律法规，帮助群众解决问题，才能提升群众幸福感、获得感。对在查验执法中发现属于汽车生产企业违规生产、销售情形的，在开具退办单或告知单时要告知群众依法维权的法律依据，如《中华人民共和国产品质量法》第四十条、《中华人民共和国消费者权益保护法》第五十条等，将严格执法与服务群众有机结合，切实把好关服好务，有效保障道路安全和群众合法权益。

六、建设性思维

要有发现问题和建设性地解决问题的思维，及时调整和完善社会关系，实质性地解决社会矛盾。全国公安交管部门在机动车查验环节发现嫌疑违规车上报，相关部门据此查处了一大批违规生产企业，撤销了多家企业的多个车型公告，有效地震慑了违规生产企业，倒逼企业履行保证产品安全质量的主体责任，从源头上起到了预防道路交通安全事故和保障群众利益的作用；同时，在车辆查验环节、事故车辆鉴定、道路交通事故深度调查等环节发现的标准规定不清晰、相关要求缺失、无管理依据等问题，通过收集积累并上报，积极参与到标准、规定、规范、政策等的制修订工作中，解决了许多问题，公安交管部门机动车查验已成为落实国家汽车管理法规、执行国家标准的最后一个关口，成为预防道路交通事故的第一道防线，成为打击盗抢、走私机动车等涉车违法犯罪的重要战场。

查验员是接触汽车产业发展、新技术应用最前沿的队伍，当前，汽车核心技术也正在发生大的变革，汽车行业发展的电动化、数字化、驾驶自动化三大颠覆性趋势已显现，查验工作不可避免地会迎来新挑战。这就要求查验员，要有发现问题和建设性地解决问题的思维，以长远的前瞻性眼光进行思考，敏锐感知时代发展新问题、查验实战新要求，及时提出规范查验、严格审核等查验管理工作相应的对策。

在机动车查验执法中，只有将公平正义作为查验执法的价值追求，深刻领会法治思维的要点、正确运用法治思维的六个重要维度，才能做到严格规范、公正文明地开展查验执法工作。

第三节　查验员资格管理

机动车查验纳入警务技术序列改革范畴及《机动车查验工作规范（试行）》的发布实施，开启了机动车查验工作的新篇章，对查验员管理工作也提出了更系统、更全面的新要求，尤其是围绕查验员资格管理的一些基本问题，关系到查验员管理和查验工作的全局，需要进一步界定和完善，以便更好地助推机动车查验工作规范化建设。

一、查验员资格管理现状分析

关于查验员（资格）管理的有关规定，主要体现在《机动车查验工作规程》和《机动车查验工作规范（试行）》两个文件当中。结合工作实际，部分地区以规章为基础，针对本省区市实际查验工作需求，对相关内容进行了分解和细化，出台了相应的管理办法（图2-1），从查验员申请条件和程序、培训和考评、晋升和职责，以及奖励和处分等方面做出具体规定。

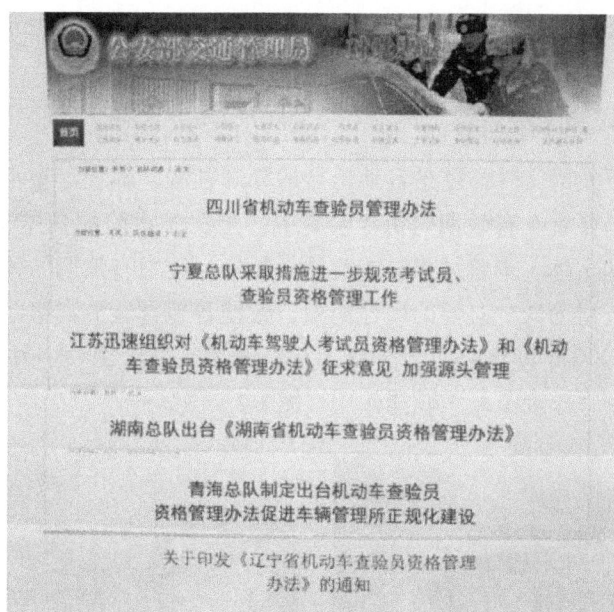

图2-1 各地出台的相关规定

不可否认，已出台和发布的制度、规定和管理办法，对查验员（资格）管理规范化建设起到了积极的促进和保障作用，但从工作需求和运行实践层面来讲，查验员资格管理工作中还存在以下几个方面的问题。

1.专业术语的界定不够统一

现有规定中，对"查验"的认识比较统一，认为"查验"是一种勤务工作，即"办理机动车业务时查验员依据道路交通安全法律法规和相关标准确认机动车"，但在"查验员"和"查验员资格管理"的理解和界定上还存在差异。

关于"查验员"，一种观点认为，"查验员是指具有相应的知识和技能，经公安机关交通管理部门培训考试合格并获得查验员资格证书，根据公安机关交通管理部门授权从事机动车查验工作的人员。"一种观点认为，"查验员应当具备机动车查验相关知识和技能，经培训考试合格并取得查验员证书，分为初级、中级和高级。"二者的区别在于证书的名称

（查验员证书和查验员资格证书），以及是否"需要授权"。

关于"查验员资格管理"，一种观点认为应包含"查验员资格证书"并"授权"两个方面的内容；一种观点认为只要具有"证书"即可，但相同点都是将查验员资格分成相应的初、中、高三级。同样，对于相应的证书名称，则有"查验员证书"和"查验员资格证书"两种表述；对于相应培训工作，也有"查验员培训"和"查验员资格培训"两种说法。而且引起这些不同认识的起因，是由于对"查验员资格"概念的理解和界定有所不同，进而影响查验员和查验员资格的管理。

这里需要说明的是，工作中不能将"查验员资格"等同于"查验资格"，前者强调的是能力水平，以是否取得证书为标志；后者强调的是从事机动车查验工作的资格，强调的是能否查验车辆并出具机动车查验记录表，不但需要证书，还需要所在单位的组织授权，比前者的含义要广，注重的是实践性。

2. 年度审验的职能不够明确

无论是公安部下发的文件，还是各地出台的管理办法，都规定查验员（资格）证书的有效期为3年，并且要求在有效期内每年须审验。但关于审验的具体职能、审验的组织、审验的方式、审验的主体、审验结果与查验员（资格）证书有效期的关系等基本问题没有进一步明确，在执行层面缺少必要的硬性约束，致使各地查验员资格证书审验的方式方法不统一，大多数单位将年度审验与晋升培训相结合，一并组织、一并考试，但缺乏针对性，没能较好地发挥"年度审验"职能作用（图2-2、图2-3）。

图2-2　年度审验现场

图2-3　吉林总队组织中级查验员资格培训

3. 时间划分不明晰

现有规定明确，查验员（资格）证书等级实行逐级晋升制度，初次申请查验员资格的，应当申请初级查验员。查验员证书有效期为3年，查验员证书有效期满前，仍需继续从事机动车查验工作的，应当按本规范规定重新申请查验员证书。但证书有效期起止时间如何计算、审验的时机及审验结果的有效期如何计算、资格晋升后有效期时间如何计算，以及岗位流转后重新申请查验员资格的时间等问题，均没有做出规定和细化，在实践工作中还存在模糊地带，操作性不强，指导性不足，随意性较大。

二、完善查验员资格管理机制的对策建议

1. 严格界定和正确使用"查验员资格"的概念

机动车查验是机动车登记的关键环节，是公安机关交通管理部门履行行政许可职能的重要体现。因此，从事机动车查验工作的查验员，其本身具有"知识技能"和"执法勤务"两种属性，前者需要通过培训考试获得，即达到一定的能力水平，表现形式是"查验员资格证书"；后者则需要公安机关授权获得，即"法无授权不可为"的具体体现，没有授权则不能从事机动车查验工作。可见，经培训并考试合格所取得的只能是"查验员资格"，颁发的也只能是"查验员资格证书"，而不能是"查验员证书"。否则，实践中会产生有的人持有"查验员证书"而不是"查验员"（没在查验岗，即没有单位授权）的被动局面。在层级上也只能是依据查验员资格进行区分，分为初级查验员资格证书、中级查验员资格证书和高级查验员资格证书。

2. 增加"查验员资格证书状态"的功能

获得了查验员资格证书，只是具备了能够开展从事机动车查验工作的能力资格，这是前提条件，但要想成为查验员，履行执法职责，还需要公安机关交通管理部门的授权，而授权则应以"查验员资格证书状态"来确定。也就是说建立"查验员资格证书状态"的概念，是要解决公安机关交通管理部门对持有"查验员资格证书"人员的从业授权问题，进而以一本"查验员资格证书"实现查验员两种工作属性（资格和授权）统一管理的目的。

（1）查验员资格证书状态的种类及含义。

查验员资格证书状态可以分为四种，即正常、撤销、吊销、注销。初次申请并获得的相应等级查验员资格证书，即意味着获得授权，状态为"正常"；"撤销"是指对通过欺骗或贿赂等手段取得查验员资格证书，发证机关做出处罚后所签注的状态；"吊销"是指因年度审验不合格、存在业务违规、调离查验岗位等原因，发证机关对查验员资格证书所签注的状态；"注销"是指因自己申请放弃查验员资格或工作中存在违法、违纪等问题，由发证机关对查验员资格证书所签注的状态。

（2）查验员资格证书状态的实践运用。

通过签注查验员资格证书状态，可实现与查验员的定义有效衔接，与查验员资格证书的有效期相一致，与查验员资格证书审验相匹配，即获得查验员资格证书，并且状态"正常"，才能从事机动车查验工作，才是查验员，才能出具机动车查验记录表，才能够行使执法权。而持有非"正常"状态查验员资格证书的人员，只是具备资格，其证书仍在原有效期内，但因没有授权，则不能从事查验工作，也不是查验员。同样，持有相应级别资格证书且状态正常的人员，才可以称作初级查验员、中级查验员、高级查验员。

（3）签注查验员资格证书状态的时机与效力。

这也可以理解为公安机关交通管理部门对查验员进行授权或取消授权的时机和有效时间。根据工作需要，可以在初次取得查验员资格证书时、查验员资格证书审验时、查验员调离工作岗位时，以及对查验员做出撤销或注销决定时对查验员资格证书进行签注，签注后即生效。其中，"正常"的有效期一般至下本年度审验时间结束；"吊销"的有效期可至本次审验时间结束，也视情节严重程度，可分别做出规定，但吊销的有效期最长不得超过查验员资格证书有效期；"撤销""注销"状态的签注时查验员资格证书有效期自然终止。

3. 充分发挥查验员资格证书年度审验的职能作用

（1）确定审验的主体和内容。

依据相关规定，原则上是由发证机关进行审验，即谁发证谁组织审验，结合工作实际，也可委托下一级进行审验。查验员资格证书的审验，重点是对新发布的法规、标准进行学习，对新政策进行理解和宣贯，对业务中的新情况和倾向性问题进行解读，以便更好地统一标准、规范业务，提升工作质量。

（2）确定审验的对象和方式。

在对象上，应以查验员资格证书为基准，凡是持有在有效期内且处于"正常"和"吊销"状态的人员均应参加年度审验，而不应以查验员是否在岗为条件，否则会将"查验员资格证书"审验变成"现有查验员"的审验。这与审验的定义和初衷相违背。同时，以"查验员资格证书"为标准确定审验范围，可以保证现有查验资格证书基数的稳定，也为查验员队伍的稳定创造条件，避免因不能审验而造成的资源浪费，也能够更好地与工作人员的调整、交流做好衔接。在方式上，可以通过网络授课、视频讲座、现场参观、随岗锻炼、会议培训等多种方式进行审验，是否通过审验的评判标准可以是固定的学时，或者是培训考试的成绩，也可以是多种方式并存，最终以方便易行，提高技能，效果明显为好。

（3）确定审验的时机和效力。

根据规定，在查验员资格证书在有效期内每年需要审验，具体的审验时间可以参照查验员资格证书有效期来执行。如果是以自然年计算有效期，若获得查验员资格证书日期是在6月（不含）当年可以不予审验（视审验与培训考试合并），日期在6月（含）之前的，则需要审验，审验有效期以自然年为准；如果是以自然日计算有效期，则以365日为周期，从获得查验员资格证书日期起，每隔365日内审验一次即可，具体时间自行规定。

（4）明确审验结果的运用。

查验员资格证书每年需要审验，每年需要签注，审验通过的签注为"合格"，逾期未审验或审验未通过的签注为"不合格"。对于原查验员资格状态为"正常"的，如果审验结论为"合格"，则状态依旧是"正常"，仍可以从事查验工作；如果审验结论为"不合格"，则状态变成"吊销"，不能从事查验工作。对原查验员资格证书状态为"吊销"的，如果审验结论为"合格",并且又回到查验岗位的,状态变为"正常",可以从事查验工作,否则,状态依旧是"吊销"。这样就能较好地解决是否审验、审验结果与查验员资格证书有效期的问题,做到相互支撑、相互印证,形成一个完整的体系。

4. 明确查验员资格证书有效期的具体时限

查验员资格证书规定了有效期的时间为3年,但具体计算上有两种方法,一种是以自然日起算,即从培训考试通过日期至3年后。此种方法的优点是有效期是"足额"的3年天数,缺点是每年的审验时间、临界有效期日期固定,需要在每年的5月16日前完成审验,且审验日期前一天重新申请相应资格,可能会影响查验员资格证书状态,对机动车查验工作的计划性要求较强。另一种是以自然年起算,即从领取证书当年至第3年的12月31日。与第一种方法相比,虽然第二种方法中实际有效天数较少(不足3个自然年天数),但因其有效期到年底,可以有充足的时间完成年度审验和届满前重新申领查验员资格证书,能够防止因工作冲突不能按期举行培训考核,避免造成查验员资格证书状态不正常或查验员资格证书超过有效期的被动局面。

5. 细化查验员资格证书申请与晋升的程序

查验员资格证书应逐级申请、逐级晋升,初次申领只能申请初级查验员资格证书。获得查验员资格证书后,在有效期内可以申请晋升更高一级别的查验员资格证书,新查验员资格证书有效期重新计算,也可以在有效期届满前申请原等级查验员资格证书,新查验员资格证书有效期接续计算。查验员资格证书期满后,超过2年(含)再次申请的,因专业知识更新较快,宜按初次申请计算,且只能申请初级查验员证书;没有超过2年的,可以申请原等级查验员资格证书。

6. 统一查验员资格证书的样式

鉴于机动车查验已纳入警务技术序列,为更好地体现查验员队伍的专业性、规范性和权威性,查验员资格证书样式应全国统一,并赋有唯一的证芯编号(类似于机动车登记证书或行驶证),以发证机关代码、查验员资格证书级别(高级G,中级Z,初级C)、身份类别(民警查验员P,辅警查验员F,辅助查验员A)、发证时间等字段为前缀,确定全国统一的编制规则,为每本查验员资格证书确定唯一的编码。

7. 强化查验员资格证书的信息管理与实践应用

应改革和完善现有查验员资格证书管理模式,在查验员资格证书中设定附录页,增加"审验""状态"和"备注"项,将"正常""撤销""吊销""注销"状态分别以"√""○""△""×"方式记录;将审验结果为"合格""不合格"的,分别以"√""×"方式记录;在"备注栏目"填写简要说明。在此基础上,应逐步实现查验员资格证书信息管理电子化、网络化,通过升级或改造"六合一"系统中现有查验员信息备案模块,建立查验员资格证书信息管理系统,对查验员资格证有效期、审验情况、查验员资格证书状态等内容一体化管理,实现与"六合一"平台中查验业务信息相关联,与"查验监管系统""检验监管系统"相对接，在查验员资格证书有效期届满前30天预警提示，在查验记录表中体现查验员资格证书编号，做到全流程、全要素、全维度跟踪，在机动车查验规范化建设中发挥积极促进作用。

三、结论

各级公安交通管理部门应以《机动车查验工作规范（试行）》的发布为契机，牢牢把握"查验员资格管理"这一核心要素，明确相关概念内涵，细化年度审验、资格申请与晋升、证书管理等环节，实现机动车查验工作一体化、规范化发展。

第四节　查验记录表属性

一、历史回顾

机动车查验记录表是随着机动车（车辆）登记的产生而产生，随着交通管理体制的变化而变化，随着机动车查验（检验）的发展而发展，经历了一个从无到有、从弱到强，不断完善、不断规范的发展过程。

1. 2008年以前的检验（查验）工作

这一阶段是机动车查验记录表的萌芽与发展时期。

新中国成立之初，为充分发挥交通运输对军事战略方针的支撑和保障作用，国家采取由交通部门负责道路交通管理的体制模式。1955年颁布的《城市交通规则》（图2-4）规定，车辆必须接受车辆检验机关的检验，机动车及非机动车中的自行车、三轮车、兽力货车必须安装有效的制动器。除兽力货车、人力车、人力货车、手推车以外，其他车辆的音响器必须保持完整有效；消防车、警备车、工程抢险车、救护车必须安装专用的警报器。这是第一次在正式文件中涉及车辆检验（查验）的名词和相关内容。

1960年2月由国务院批准、交通部和公安部共同组织实施的《机动车管理办法》（图2-5），将车辆管理作为单独的一个章节，规定有机动车的部门、个人申请领用号牌和行车执照时，应填写"检验异动登记表"，送当地车辆管理机关审查，车辆管理机关检验车辆（新车可豁免检验）认为合格后，发给号牌和行车执照。车辆的检验项目包括车体丈量（全车长度、宽度、高度、驾驶座位长度、车厢面积以及车辆轮距、轴距等）和机件检验（包括发动机、底盘、变速及传动、转向、制动、电系、车身、设备等部分）。车辆管理机关对于领有号牌和行车执照的车辆，每年进行一次检验，合格后在行车执照上予以签证；也可委托车辆所属单位自行检验，由车辆管理机关督促检查并作签证。机动车检验异动登记表和机动车年度检验表如图2-6所示。

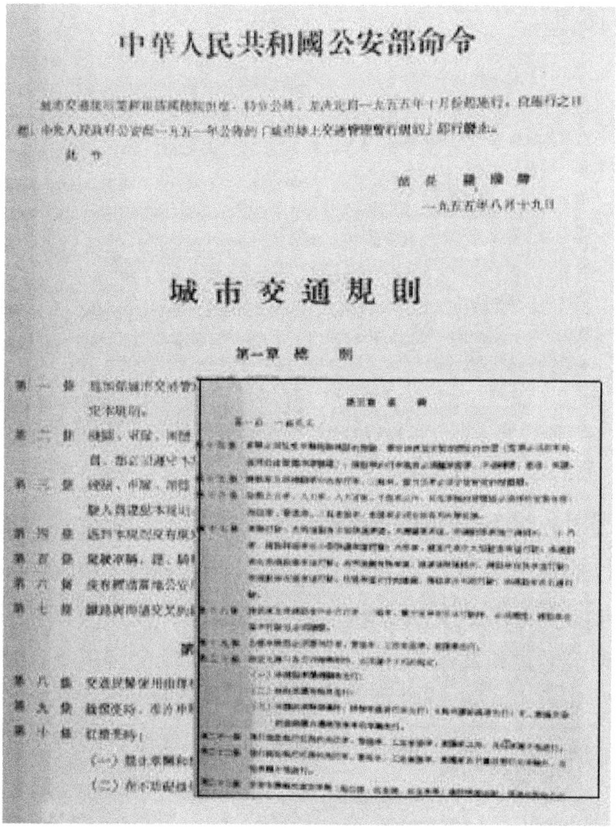

图2-4 《城市交通规则》节选

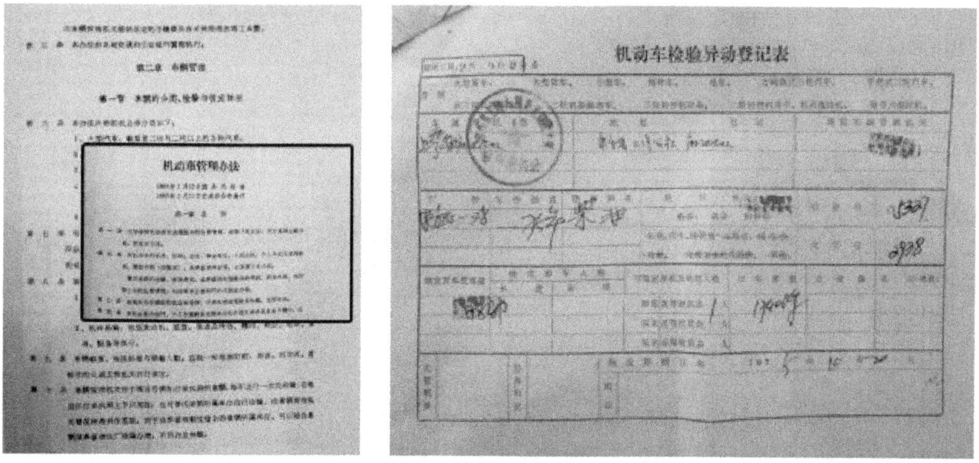

图2-5 《机动车管理办法》节选及机动车检验异动登记表样例

1983年3月20日，国务院下达《关于公安与交通部门交通管理工作分工问题的通知》（国发〔1983〕47号），确定各省、自治区、直辖市人民政府驻地等105个城市的交通指挥、维护交通秩序、行车安全、事故处理以及机动车辆的检验、驾驶人的考试考核与发牌发证，由公安部门负责，其他地区的机动车辆检验、驾驶人员的考试考核和发牌发证等工作仍归交通监理部门负责。

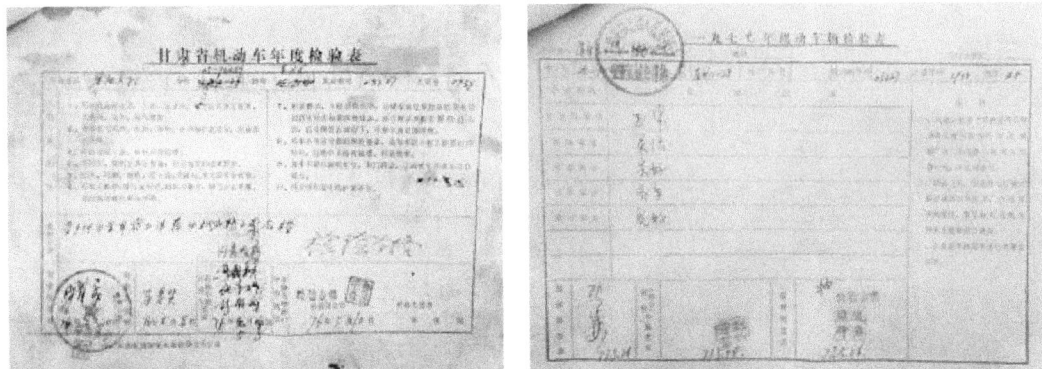

图2-6　机动车检验异动登记表样例和机动车年度检验表样例

1986年发布的《国务院关于改革道路管理体制的通知》决定，公安机关对全国城乡道路交通依法管理，包括宣传教育、交通指挥、维护交通秩序、处理交通事故和车辆检验、驾驶员考核与发牌发证等工作。交通部现有的交通监理机构，要成建制地划归公安部。同年，公安部交管局成立车管和驾驶人管理处。至此，形成全国统一的机动车管理体制，开启了全国车管工作的新篇章。此时机动车档案中留存的机动车登记表（图2-7）需要检验并填写发动机号、车辆尺寸、总质量等信息并由检验员签章。

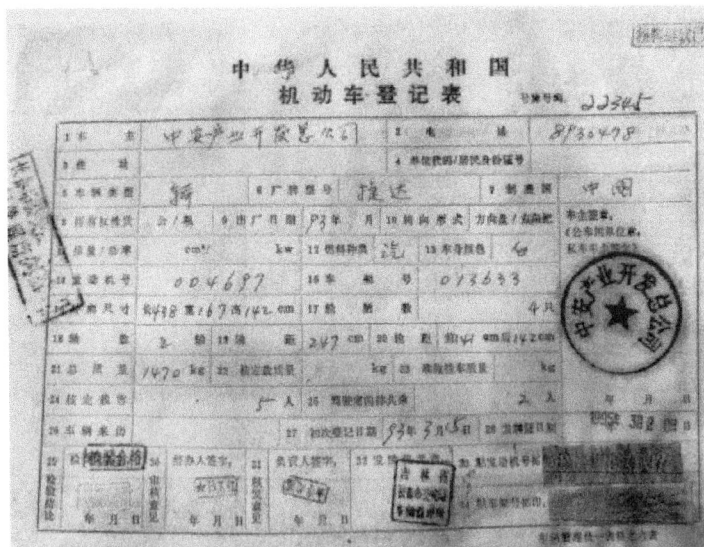

图2-7　机动车登记表样例

1997年5月20日，公安部颁布了《机动车注册登记工作规范（试行）》，规定新车注册登记的程序由登记审核、检验车辆和核发牌证三项构成，检验员要核对车辆的车架号和发动机号，发现与原车不一致或有改动、凿痕、锉痕、重新打刻、垫置金属块等人为改变或毁坏的，对车辆一律扣押审查。符合规定的，检验员在机动车登记表的规定位置签字、盖章。1999年9月1日起实施的《车辆管理业务岗位规范》规定管理业务设立机动车检验岗。

2001年10月1日，公安部发布实施《中华人民共和国机动车登记办法》（公安部56号令）。这是第一部关于机动车登记的部门法规。该办法规定，车辆管理所应当接受机动车所有人、抵押权人的申请，依法审核所提交的资料，检验车辆，在办理机动车登记的时限内，决定准予或者不予登记。申请注册登记、过户登记、转出登记和转入登记、变更登记的机动车所有人应当向当地的车辆管理部门交验机动车。

2004年，《中华人民共和国道路交通安全法》及其实施条例的发布，《机动车登记规定》（公安部令第72号）施行，规定办理机动车登记业务流程由登记审核岗、牌证管理岗、业务领导岗、档案管理岗和嫌疑车辆调查岗组成，机动车档案中留存机动车登记业务流程记录单原件，记录车辆检验人员的姓名。

2. 2008年至今

这一时期是机动车查验规范和快速发展时期。

2008年10月1日起，随着《机动车登记规定》、《机动车查验工作规程》（GA 801—2008）的实施，车辆管理所办理机动车登记业务，须设置查验岗、登记审核岗和档案管理岗，明确了机动车查验记录表的样式和内容。

公安部交管局《机动车查验工作规范（试行）》的实施和机动车查验监管的推行，更是具有里程碑意义的事件，标志着机动车查验工作开始走上了快速、高效、规范的发展道路。

二、机动车查验记录表的法律属性分析

机动车查验记录表记录的是机动车查验的执法过程和执法结论，是机动车查验执法行为的结果固化和具体应用，其本身直接体现机动车查验的执法属性特征。

1. 体现机动车查验执法的强制性

机动车登记是机动车上路行驶的前提，只有经过登记，机动车才被许可正式成为参与道路交通活动的一个客体，从而正式纳入《中华人民共和国道路交通安全法》的管理范围。《中华人民共和国道路交通安全法》第八条规定"国家对机动车实行登记制度。机动车经公安交通管理部门登记后，方可上道路行驶。"第十条规定"准予登记的机动车应当符合机动车国家安全技术标准。申请机动车登记时，应当接受对该机动车的安全技术检验。"《中华人民共和国道路交通安全法实施条例》规定，"初次申领机动车号牌、行驶证的，应当向机动车所有人住所地的公安机关交通管理部门申请注册登记。申请机动车注册登记，应当交验机动车。"可见，申请人有责任和义务将机动车交予公安机关交通管理部门进行查验，并且机动车只有按规定经过查验，获得签注结论为合格的机动车查验记录表才能通过登记，获得特定的身份，才能取得参与道路交通活动的资格。

2. 体现机动车查验执法的主体性

《中华人民共和国道路交通安全法》中规定，机动车经公安交通管理部门登记后，方可上道路行驶。这里明确了机动车登记的主体是公安机关交通管理部门。《机动车登记工作规范》第八十二条规定，机动车销售单位、交易市场、机动车安全技术检验机构、机动车报废回收企业等场所或单位代办机动车登记业务的，对外使用"××机动车登记服务站"的名称。代办资质条件和业务范围由省级公安机关交通管理部门制定。《机动车查验工作规程》（GA 801—2019）5.7规定，进口机动车注册登记，专项作业车、挂车、中型（含）以上载客汽车、中型（含）以上载货汽车的注册登记和变更登记（变更迁出除外），危险货物运输车辆的所有登记业务，以及申领机动车登记证书和校车使用许可、报废机动车法定监督解体、嫌疑车辆调查取证等业务的机动车查验应由民警查验员负责。民警查验员是指具有公安机关人民警察身份的查验员；非民警查验员是指不具有公安机关人民警察身份的查验员，如汽车品牌销售商、二手车销售市场、机动车报废回收企业等单位的查验员，也包括公安机关交通管理部门车辆管理所不具有人民警察身份的查验员。

3. 机动车查验执法的程序性

机动车查验作为机动车登记的关键环节，其程序性最直接的体现就是以机动车所有人的申请为前提。这也是机动车查验的启动程序，它将引发公安机关交通管理部门的职权行为，而受这种性质制约，其实施的结果，理应具有程序法意义的效果（包括启动登记机关的登记行为、决定登记机关的行为，影响机动车所有人的交通权益的行为），而且从制度与功能一体化的角度看，机动车登记职能的实体性法则、申请方式的程序性法则均需通过机动车查验记录表的程序性进行转化和联结才能得以实现。

就机动车查验本身而言，《机动车查验工作规范（试行）》对机动车查验的组织、查验员的资格、查验的程序和项目、监督管理等内容进行了明确，规定车辆管理所开展机动车查验业务时，应当设置查验业务岗、查验监督岗，应当使用符合相关标准和规定的查验场地、查验工具、查验智能终端查验机动车，按规定使用全国统一的机动车查验监管系统，未按规定使用的，不得开展机动车查验工作。《机动车查验工作规程》（GA 801）也对机动车查验执法的程序性进行了详尽的规定，这里不再赘述。《交警系统执勤执法记录仪使用管理规定》第六条规定，从事驾驶人考试和机动车查验工作时，应当佩戴、使用执法记录仪进行全程录音录像，自上岗工作时开始，至下岗结束时停止，连续、完整、客观、真实地记录工作情况，收集相关证据。

可见，机动车查验记录表的生成有着既定的程序和内容，如果说申请是机动车登记启动机制中最初的启动行为，那么决定登记进程和登记结果的机动车查验记录表则是整个登记程序中最具有理论意义和实践意义的核心环节。

4. 机动车查验的告知性

根据《中华人民共和国道路交通安全法》第九条规定，公安机关交通管理部门应当自受理申请之日起五个工作日内完成机动车登记审查工作，对符合规定条件的，应当发放机动车登记证书、号牌和行驶证；对不符合规定条件的，应当向申请人说明不予登记的理由。而机动车查验的受理，即意味着执法行为实施前的告知，开始机动车查验即是在履行法定职责。机动车查验执法是否能够产生申请人预期的法律后果，要取决于该机动车是否符合国家的法律法规和相关技术标准，其结果会有办理登记、暂缓登记和拒绝登记等情形，但无论是哪种结果，查验员均须在机动车查验记录表上进行相应记录，并告知申请人查验结果（不合格的不签注查验结论）。

三、需要进一步解决和完善的问题

通过上面的分析可以看出，机动车查验工作由来已久，有着详细的法律法规规定和坚实的实践基础，有着特定的执法主体和执法程序。在"放管服"的大潮中，在查验执法业务量激增和责任倒查已成新常态的大背景下，为充分发挥机动车查验记录表的积极作用，还应解决和完善以下几个方面的问题：

1.正确把握机动车查验记录表的本质

作为机动车登记构成的档案要件之一，在形式上，机动车查验记录表是各级公安机关交通管理部门为管理本行政区域内的机动车登记工作，实现宪法和法律赋予的基本职能而依法依规制作和运用；在内容上，机动车查验记录表虽然表面上具有书证的部分特征，但其实质上应是公安机关交通管理部门及其授权单位，在主体合法和程序合法的前提下，由专业人员（即查验员）在收集相关材料的基础上，根据法规标准和专业知识技能，经查验机动车后对能否登记所做出的综合性分析判断意见，是依据客观事实所进行的主观表述。

2.改变机动车查验记录表的生成方式

不可否认，高度概括的现行"统一版"机动车查验记录表基本满足了纷繁复杂的机动车查验工作需求，但随着信息化水平的提高，尤其是查验监管系统的推广和使用，为其类型的丰富、项目的增加和生成方式的改变提供了可能。

首先，按照车型分类生成查验记录表。可以考虑按公路客车、旅游客车、危化品运输车、低平板半挂车、重型货车、校车、面包车、乘用车分类，结合车辆规格，由PDA扫描合格证后自动生成特定机动车查验记录表，不断提高机动车查验的针对性，不断提高重点车辆源头管理的全面性和操作性。

其次，按照项目种类细化查验记录表。可以考虑结合机动车规格、使用性质和业务种类等因素，全面反映查验项目内容，将现在签注于"备注栏"的安全装置查验、残疾人专用装置查验、校车使用许可查验等内容单独列出，将需要查验盘式制动、辅助制动、限速装置、ABS等项目内容细化列出，一一标注查验项目和查验结果，强化重点查验内容的监督与管控。

再次，按照查验项目序列生成查验记录表。在PDA依次同时显现查验项目和查验要求，由查验员对照PDA上的查验项目和查验要求，实车逐项比对确认即可，彻底改变查验员既要明确查什么，又要掌握怎么查的被动局面，既可以减轻工作压力、提高工作效率，又可以防止减少项目、降低工作标准。

最后，按照业务种类生成查验记录表。树立"首注负责制"的工作理念并建立完善相关工作机制，守住注册登记关口。在注册登记环节，机动车查验记录表中的查验项目可全、可多、可细，在用车业务的机动车查验记录表简单明了，实行以行驶证为准，也就是强调与注册登记车辆的高度一致性，重点是防止非法改装拼装和走私盗抢，对发现注册登记时的违规产品，应通过平台上报，但不影响办理相应登记业务。同时，办理补换领行驶证业务时应查验机动车，严格比对注册登记时档案留存资料，防止渐变式车辆改装问题的发生。

3.改革机动车查验记录表的表现形式

实行双查验员签名制。《公安机关办理行政案件程序规定》（公安部令第160号）中明确规定，"公安机关进行询问、辨认、检查、勘验，实施行政强制措施等调查取证工作时，人民警察不得少于二人，并表明执法身份。"《机动车查验工作规范（试行）》和《机动车查验工作规程》（GA 801—2019）中都明确要求，除了限定的车型和业务种类外的机动车查验由非民警查验员独立承担时，公安机关交通管理部门车辆管理所或民警查验员应进行监督。《关于严格进口汽车注册登记工作的通知》（公交办〔2013〕95号）中规定，地市级车管所要进一步细化查验工作流程、项目和要求，建立双查验民警把关复核制度。可见，实行双查验员签名制度，既是落实现有的法规制度，堵塞风险漏洞，又可以健全管理机制，明确查验组长和组员责任，实现相互监督、相互补充，做到有据可查、有源可溯。

第五节 查验风险与防控

机动车查验是办理机动车业务时，查验员根据道路交通安全法律法规和相关技术标准确认机动车的过程。机动车查验作为公安交通管理部门实施机动车安全管理的重要手段，在保证车辆运行安全性能、预防和减少道路交通事故、打击盗抢走私、非法拼组装机动车违法行为等方面发挥了重要作用。然而，近年来随着互联网产业的迅猛发展，二手车流通的范围出现了从区域性向全国性变化的趋势，其交易的数量也呈直线上升趋势。随着新车注册登记数量和二手车交易量的快速增加，不仅导致查验员工作强度激增，而且也给查验工作带来了极大风险和挑战。

1.车辆查验工作面临的主要风险点

当前，机动车保有量快速增长，二手机动车交易流通越来越频繁，反映出二手车交易市场日益活跃。与此同时，盗抢走私、非法拼组装等涉车违法犯罪行为也时有发生，同时还有一定数量的走私车、因经济纠纷而无正规手续的抵押车辆，往往采取转移登记、事故修复、重新打刻"两号"、抢注等方式进行身份"漂白"。机动车查验岗主要依靠机动车查验员个人经验进行实车判定，手段较为初级，借助的辅助查验工具科技含量低，工作中面对极大的风险。

（1）大中型客货车注册登记与公告不符的风险点。

公告是公安机关交通管理部门办理机动车注册登记的核心要件之一，是发现违规产品、预防和消除道路安全隐患的关键依据。根据《关于进一步加强道路机动车辆生产企业及产品公告管理和注册登记工作的通知》（工信部联产业〔2008〕319号）文件规定"各地公安机关交通管理部门要严格按照《公告》办理机动车注册登记"；《关于进一步加强道路机动车辆生产一致性监督管理和注册登记工作的通知》（工信部联产业〔2010〕453号）规定"对车辆技术参数和相片与《公告》不一致的产品，不予办理注册登记"；《关于进一步提高大中型客货车安全技术性能加强车辆《公告》管理和注册登记管理工作的通知》（工信部联产业〔2011〕632号）文件规定"各地公安机关交通管理部门发现机动车主要特征和技术参数不符合国家标准，或与公告数据不一致的，不予办理车辆注册登记。"《机动车查验工作规程》（GA 801—2019）规定"注册登记查验时，对实行《公告》管理的国产机动车，实车外观形状应与《公告》的机动车照片一致，但装有《公告》允许选装部件的除外。"在实际查验工作中，大中型客货车主要特征和技术参数与公告不符的情况时有发生，如果不严格比对公告，将会为道路运输埋下安全隐患。

（2）平行进口车"符合性整改"不符合国家强制要求的风险点。

平行进口汽车，是指在汽车生产厂商授权销售体系之外，由除总经销商以外的其他进口商从境外进口的汽车；根据进口来源地不同，一般可分为所谓"美规车""中东版车""欧规车"等，以区别于授权渠道销售的"中规车"。近年来，为推进汽车领域供给侧结构性改革，加快汽车流通体制创新发展，激发汽车市场活力，商务部等国家相关部委强力推进平行汽车进口试点。

平行进口汽车查验过程中可能遇到的问题，事实上与早期所谓"小批量""小3C"进口汽车的问题类似，主要体现在外部照明和信号装置的配置和光色、车速里程表指示、中文警告性文字、号牌板（架）、排气管口朝向等安全要求，以及打刻的车辆识别代号、发动机号码、产品标牌、核定载人数、中文产品使用说明书等管理要求不符合《机动车运行安全技术条件》（GB 7258）等机动车国家安全技术标准的规定。鉴于此，往往平行进口商为了达到能够注册登记的车辆查验要求，对上述车辆进行"表面整改"，欺骗管理部门，企图蒙混过关。例如，部分"美规车"在境外（北美地区）销售和使用是不打刻车辆识别代号（以下简称"车架号"）的，但我国《机动车运行安全技术条件》（GB 7258—2017）要求在我国境内销售注册的车辆均需要打刻车架号，且永久保存。为此，平行进口商往往通过非正常途径随意在车辆的部件上打刻车架号，至于是否打刻在不易拆卸的零部件上或者打刻的字体高度和深度等强制性要求置若罔闻、敷衍了事，以"打擦边球"的心态进行

"符合性整改"，让整改未落到实处，给后期的车辆年检及违法行为的查处带来风险。

（3）盗抢机动车和拼组装机动车"漂白"身份的风险点。

有的团伙作案的犯罪分子，盗取车辆后通过特定渠道获得同类型正规车辆的车架号、发动机号等信息后，重新打刻，然后通过申请重新打刻车架号、改变车身颜色、转移登记等业务将车辆"漂白"。此类车辆往往造假技术"高明"，且能够提供相关佐证材料，在办理前的甄别就显得尤为重要。为了不错办业务，需要查验员全面地了解车辆来历和车主基本情况，并对佐证材料的真伪进行嫌疑调查。

《道路交通管理　机动车类型》（GA 802—2019）第3.3条对"拼装车"的定义为"未经国家机动车产品主管部门许可生产的机动车，或者使用了报废、走私、事故后整车理赔机动车的发动机（驱动电机）、方向机（转向器）、变速器、前后桥、车架（车身）等五大总成之一组装的机动车。"此类车辆主要是来自交通事故导致的"全损车辆"，保险公司正常理赔后为追求最大利益化，违规将事故车残值（包括残值车辆和该车辆的相关信息）进行网上拍卖，由专门团伙将事故残值车车辆识别代号或发动机号通过重新打刻、拼焊到其他被盗抢同类车辆上等手段予以"漂白"被盗抢车辆，给公安交通管理工作埋下巨大隐患。

（4）新车被抢注的风险点。

车辆抢注情况的风险点集中于注册登记时的车辆为嫌疑车辆，系盗用其他已销售或未销售甚至还未出厂的同型号新车的车架号和发动机号信息，通过重新打刻"两号"改变车辆信息，伪造合格证，套用车辆信息进行抢注，反而使得合法车辆因信息被套用而无法注册登记。这样不仅给消费者带来巨大经济损失，同时给查验工作带来极大的风险。

2.机动查验风险点防控的措施和建议

为持续推进机动车查验队伍专业化和规范化建设，把好道路运输安全源头关，需要做好比对车辆公告、准确适用国家标准、规范开展嫌疑车调查和处置、深化细化查验员培训等方面工作。

（1）正确理解，准确比对车辆公告信息。

公告是国家对汽车生产企业及产品管理的重要手段，是公安交通管理部门办理机动车注册登记的主要依据。在机动车查验中只有正确理解和运用公告，才能充分发挥其应有的管理效能，不断助推机动车查验规范化发展。正确理解和准确运用公告要厘清"公告管理的职能""公告管理的范围""公告管理的内容""公告管理的作用""公告有效时间""公告比对方法""违规公告的处理"几个关键问题。正确理解和准确比对公告对规范机动车查验，降低查验风险具有关键性和决定性作用。

（2）学懂弄透国家标准，准确运用于实际工作。

机动车查验涉及的国家标准和行业标准数以百计，运用最多的包括《机动车运行安全技术条件》（GB 7258）、《机动车查验工作规程》（GA 801）、《道路交通管理 机动车类型》（GA 802）、《汽车、挂车及汽车列车外廓尺寸、轴荷及质量限值》（GB 1589）、《道路车辆车辆识别代号（VIN）》（GB 16735）等。其中，《机动车查验工作规程》（GA 801）和

《机动车运行安全技术条件》（GB 7258）是与机动车查验工作最密切相关的两个技术标准。《机动车查验工作规程》（GA 801）规定了办理各项机动车登记业务时对机动车进行查验的项目和工作要求，即应查验什么项目及如何进行查验；《机动车运行安全技术条件》（GB 7258）规定了机动车运行安全的基本技术要求，是查验的依据。为了帮助查验员学懂学透相关国家标准，绵阳支队集中编写了《机动车查验工作业务指南》，内容涵盖查验基础知识、疑难问题、业务难点等方面内容，并已用作2019年度该市机动车查验员培训教材。

（3）建立嫌疑车查处专门队伍。

公安部交管局《关于严格核查涉嫌盗抢骗、走私车辆套用机动车整车出厂合格证问题的通知》（公交管〔2016〕353号）第三条规定"严格重点嫌疑车辆调查。对发现车辆识别代号、发动机号码有凿改、挖补痕迹的，机动车来历证明、合格证、车辆购置税完税证明有伪造嫌疑的，以及注册登记后半年内两次（含）以上办理转移登记或转出转入的，要启动嫌疑车辆调查程序。"

根据《机动车查验工作规范（试行）》第四十四条规定，直辖市公安机关交通管理部门车辆管理所、设区的市或者相当于同级的公安机关交通管理部门车辆管理所应当建立嫌疑机动车调查处置工作制度，并在本单位设立专门岗位和人员。直辖市公安机关交通管理部门、设区的市或者相当于同级的公安机关交通管理部门应当会同公安机关刑侦部门、海关等单位，建立被盗抢、走私机动车案件办理协作机制。

对盗抢及走私嫌疑车的调查处置，需要厘清如下几个关键问题。

①机制建立、岗位设置、处置流程的确立和有效运作。设区的市级车管所应当建立嫌疑车查处机制，配合法制、宣传部门建立协作机制；设立专门岗位，设岗定责；明晰调查处置流程，建章立制。

②明确相关调查处理依据及准确运用。其一，法律法规如《中华人民共和国道路交通安全法》《中华人民共和国道路交通安全法实施条例》《中华人民共和国刑事诉讼法》等；其二，适用规定如《道路交通安全违法行为处理程序规定》《公安机关办理行政案件程序规定》《公安机关办理刑事案件程序规定》《公安部刑事案件管辖分工规定》《公安机关办理刑事案件程序规定》《机动车登记规定》《机动车登记工作规范》；其三，标准规程如《机动车运行安全技术条件》（GB 7258）、《机动车查验工作规程》（GA 801）《道路交通管理 机动车类型》（GA 802）。

③对嫌疑车辆发现、调查、处置过程的记录和建档备查，完善音视频资料，杜绝证据收集不齐和程序错误。嫌疑车调查处理专门岗位应当做到资料收集、证据固定等工作的及时性和必要性，过程留痕、建档备查。

（4）将查验员培训深入化和常态化。

行者方致远，奋斗路正长，机动车查验工作技术性和专业性极强。做好机动车查验工作不但需要学懂学透相关法律法规、国家标准，同时更需要结合实践经验不断总结和提升。俗话说"磨刀不误砍柴工"，笔者认为一方面应当将查验员的培训分类细化，成立专门培训师资队伍常态化地开展此项工作，针对不同时期的车辆查验难点和重点及不同层级的查验员进行针对性的分类培训，同时将新标准的宣传贯彻纳入培训。另一方面要加强内部交流和对外学习，不断学习先进地区的先进经验，"走出去、学回来"，不断提升查验队伍的整体业务水平，为确保机动车查验工作顺利开展打下更为坚实的基础。

RESEARCH ON MOTOR
VEHICLE REGISTRATION INSPECTION
机动车
登记查验研究

第三章

重点车辆查验

第一节 现 状 分 析

一、加强重点机动车查验的重要意义

机动车查验是指公安机关交通管理部门车辆管理所办理机动车登记等业务时，依据相关法律法规、标准确认机动车唯一性的过程。机动车查验工作具有较强的技术性和专业性，不仅是一个服务过程，更是一个执法的过程。同时，机动车查验对于加强机动车源头管理，有效预防道路交通事故的发生，发挥着重要的作用，主要体现在：一是依法管理的前提。通过对机动车通用类项目及专用类项目的检查验证，把好机动车源头管理第一关，依法对机动车进行规范管理。二是预防事故的重要手段。通过查验汽车行驶记录仪装置、车辆轮胎完好情况、安全带、车内外视频监控录像系统、超速报警装置、灭火装置、货车侧后部防护装置、车身反光标识等安全和监管设施是否符合国家标准，有效预防和减少交通事故的发生。三是规范生产的动力。通过查验车辆品牌/型号、车辆类型、外廓尺寸、轴数、轴距、整备质量、车身颜色、核定载人数等项目，有效预防非法改装、大吨小标等违法行为，倒逼企业规范生产制造、规范车辆检验。四是维护法治的利器。通过查验车辆识别代号、发动机型号（号码）等情况，有效预防打击盗抢、拼装、走私机动车等违法犯罪行为。

二、当前重点机动车查验工作存在的突出问题

1. 查验设备需优化升级

在机动车查验过程中，查验员对机动车进行查验的关键是确认车辆的唯一性，查验车

辆识别代号、发动机号是否存在焊接、凿改、打磨、垫片等异常情况；是否存在非法拼装或篡改套用其他机动车信息的嫌疑。重点车辆涉及的违规情形较多且形式隐蔽，排查时往往需要借助先进的查验设备。如重点车辆车架号打磨和重新打刻的问题，查验员有时无法用肉眼或螺丝刀、强光手电等常规查验工具确定车身、车架上是否存在复刻、焊接、拼接VIN码等情形，这便需要VIN码探伤仪等先进仪器设备作进一步检查。在查验工作中，配套查验工具的优化升级后，查验员可使用油漆涂层测厚仪、超声波金属探伤仪、内窥镜等仪器设备，检查车辆识别代号、发动机号以及车身是否存在焊接、凿改、打磨、垫片等异常情况，尽可能准确地确认查验车辆的真实身份。

2. 查验工作方式亟待创新

目前，查验工作主要是查验员在专用查验区通过人工目测方式进行检查，以确认车辆是否满足标准及法规要求。如查验VIN码，主要通过"看、摸、敲"等传统方式，无法对打磨、挖补、垫片、凿改、重新涂漆等方式处理的车辆识别代号进行有效甄别。对重型货车、挂车等重点车型外廓尺寸，一般采用长卷尺或金属卷尺进行人工测量，需2人以上配合，在停车状态下需要5~10min，造成工作耗时较长、人为干扰较大等情况。查验车身反光标识时，主要通过"摸、刮、看"等传统方式进行判定。

3. 查验员队伍专业化水平需要提升

通过多年的不懈努力，查验员队伍得到了发展壮大，但也暴露出专业水平参差不齐的问题。如对各时间段颁布的专业技术法规学习研究不全面，在查验重点车辆时使用新的技术法规评判历史的在用车辆，造成群众复议；查验重点车辆时主要通过"看、摸、敲、刮、量"等传统查验模式，未按规定使用专用技术查验工具，造成查验质量下降；发现违规车辆后采取简单的口头告知方式进行整改，未按照《机动车查验工作规范（试行）》的要求进行嫌疑车辆调查及违规企业上报，对检测机构、销售企业未建立起有效规范的监督机制，未营造良好的查验外部环境。

三、主要对策

目前，我国已进入汽车时代，汽车工业得到爆炸式发展，在汽车领域产生了许多新思想、新技术、新设备、新车型、新问题，重点机动车查验工作应当适应上述新的需求，本文从查验工作、查验方式、查验监管、查验员队伍四个角度提出如下建议对策。

1. 加强查验工具的使用配备

（1）规范使用查验工具。

查验员习惯运用传统"看"的方式来确认机动车查验项目，判定结果不够准确。要改变此现状，有效的办法是建立采集监管考核新机制。明确查验各类型、各业务车辆时需使用专用或选用的查验工具，在使用查验智能终端采集查验项目照片时要反映查验员使用专用或选用工具的情况，查验复核岗要对使用工具情况严格审核，并纳入退办及考核情形，以此来扭转传统的工作方法，提高查验的质量和规范性（图3-1）。如2012年9月1日后设计生产制造具有电子控制单元（ECU）的汽车，在查验注册、转移、变更等重点业务时，使用VIN码信息读取仪读取机动车ECU所记载的车辆识别代号等特征信息，辅助确认车辆唯一性，提高打击盗抢、拼装、走私、抢注及骗保等违法车辆能力。

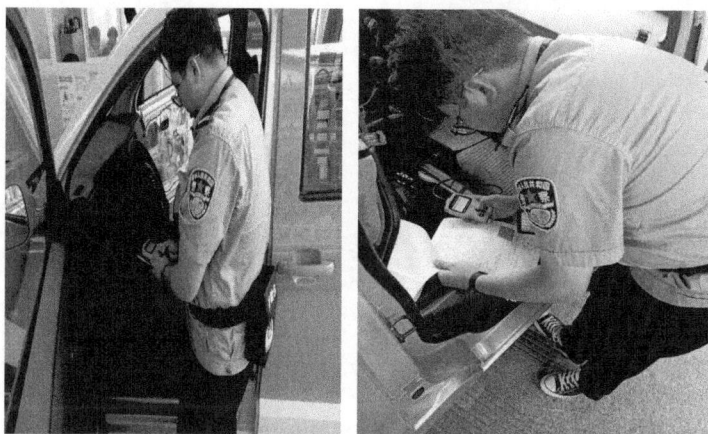

图3-1　VIN码读取仪在查验重点车辆的使用

（2）配备智能化查验工具。

要解决"看、摸、敲、刮、量"等传统的人工查验模式造成的工作效率低、技术难度大、执法弹性大、群众不满意等问题，尽快优化升级查验设备。

如配备机动车外廓尺寸测量仪，货车通过查验通道，测量仪将依据《汽车、挂车及汽车列车外廓尺寸、轴荷及质量限值》（GB 1589），通过立体扫描自动判定车辆长、宽、高等技术参数；配备金属探伤仪、油漆层微量厚度检验仪、VIN码图像采集仪，自动探测机动车VIN码打刻区域是否存在焊接、变动及辅助检查VIN码区域油漆层是否存在重新涂漆等情形，同时通过电子扫描，图片中的VIN码与实车VIN码尺寸将会1：1还原，自动通过影像化鉴定VIN码真伪。确保重点机动车的唯一性、合法性得到高效准确判定（图3-2）。

2.加强查验方式的创新

（1）加强查验职责流程的科学规范建设。

在办理重点机动车查验登记工作中，依据《机动车查验工作规范（试行）》《机动车查验工作规程》（GA 801）等标准，依托专网服务平台进一步科学明确查验岗各环节工作职责、工具使用及内部流程，实现"三审核、三比对、三确认、三复核"的查验流程。

①形式查验。预录入岗做到"三审核"。首先，使用紫外荧光灯审核合格证、货物进口证明书的合法性；其次，审核合格证与公告技术参数的一致性；最后，审核机动车安全技术检测报告的合法性。

②系统查验。系统做到"三比对"。通过专网平台自动比对公告、合格证、盗抢库等相关数据，做到实时预警查处。

③实车查验。首先，确认唯一性：确认VIN码是否符合《机动车运行安全技术条件》

（GB 7258）要求；其次，确认实车与公告技术参数的一致性。使用查验智能终端等工具确认车辆是否符合《机动车运行安全技术条件》（GB 7258）、《汽车、挂车及汽车列车外廓尺寸、轴荷及质量限值》（GB 1589）等国家标准和法律法规的规定。

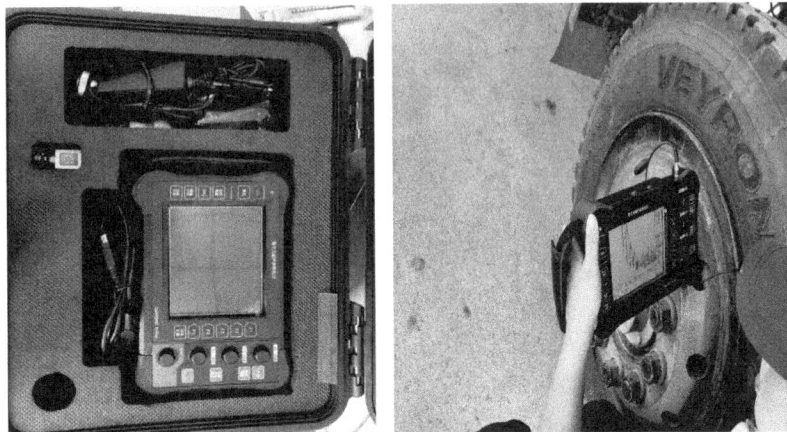

图 3-2　数字超声波探伤仪的使用

④查验归档。复核岗做到"三复核"。首先，复核录入车辆信息准确性。确保车辆类型、使用性质、业务种类等信息录入准确；其次，复核查验项目齐全性。对查验项目判定是否齐全，使用专用或选用工具情况进行复核；最后，复核查验过程与结论的一致性。通过查看上传的查验照片与电子机动车查验记录表的项目比对，判定结论是否一致。

（2）创新建立静动态查验布控工作模式。

①静态查验。要以严格执行《机动车查验工作规范（试行）》为基础，结合国家相关法律法规及技术标准，对重点车型查验的热点、难点及预防事故重点车型及时进行广度、深度研究，寻找到有效的思路及查验措施。如在有效地开展整备质量查验工作方面，车管所监管中心重点监管比对安检机构上传的载货汽车轴荷总和检测数据与整备质量检测数据，对轴荷明显超过整备质量等异常情形的，列入重点嫌疑车辆进行调查；依法依规对生产、销售、检验环节进行规范监督，形成良好的查验外部环境，防范轻、中型货车"大吨小标"的违法行为。

②动态查验。目前，我国已进入人工智能、大数据运用时代。公安机关交通管理部门通过多个平台系统中采集大量的重点车辆静动态数据，成立科技工作专班进行专题研究，利用检验监管平台、查验监管平台、非现证据平台数据对接碰撞，将静动态管理中发现的违法重点车辆数据实时上传机动车缉查布控系统进行预警缉查，构建检验监管网、查验监管网、缉查布控网、路面缉查网，实现"三个平台、四张网"的静动态查验新格局。具体构想如下：建立重点车辆静动态查验违法代码模型，如货车加高栏板、侧后防护装置、图形文字喷涂、客车前、两侧玻璃可见度等违法代码。通过非现场证据平台采集的重点车辆图片实时与检验、查验监管平台采集的图片自动校验比对，发现有上述违法代码的自动上传布控系统，布控系统实时对违法重点车辆进行预警，沿途交管部门进行路面缉查的新

思路。

（3）加强查验员队伍专业化建设。

①实行定期培训教育机制。充分发挥查验专班的指导组织作用，通过精选专业知识全面、实战经验丰富的高、中、初级查验员组建讲师团队，实现分科目专题研究，提炼总结好的经验战法，每月通过视频或现场等方式分批对查验员进行授课答疑，及时解决热点难点问题，尽快提高查验工作能力，统一机动车查验标准尺度。

②实行查验员分级管理考核制度。对在岗的机动车查验员进行分级管理，按照车辆类型对应查验员等级，重点车辆、业务按照《机动车查验工作规范（试行）》的要求由高中级查验员负责进行查验。

③实行重点车型双查验制度。对公路客运、旅游客运、危化品运输、校车、货车、挂车等重点车辆实行现场双查验制度。双查验就是由两名具有中级以上查验资格的民警查验员对重点车辆开展查验工作，确保重点车辆通用类、专用类查验项目齐全、安全装置有效，符合国家安全技术标准。

④持续加强职业道德教育。培养查验员树立安全意识、责任意识、服务意识、大局意识；让查验员深刻认识到查验工作关系着车辆安全，关系着道路交通安全，关系着千家万户的安全与幸福，以增强查验员的荣誉感、使命感、责任感和自豪感。同时，可采取请进来或走出去的方式，到先进的车管所参观学习，或请有经验的车管专家进行授课，不断提高查验员的工作能力。

第二节　关键项目

一、车辆识别代码

车辆识别代码（俗称"车架号"）是认定车辆唯一性的基本依据，如果这个参数出了问题，就意味着车辆有可能被"顶替"，将成为道路交通安全的风险隐患。在机动车查验工作中，既要保证公平、公正判定车辆的真实性，又要确保"顶替"检验的车辆不能蒙混过关，这就给查验工作带来了很大的挑战。

1. 有OBD数据车辆

对近年新注册登记的车辆，可通过车载诊断系统（OBD）调取数据，获取该车辆的基本信息，结合辨识防伪字体字号和车辆的外部特征来进行综合判定。

2. 无OBD数据车辆

对注册登记时间较早（约2006年以前）的机动车，大部分车辆无法调取OBD数据，可核对该车注册登记检验信息，对注册时的拓印膜和车辆识别代码逐一进行辨别、比对，来判定其真实性。

3. 挖补车辆识别代码车辆

如果车辆识别代码被挖补焊接，替代车辆将因金属受热导致内部结构发生变化，行驶中可能会造成车架断裂导致重大安全隐患或发生交通事故，所以要通过查验把安全隐患消除（图3-3）。

图3-3　车辆识别代码挖补后产生的锈蚀

通过挖补车辆识别代码移花接木到其他车上是比较传统的手法，有经验的查验员基本能识别出来。但是，近年出现一种将车辆识别代码挖补后，又将原车电脑板移到拼装车上的情况。如果没有发现车辆识别代码有明显异常，通过OBD调取的车架号信息又与原车完全相符。对该种情况，单纯从字号、字高、字形以及核对注册信息等方面，很难找到该车的嫌疑之处。这时可通过查找车辆的铭牌，特别是隐蔽处的铭牌进行辨别。由于车辆的长期使用及老化，油腻、液体等对铭牌有一定腐蚀、氧化，如果把周围的油腻擦拭掉仍然难以识别铭牌上的信息，还可从车辆的玻璃年限或者发动机、车辆识别代码的铭牌进行查验、辨别。

2019年，一辆帕萨特轿车，查验车辆识别代码也没有发现明显异常，OBD调取的车架号信息完全相符。后来，通过查看发动机的铭牌，发现车辆识别代码不同，从而确定为拼装车辆（图3-4）。

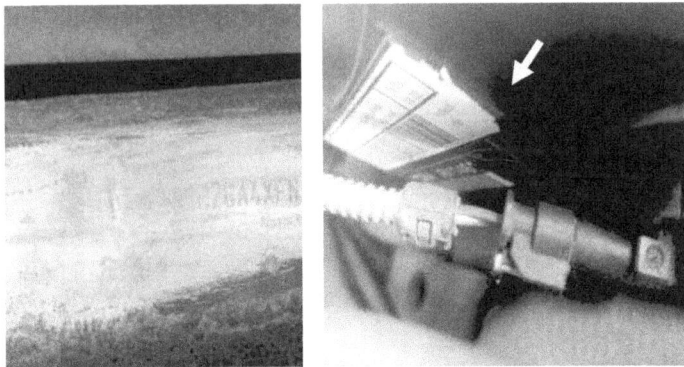

图3-4　被查扣机动车铭牌上的车辆识别代码不同

如果仍然无法确定，就需要进一步查验，可对车辆识别代码区域周围的状态、覆盖的油漆进行进一步观察，查看是否有细微的异常变化，甚至进行脱漆查验，以进一步确定嫌疑车辆。有条件的地方，还可以借助金属探伤仪、涂镀层（油漆层）检测仪等进行检测，以提高工作效率，降低误判。

4. 多个车辆识别代码车辆

在办理机动车注册登记查验时，曾发现同一辆车上有两个车辆识别代码的情况，这种情况大多出现在挂车类、二轮或三轮电动摩托车等车辆中，这类车坚决不予办理注册登记。

二、外廓尺寸

在机动车查验中，车辆外廓尺寸是确定车辆类型的一个关键参数，它也是直观衡量车辆外观是否符合公告信息、是否有擅自改动的重要依据。但在实际查验工作中，由于查验人员能力水平不同，以及测量仪器精准度差异、测量位置不同等原因，难免会出现一些误差。

1. 检测仪与人工测量数据

首先，要确认人工检测用的量具（钢卷尺或红外线测距仪等）是否准确，检测工具是否经国家计量授权机构的校准，测量时量具测量的位置是否符合要求，这些因素无论哪个方面存在问题都可能影响测量数据；其次，外廓尺寸测量仪自身也存在公差允许的测量误差，而这个允许的测量误差，可能会影响最终的结果判定；最后，在用测量仪测量过程中，车辆行进的位置、速度，都可能影响测量结果。对这些不确定因素，查验人员要逐一进行甄别，最后才可以判定出准确的结论。在实际查验工作中，人工测量的外廓尺寸精确度是高于测量仪的，这也是《机动车安全技术检验项目和方法》（GB 38900—2020）规定人工测量外廓尺寸的原因之一。

2. 改变车身形状

在日常工作中，笔者了解到部分车主为了使已改变外廓尺寸的机动车达到规定标准，有意识地对车身的某些部位进行调整，从而达到符合外廓尺寸的要求。这种情况在普通罐式货车、小型厢式货车和低平板半挂车中比较常见。查验人员可通过核对公告信息，比对车辆外形的几何形状等进行判定。

查验某低平板半挂车第一轴的轴距时，发现该低平板半挂车有两个牵引销，其中一个牵引销的中心距第一轴的中心的数据与公告相符，而另一个则是不相符的（图3-5）。这类低平板半挂车两个牵引销之间的距离，短的20cm左右，长的达60cm以上。

经了解，这种情况一般是生产厂家为了迎合机动车所有人的需求，不顾产品公告信息以及车辆运行安全技术要求，擅自改变机动车结构。该类低平板半挂车的牵引头一般是燃料为天然气的牵引车，其驾驶室后部安装有天然气瓶等装置，车辆转弯时，低平板半挂车鹅颈前部两端的角有时会触碰牵引车驾驶室后部的天然气瓶等装置。于是，生产厂家根据用户需要将低平板半挂车鹅颈部位设计前后两个牵引销，用户根据需要选择牵引销与牵引车鞍座连接。

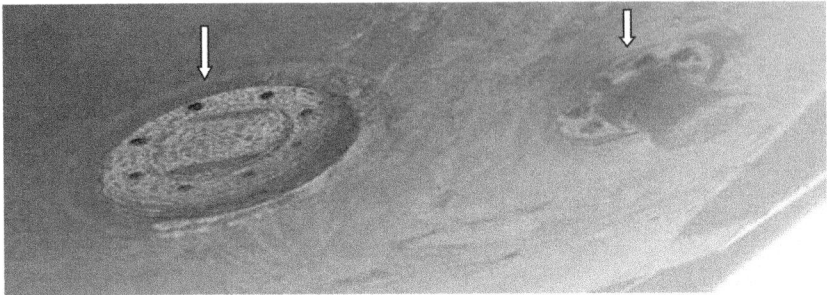

图3-5　低平板半挂车双牵引销

三、整备质量

机动车注册登记查验中，整备质量也是一个重要的参数，同时也是一个不可改变的参数。但是，如果出厂前将机动车整备质量参数修改增大，将为车辆超载创造条件，因此，查验整备质量也是一项非常重要的工作。《机动车查验工作规程》（GA 801—2019）对需要查验整备质量的机动车范围作了详细规定，《机动车安全技术检验项目和方法》（GB 38900—2020）对整备质量参数误差作了严格规定，其目的就是为了禁止整备质量超重的车辆办理注册登记。

1. 查验整备质量

查验机动车整备质量时，必须在符合整备质量定义规定装备的条件下，所测得的整备质量数据方可采纳。另外，有些车辆通过整备质量超标进行超载，也就是常说的"小吨大标"，查验员可通过称重发现问题。查验某机动车时，发现出厂合格证整备质量与实际称重磅单显示的质量不符，经过计算，整备质量超过《机动车安全技术检验项目和方法》（GB 38900—2020）规定的误差限值，按规定不予办理注册登记。

2. 对比质量限值

工作中发现，有些车辆的整备质量与公告、合格证上的参数符合相对误差与绝对误差要求，但是，经过计算，发现总质量不符合《道路交通管理 机动车类型》（GA 802—2019）机动车规格分类规定，因为总质量超过某一限值就可能是另一种车型。

四、生产一致性问题

按照《关于进一步加强道路机动车辆生产一致性监督管理和注册登记工作的通知》（工信部联产业〔2010〕453号）要求，车辆生产企业要确保生产一致性，申报公告时，要提供车辆主要总成和系统的相应数据，规范整车出厂合格证样式。配发汽车（不含三轮汽车和低速货车）、半挂车产品整车出厂合格证时要随车同时配发实车车辆识别代号的拓印膜（2份）、实车拍摄的机动车外部彩色相片（2张，拓印膜和相片的样本附后）。然而，个别汽车生产厂家追求利益最大化，买卖机动车整车出厂合格证，迎合车主要求，以旧挂翻新，利用旧挂、旧桥、旧钢板弹簧、旧轮胎、旧轮辋以旧充新，小功率发动机冒充大功率发动机，积压车打磨后重新打刻车辆识别代号，不安装 ABS、辅助制动装置、盘式制动器，不安装发动机舱灭火装置，钢板弹簧片缺少，不粘、少粘贴反光标识，甚至应该由生产厂家随机动车产品合格证一同配发的实车车辆识别代号的拓印膜、实车外部彩色照片、产品使用说明书都没有随车配发等等违规乱象，五花八门、层出不穷，令人防不胜防。

这就要求查验员需严格按照《机动车运行安全技术条件》（GB 7258）、《汽车、挂车及汽车列车外廓尺寸、轴荷及质量限值》（GB 1589）、《机动车登记规定》（公安部令第164号）及《机动车查验工作规程》（GA 801）等规定查验车辆，审核机动车所有人提交的有关资料，办理机动车注册登记。查验员审核机动车所有人提交的有关材料，应包括核查和比对公告信息、随车配发的机动车整车出厂合格证、机动车外部彩色相片和车辆识别代号拓印膜。对符合要求的，要收存相关资料，按规定办理机动车注册登记。对未按规定列入公告或超过公告有效期出厂或车辆技术参数不符合有关国家标准或车辆技术参数和相片与公告不一致或车辆识别代号拓印膜和实际车辆不一致的产品，不予办理注册登记。对违规产品取证后按照《机动车查验工作规程》（GA 801）记录具体信息，并录入机动车登记信息系统。

五、数据及图片比对

《关于进一步加强道路机动车辆生产一致性监督管理和注册登记工作的通知》（工信部联产业〔2010〕453号）"对未列入公告或超出公告有效期出厂或车辆技术参数不符合有关国家标准或车辆技术参数和相片与公告不一致或车辆识别代号拓印膜和实际车辆不一致的产品，不予办理注册登记。"要求查验员在新车注册查验车辆时，必须将机动车产品合格的内容与公告进行比对，实车与公告图片进行比对。通过比对发现有些车辆在上公告的时候违反《汽车、挂车及汽车列车外廓尺寸、轴荷及质量限值》（GB 1589）的规定，有些货车、挂车、改装车等车辆的实车与公告图片不一致（图3-6）。

六、核对安全技术检验合格证明

对于一些非免检的车辆，按照要求需要在安全技术检验机构进行安全技术检验，在注册查验时，查验员需要核对安全技术检验合格证明。如有些整备质量、外廓尺寸等项目不合格的车辆，通过核对安全技术检验证明即可一目了然。另外，通过核对一方面可核查该车的检验证明是否合格，另一方面可通过核对核查安检机构检车项目是否存在问题，这有利于加强对安检机构的监管。

图3-6   实车阀门箱位置与公告不一致

七、灯具种类

有些在用车将原有的前照灯改为氙气前照灯、增加增光器以改变照明灯的亮度，影响其他交通参与者的安全，此类行为在查验工作中虽然不是查验项目，事故发生时，经常会成为议论的焦点，从安全角度考虑，在查验过程中发现应予以纠正。除此情形外，一些平行进口车特别是美规车的转向灯、雾灯、里程表、排气管的朝向、车架号等不符合我国标准，使用假的一致性证书导致实车参数不真实，查验时需注意核查上述项目。另外，客车类查验时应注意座椅间距、通道的距离是否符合规定。

八、结果告知

对于查验不合格的车辆，按照《机动车查验工作规范（试行）》的要求，应当出具《一次性告知书》，写明查验不合格项目和违反的法律法规和国家标准，同时告知群众解决方法和途径，方便群众实施整改和后续维权工作。

"一次性告知书"作为告知的记录，须严格依据法律法规和国家标准的要求进行，不能有随意性，既要作为事中事后监管和责任倒查的依据，又充分发挥其告知的作用，有利于机动车查验工作规范，将"放管服""只跑一次"的举措落到实处。因而，在实际工作中，我们对违反《机动车运行安全技术条件》（GB 7258）、《汽车、挂车及汽车列车外廓尺寸、轴荷及质量限值》（GB 1589）等相关法律法规标准的车辆开具不予注册通知书，并规范"一次性告知书"的形式，明确告知违反的法律法规和国家标准，勾选出查验的不合格项目，告知车主车辆哪些项目可以找厂家整改、哪些项目整改不了，对于整改不了的，告知车主存在哪些安全隐患及会带来的后续严重后果和维权途径，最大限度为车主减少损失、化解对立情绪。不予注册、退办要采取严格的审批程序，采取双查验员复核查验，疑难问题集体研究并由主管查验领导签字，有效避免随意退档、退办等不利于群众的事情发生。

车辆查验工作责任重大，查验员需熟练掌握法律法规和标准，依法履行职责，严格把关，做到无疏漏、无差错，同时要学会用制度完善工作流程规范，做到有质量地服务群众。

第三节　典型违规案例

一、平行进口车

平行进口汽车即非特定为中国市场生产、销售的进口机动车辆，主要有美规车、欧规车、中东规车等。近年来为推进汽车领域供给侧结构性改革，加快汽车流通体制创新发展，激发汽车市场活力，国家大力提倡平行进口汽车市场发展。由于平行进口车不是特定销往中国市场，所以可能存在某些技术参数不符合中国技术标准的要求。平行进口机动车查验工作中发现主要存在以下问题：

1.无后雾灯

不符合《汽车及挂车外部照明和光信号装置的安装规定》（GB 4785—2019）的规定（必须配备，红色。若只配备1只后雾灯，则应安装在车辆前进方向左侧，其基准中心也可位于车辆纵向对称平面上）。

2.后转向灯是红色

不符合《汽车及挂车外部照明和光信号装置的安装规定》（GB 4785—2019）的规定（必须配备，琥珀色）。

以上两种情形在整改过程中，车主或经销商经常会用红色、黄色塑料纸粘贴在灯具外表面以试图达到标准要求的颜色，应责令其拆除。还有的是在一个灯位里挖孔加装标准必配的其他灯具，造成各灯具功能紊乱、相互干扰，应责令其整改。另外，应注意其所有电器导线是否做到捆扎成束、布置整齐、固定卡紧、接头牢固并在接头处装设绝缘套，在导线穿越孔洞时应装设阻燃耐磨绝缘套管。

3.VIN不符

此类车辆为了进入国内市场，往往由进口商擅自将原车辆识别代号打磨掉，重新打刻符合《道路车辆　车辆识别代号（VIN）》（GB 16735）要求的车辆识别代号。工作中一定要严格查验，注意发现、固定证据并上报违规产品信息管理系统，不予办理注册登记。图3-7是一辆平行进口的奔驰G500，原车车辆识别代号被打磨掉，重新打刻的车辆识别代号的打刻位置与字体特征与原厂不符。

图3-8所示是一辆平行进口的奔驰GLS400，原车车辆识别代号被打磨掉，重新打刻的车辆识别代号的字体特征与原厂不符，表面有重新喷漆现象。

图3-7 重新打刻的车辆识别代号的打刻位置与字体特征与原厂不符

图3-8 重新打刻的车辆识别代号的字体特征与原厂不符，表面有重新喷漆现象

4.排气管指向车身右侧或正下方

不符合《机动车运行安全技术条件》（GB 7258—2017）的规定。此类车型常见的有：福特猛禽、丰田坦途等。整改过程中，部分销售商或车主将车辆的消音器直接拆除或粘贴金属管试图达到改变排气管只想通过机动车查验的目的。查验车辆时应注意发现、责令其整改。

5.无中文产品标牌或中文产品标牌项目签注错误

查验此类车辆，应对照《进口机动车辆制造厂名称和车辆品牌中英文对照表》，重点查验其车辆品牌及制造厂名称是否签注正确。制造厂和品牌与对照表不一致的，应该签注对照表中的制造厂和品牌名称。

还有部分平行进口车辆中文产品标牌的材质和工艺不符合《机动车运行安全技术条件》（GB 7258—2017）4.1.2的要求，不能永久保存可以被完整取下。图3-9是一辆平行进口的宝马车的中文产品标牌，可以被轻易地完整取下，中文品牌和制造厂名称签注不正确。

6. 无中文警告性标识

不符合《机动车运行安全技术条件》(GB 7258—2017) 的规定。此种情形所有的平行进口机动车普遍存在。《机动车运行安全技术条件》(GB 7258—2017) 规定机动车标注的警告性文字应有中文，但并没有明确在哪些具体的地方应粘贴有中文警告性标识。建议查验车辆时要求在所有有外文警告性标识的地方增加中文警告性标识。

图 3-9　产品标牌可以被轻易完整地取下，品牌和制造厂名称签注不正确

7. 号牌板（架）不符合《机动车运行安全技术条件》(GB 7258—2017) 的要求

根据《机动车查验工作规程》(GA 801—2019) 要求，注册登记、转移登记及转入查验时，检查机动车号牌板（架）：前号牌板（架）（摩托车除外）应设于前面中部或右侧（按机动车前进方向），后号牌板（架）应设于后面中部或左侧，号牌板（架）应能安装符合《中华人民共和国机动车号牌》(GA 36—2018) 要求的机动车号牌，且号牌安装后不应被遮挡、覆盖，不允许采用号牌板能被翻转的结构。由于国外的机动车号牌与中国的机动车号牌尺寸大小不同，平行进口机动车号牌板（架）尺寸不能满足号牌安装需要情形较多，还有部分平行进口机动车的前号牌安装板（架）位于车辆左侧，后号牌安装板（架）位于车辆右侧，与标准不符。查验车辆时应注意发现，并责令其整改。

8. 车辆识别代号打刻在车辆行进方向左侧

不符合《机动车运行安全技术条件》(GB 7258—2017) 4.1.3 的规定。南亚（马来西亚、印度尼西亚、泰国等）版的平行进口车霸道、巡洋舰、奔跑者等比较常见。查验车辆时发现此种情形，应收集证据并上报违规产品信息管理系统，不予办理注册登记。

9. 部分墨西哥版、加拿大版及欧洲版进口机动车风窗立柱旁无车辆识别代号标识

此类车为了进入国内市场需要在风窗立柱位置增加车辆识别代号标识，但为了节约整改成本，没有到有资质的平行进口车整改机构去整改，往往由进口商或者销售商擅自增加，其材质和工艺不符合《机动车运行安全技术条件》(GB 7258—2017) 4.1.6 "乘用车和总质量小于等于 3500kg 的货车（低速汽车除外）应在靠近风窗立柱的位置设置能永久保持的车辆识别代号标识；该标识从车外应能清晰地识读，且非经破坏性操作不能被完整取下"的要求，不能永久保持，可以被完整取下。查验车辆时应注意，发现此种情形，应完成标准符合性整改。图 3-10 是一份被完整取下的一辆墨西哥版宝马 X5 风窗立柱旁的 VIN 标识，打印在普通的相纸上。

图3-10 风窗立柱位置的车辆识别代号标识可以被轻易完整地取下

10. 产品说明书文字性内容无中文

此种情形在平行进口机动车上普遍存在。

11. 实车相关信息不一致

"车辆一致性证书"和"随车检验单"虽不是车辆注册时的法定凭证,但是在确定车辆技术参数、核实进口汽车是否非法改装、判断标准符合性整改是否到位等方面具有重要的作用。部分进口商为了迎合国内市场需求,伪造了车辆一致性证书,将8座车签注为7座车(8座车的使用成本远远大于7座车),例如部分尼桑途乐、丰田巡洋舰等车型。工作中遇到此类情形,可设法与中国质量认证中心取得联系,查询其车辆一致性证书数据库,防止厂家随意更改车辆一致性证书参数对车辆进行非法改装。由于平行进口机动车并非专为我国市场定制,进入国内市场大都需要进行标准符合性整改,并且其进口渠道与中规车相比具有多样性,且不被熟知,在查验此类车辆时,应依据法律法规及相关技术标准严格查验,特别是对车辆识别代号、发动机号应更加严格查验,务必确认车辆唯一性。

二、货车

1. 顶篷杆不符合规定

判定依据:根据《机动车运行安全技术条件》(GB 7258—2017)11.3.6的规定,"仓栅式载货车辆的载货部位应采用仓笼式或栅栏式结构。载货部位的顶部应安装有与侧面栅栏固定的、不能拆卸和调整的顶篷杆;顶篷杆间的纵向距离应小于等于500 mm。"

典型案例:图3-11和图3-12为两种典型涉及顶篷杆的违规情形,图3-11所示的仓栅式载货车辆,其顶篷杆间的纵向距离达1000mm,远远超过500mm的最大值,图3-12所示的仓栅式载货车辆,其顶篷杆的一端未固定在货箱上。

2. 未在货箱或常压罐体两侧打刻车辆识别代号

判定依据:根据《机动车运行安全技术条件》(GB 7258—2017)4.1.8的规定,"除按照4.1.2、4.1.3、4.1.5标示车辆识别代号之外,总质量大于等于12000kg的栏板式、仓栅式、自卸式、厢式货车及总质量大于等于10000kg的栏板式、仓栅式、自卸式、罐式挂车还应在其货箱或常压罐体(或设计和制造上固定在货箱或常压罐体上且用于与车架连接的结构件)上打刻至少两个车辆识别代号。打刻的车辆识别代号应位于货箱(常压罐体)

左、右两侧或前端而且易于拍照，深度、高度和总长度应符合4.1.3的规定；且若打刻在货箱（常压罐体）左、右两侧时距货箱（常压罐体）前端面的距离应小于等于1000mm，若打刻在左、右两侧连接结构件时应尽量靠近货箱（常压罐体）前端面。"该条款适用于2018年1月1日起新出厂的车辆。

图3-11　顶篷杆间的纵向距离超过500mm

图3-12　顶篷杆一端未固定

典型案例：图3-13和图3-14都是在新车注册登记环节发现的涉及货箱或常压罐体未打刻车辆识别代号的典型违规情形。

图3-13　未在货箱两侧打刻车辆识别代号

图3-14　未在罐体两侧打刻车辆识别代号

3. 未装备防飞溅系统

判定依据：根据《机动车运行安全技术条件》（GB 7258—2017）11.10.1的规定，"乘用车应装有护轮板，总质量大于7500kg的货车、货车底盘改装的专项作业车及总质量大于3500kg的挂车应装有防飞溅系统，其他机动车的所有车轮均应有挡泥板。"

典型案例：图3-15所示的重型特殊结构货车，总质量为18000kg，车轮处未装备符合要求的防飞溅系统。

4. 未装备制动间隙自动调整装置

判定依据：根据《机动车运行安全技术条件》（GB 7258—2017）7.2.7的规定，"客车、总质量大于3500kg的货车和专项作业车（具有全轮驱动功能的货车和专项作业车除外）、总质量大于3500kg的半挂车，以及所有危险货物运输车辆的所有行车制动器应装备制动间隙自动调整装置。"

典型案例：图3-16所示重型普通半挂车，总质量为40000kg，未装备制动间隙自动调整装置。

图3-15　未装备符合要求的防飞溅系统

图3-16　未装备制动间隙自动调整装置

5. 货厢（货箱）有加高装置

判定依据：根据《机动车运行安全技术条件》（GB 7258—2017）11.3.1的规定，"货厢（货箱）应安装牢固可靠，且在设计和制造上不应设置有货厢（货箱）加高、加长、加宽的结构、装置。"

典型案例：图3-17所示的平板货车的平板上有桩插装置，可用于集装箱等的固定，图3-18所示的栏板挂车预留了加高栏板的插孔和铰链。

图3-17　实车平板上有桩插装置

6. 未配备反光背心或停车楔

判定依据：根据《机动车运行安全技术条

件》（GB 7258—2017）12.15.2 的规定，"汽车（无驾驶室的三轮汽车除外）应配备 1 件反光背心和 1 个符合 GB 19151 规定的三角警告牌，三角警告牌在车上应妥善放置。车长大于或等于 6m 的客车和总质量大于 3500kg 的货车，还应装备至少 2 个停车楔（如三角垫木）。"

图3-18　实车预留加高插孔和铰链

7. 未保证行驶状态下广告屏（箱）处于关闭状态

判定依据：根据《机动车运行安全技术条件》（GB 7258—2017）8.6.9 的规定，"车身外部设有广告屏（箱）的汽车和挂车，应保证广告屏（箱）在车辆行驶状态下处于关闭状态。"

典型案例：如图 3-19 所示，车辆在行驶过程中不能保证广告屏处于关闭状态。

8. 驾驶区前排座位的设置不规范

判定依据：根据《机动车运行安全技术条件》（GB 7258—2017）11.6.2 的规定，"所有乘员座椅及其布置应能保证就座乘客的乘坐空间。"

典型案例：如图 3-20 所示，车辆驾驶室的前排座椅乘客无法乘坐。

图3-19　车辆行驶中广告屏开启

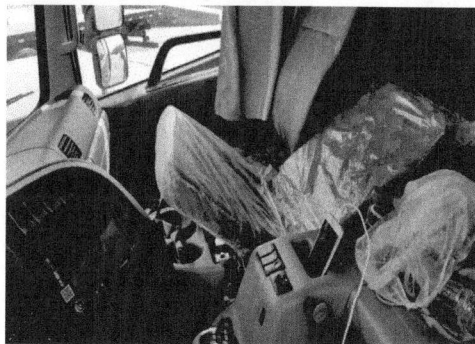

图3-20　驾驶室的前排座椅无乘坐空间

9. 厢体两侧未喷涂或未粘贴冷藏车字样

判定依据：根据《机动车运行安全技术条件》（GB 7258—2017）4.7.6 的规定："冷藏车还应在外部两侧易见部位上喷涂或粘贴明显的"冷藏车"字样和冷藏车类别的英文字母。喷涂的中文及阿拉伯数字应清晰，高度应大于或等于 80mm。"

典型案例：图 3-21 所示的冷藏车，未在外部喷涂或粘贴明显的"冷藏车"字样和冷藏车类别的英文字母。

10. 无金属罐体产品标牌

判定依据：根据《机动车运行安全技术条件》（GB 7258—2017）4.1.9 的规定，"危险货物运输车辆的标志应符合 GB 13392 的规定；其中，道路运输爆炸品和剧毒化学品车辆还应符合 GB 20300 的规定。罐式危险货物运输车辆的罐体或与罐体焊接的支座的右侧应有金属的罐体铭牌，罐体铭牌应标注唯一性编码、罐体设计代码、罐体容积等信息。"

图 3-21　未在外部喷涂或粘贴明显的"冷藏车"字样

11. 轮胎规格与公告或合格证记载的信息不一致

典型案例：如图 3-22 所示，实车为重型普通货车，轮胎规格有打磨痕迹，涉嫌违规改变轮胎规格参数，实车轮胎规格实际为 8.6R20，公告为 8.25R20。

12. 半挂车设置两个牵引销，导致实车轴距可变

典型案例：如图 3-23 所示，实车为重型低平板半挂车，实车有两个牵引销鞍座，牵引销可移动，实车轴距与合格证签注不一致。

图 3-22　轮胎规格有打磨痕迹

图 3-23　设置两个牵引销

13. 货箱有可拆卸部件或强度不足

案例：如图 3-24 所示，实车为中型自卸货车，实车货箱有可拆卸装置，未安装牢固可靠，不符合《机动车运行安全技术条件》（GB 7258—2017）11.3.1 的规定。

14. 实车违规加装自卸装置

典型案例：如图 3-25 所示，实车为重型仓栅式半挂车，实车载货部分不应具有举升功能或采用自卸结构，与公告描述不一致。

图3-24 货箱有可拆卸装置

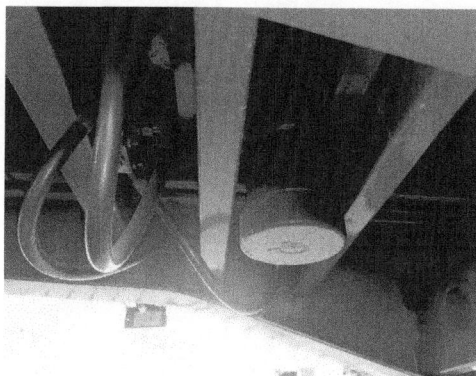

图3-25 加装自卸装置

15.实车驾驶室中间座椅无足够乘坐空间

典型案例：如图3-26所示，实车为重型普通货车，实车驾驶室中间座位没有足够的乘坐空间，不符合《机动车运行安全技术条件》（GB 7258—2017）11.6.1的规定。

16.实车平板部位有插桩结构、凹槽、集装箱锁具等装置

典型案例：如图3-27所示，实车为轻型平板货车，实车平板部位有插桩结构、凹槽、集装箱锁具等装置，不符合《机动车运行安全技术条件》（GB 7258—2017）第1号修改单11.3.13的规定。

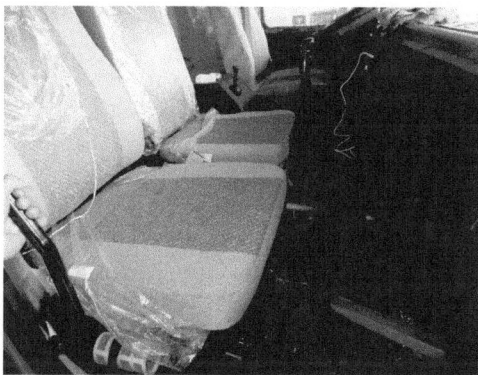

图3-26 驾驶室中间座椅无足够乘坐空间

图3-27 平板部位违规打孔

17.实车与售货车或越野车公告标注的设施或功能不一致，不符合载质量利用系数的相关规定

典型案例：如图3-28所示，实车为轻型厢式货车，实车货厢内部无售货设备设施，与公告描述不一致。

18.货车厢体未按规定封闭

典型案例：如图3-29所示，实车为重型厢式半挂车，实车货厢厢体顶部未按规定封闭，与公告描述不一致。

图3-28 货厢内部无售货设备设施

图3-29 厢体顶部未按规定封闭

19. 照明装置未按规定安装

典型案例：如图3-30所示，实车为轻型载货专项作业车，实车后牌照灯线头没有连接，不符合《机动车运行安全技术条件》（GB 7258—2017）8.3.2 的规定。

20. 车辆号牌板架未按规定安装

典型案例：如图3-31所示，实车为重型平板半挂车，实车号牌架可翻转，不能满足号牌安装要求，不符合《机动车运行安全技术条件》（GB 7258—2017）11.8 的规定。

图3-30 后牌照灯线头没有连接

图3-31 号牌架可翻转

第四节　重型货车查验

一、查看液压举升装置

更换后的"值班货箱"与液压举升装置和底盘可能没有进行有效连接固定，液压举升装置无法正常工作。查验要点：如图3-32所示，现场举升货箱，查看液压举升装置是否正常工作，液压举升装置与货箱连接固定是否可靠。同时，装有液压举升装置的自卸货车，还应装备有车厢举升声响报警装置和防止车厢自降保险装置。

二、车辆识别代号是否异常

《机动车运行安全技术条件》（GB 7258—2017）4.1.8 规定，总质量大于或等于 12000kg 的自卸货车，应在其货箱上打刻至少两个车辆识别代号；打刻在货箱左右两侧时距货箱前端面的距离应小于或等于 1000mm，打刻在左右两侧连接结构件时应尽量靠近货箱前端面。"值班货箱"会被重复使用代替加厚货箱办理检验、查验，因此货箱两侧部位多会有车辆识别代号打磨、挖补、垫片、凿改的痕迹。

查验要点：检查货箱两侧打刻车辆识别代号部位，尤其是距货箱前端面 1000mm 范围内货箱漆面、焊缝有无异常，可借助铲刀等工具进行检查，必要时脱漆查看（图 3-33）。

图 3-32　查看液压举升装置　　　图 3-33　货箱两侧打刻的车架号有打磨痕迹

三、查看货箱边梁或立柱

由于"值班货箱"被使用频繁，货箱两侧的车辆识别代号也会被多次打磨、凿改，痕迹明显，一些厂家、经销商会大面积更换或者整体更换货箱边梁立柱。

查验要点：一些违规操作如图 3-34、图 3-35 所示，注意查验货箱整体焊接工艺是否一致。

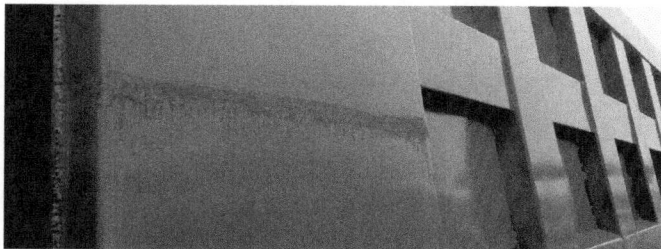

图 3-34　打刻车架号的货箱立柱被大范围割焊

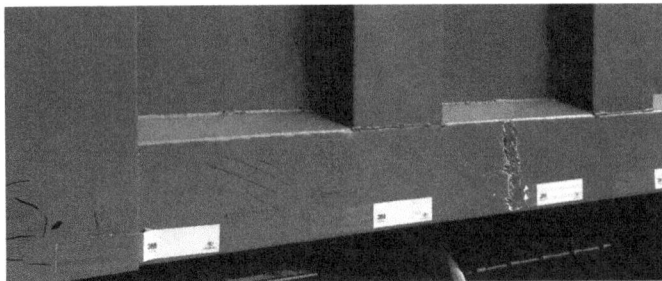

图 3-35　打刻车架号的货箱边梁拼接

四、查看货箱整体漆面、货箱与驾驶室漆面新旧程度是否一致

《机动车运行安全技术条件》（GB 7258—2017）4.7.7 规定，"总质量大于或等于12000kg 的自卸货车应在车厢两侧喷涂放大的号牌号码。"重型自卸货车选号后，在实车货箱两侧和后部固定位置喷涂放大号。当"值班货箱"再次替代上牌时，会对原喷涂的放大号进行去漆或遮盖，造成整车箱漆面新旧程度不一致。

查验要点：当货箱整体漆面、货箱与驾驶室漆面新旧程度不一致，或者有使用痕迹时，须注意是否使用了"值班货箱"办理查验、检验。

五、查看检验合格报告核发时间

超重车辆通过弄虚作假等手段通过安全技术检验后，如果想通过查验关注册登记就得减重，就要更换标准货箱，因为标准货箱成本很高，不可能一辆车配一个标准货箱，通常是一个销售商做一两个标准货箱反复替换使用。因标准货箱数量有限，不可能同时对所有车辆进行更换标箱，只能一辆车一辆车进行更换，并反复使用标准货箱上牌，而且更换标准货箱也需要时间，这样就导致车辆检验时间和查验时间间隔很长。因此对于检验合格报告日期距离查验时间较长的，须注意该车是否使用"值班货箱"进行检验，通过检验后再换回原超重的货箱办理登记查验。

查验要点：一是根据实车情况进行整备质量复检；二是有条件的，可要求车辆检验结束后立即进行查验。

六、询问经销商、车主、送检人了解情况

询问经销商、车主、送检人车辆购买数量情况，如一个单位或个人一次购买多辆自卸货车，发票日期、保险日期、购置税日期都比较接近，而登记查验时不是一次查验，而是分多次、逐车分阶段查验，需警惕是否使用"值班货箱"办理登记查验。

七、告知送检人相应法律责任

对送检的重型自卸货车，查验员可告知送检人更换"值班货箱"弄虚作假的，应承担

相应法律责任，并由送检人在查验记录表备注栏内签注"已确认当前车辆状态"，并签名。

八、对接市场监管部门，健全违规情形处置机制

对使用"值班货箱"证据查实、复检称重超重的重型自卸货车，查验员应当严格按照违规机动车产品开展调查处置，快速固定相关证据，并与当地市场监管部门做好对接，及时移交当地市场监管部门处置。

九、嫌疑使用"值班货箱"的车辆处置方法

对疑似"值班货箱"，但无直接证据证实的，可在货箱隐蔽且不易更换位置打刻隐藏车架号或标记特殊标识，防止货箱重复使用。

第五节　半挂车查验

一、主要技术要求

1. 限值要求

《汽车、挂车及汽车列车外廓尺寸、轴荷及质量限值》（GB 1589—2016）规定了仓栅式半挂车长度、宽度、高度、栏板高度和最大允许总质量限值。其中，车身宽度、高度和栏板高度最大值分别为2550mm、4000mm、600mm，车身长度和最大允许总质量最大值与轴数相关，如图3-36所示。

a) 最大允许总质量（一轴）18000kg　　b) 最大允许总质量（二轴）35000kg　　c) 最大允许总质量（二轴）40000kg

图3-36　不同轴数仓栅式半挂车的车身长度和最大允许总质量限值

2. 结构特征要求

《机动车运行安全技术条件》（GB 7258—2017）规定，仓栅式载货车辆的载货部位应采用仓笼式或栅栏式结构，顶部应安装有与侧面栅栏固定的、不能拆卸和调整的顶篷杆，顶篷杆间的纵向距离应小于或等于500 mm。通过强调固定顶篷杆，以期防止随意扩大货箱容积、进行超限运输，并在一定程度上限制非法改装行为（图3-37）。

图 3-37　常见仓栅式半挂车及顶篷杆违规情形

3. 车辆识别代号打刻要求

《机动车运行安全技术条件》(GB 7258—2017)要求总质量大于或等于 10000kg 的仓栅式挂车在其货箱上打刻至少两个车辆识别代号,并明确了打刻位置要求,旨在从制造源头上加大车辆造假难度,限制使用"值班货箱"蒙混通过注册登记检验、定期安全技术检验等环节把关(图 3-38)。

图 3-38　常见打刻位置

4. 制动和行驶装置要求

根据《机动车运行安全技术条件》(GB 7258—2017)要求,自 2020 年 1 月 1 日起,新生产的三轴仓栅式半挂车的所有车轮应装备盘式制动器和空气悬架,以替代之前"鼓式制动器+钢板弹簧悬架"组合配置。以期从设计和制造源头上限制此类车辆超限超载,提升制动安全性,并通过要求强制装备空气悬架装置的方式,为探索安装限载装置提供技术支持(图 3-39)。

5. 禁止性要求

《机动车运行安全技术条件》(GB 7258—2017)第 1 号修改单要求仓栅式载货车辆的载货部位不应具有举升功能或采用自卸机构;《道路交通管理　机动车类型》(GA 802—2019)也明确仓栅式半挂车不应具有(货箱)液压举升机构。目前,公告中部分仓栅式载货车辆选装车辆起重尾板以方便货物装卸,并不属于"具有(货箱)液压举升机构"的情形，因此理论上不应该存在"仓栅式自卸货车""仓栅式自卸半挂车"等车型。部分厂家合格证备注栏签注"该车为自卸"属于鱼目混珠，实车极有可能与公告信息不一致或车辆公告涉嫌违规。这种情形对不熟悉相关标准规定的地区具有极强的迷惑性，容易蒙混过关，办理注册登记。

图3-39　两种制动、悬架装置组合示例

二、半挂车查验中发现的常见问题

1.买卖半挂车机动车整车出厂合格证

由于半挂车生产工艺要求较低、技术难度小等原因，一些没有机动车生产资质的生产厂家、运输企业、修理厂家，甚至一些家庭作坊，通过购买正规厂家的半挂车机动车整车出厂合格证，在没有资质、没有设备、没有检测技术的条件下，用来源不明、质量不明的材料，制造与公告外观不符、尺寸不符、质量不符、安全设施不符的"四不符"半挂车，甚至一些正规的具有公告资质的生产厂家也会迎合客户的需求，从其他生产企业购买本企业没有的车型产品，加工生产。这些靠买卖机动车整车出厂合格证生产的半挂车，为了吸引更多的购买者，大都会在车身或相关结构件上打刻或印制实际生产单位的名称、联系电话等信息，以扩大企业知名度。如图3-40所示，该半挂车在车身上印刷的"××挂车"，并不在机动车产品公告查询服务系统中，其使用的机动车整车出厂合格证记载的生产企业，是相隔千里之遥的另一家企业。

2.拼组装半挂车情况较为突出

一些半挂车生产厂家为迎合购买者需求，不仅不依据公告生产、制造半挂车，而且使用一些淘汰了的旧车桥、旧车身、旧车架拼装、组装半挂车或使用新旧配件相互搭配，拼装、组装半挂车，更有甚者，使用翻新的车辆配件进行除锈、打磨、喷涂处理后，冒充新生产的车辆，欺骗购车单位或个人。如图3-41所示，就是使用已达到报废的车桥与新制造的车身车架拼装而成，从该图可以明显看出，其右侧的制动轮缸是原制动轮缸不能使用后新更换的，左侧制动轮缸仍为老旧轮缸，车轴上锈迹斑斑。

—

图 3-40　××制造厂生产的半挂车的标志和联系电话 　　图 3-41　使用报废车桥和老旧制动轮缸的半挂车

3. 车辆识别代号反复打刻或挖补问题比较突出

机动车查验中，发现反复打刻或挖补焊接车辆识别代号这一问题比较突出。究其原因，既有企业生产过程中，打刻错误、打刻故障重新打刻的；又有道路交通事故、债务抵押等车辆被扣，使用其他车辆李代桃僵的；更有甚者，购买虚假的出厂手续。例如：2015年沪昆高速公路"9·25"重大交通事故，刘某某从山东梁山挂车制造厂购进了百余台半挂车，同时还购买了二百余套挂车出厂手续。图3-42所示为反复在车架上反复打刻车辆识别代号；图3-43所示为将其他车辆上的车辆识别代号切割后焊接到目标半挂车上。

图 3-42　车辆识别代号多次重新打刻 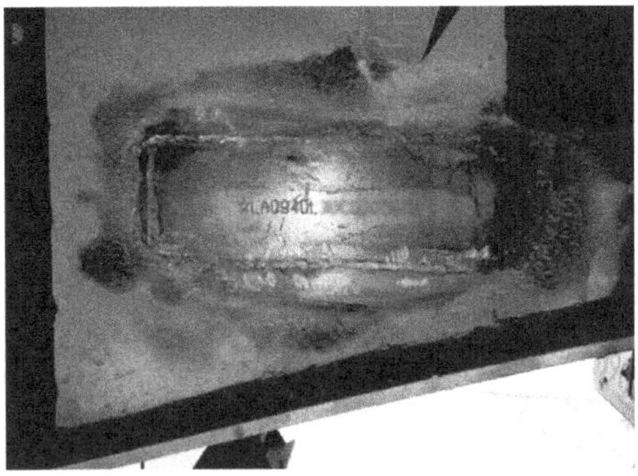　　　　图 3-43　车辆识别代号打刻部件为焊接件

（1）VIN打刻不规范。

打刻深度不规范导致VIN号无法拓印；根据《〈机动车运行安全技术条件〉（GB 7258—2017）条文释义》，车辆产品打刻的车辆识别代号能够清晰拓印视为满足要求。图3-44、图3-45中半挂车VIN号均是由于打刻深度不够，导致无法清晰拓印VIN，不符合国家标准。实际工作中，发现个别生产厂家VIN打刻深度不规范，导致车辆无法办理注册登记，有的厂家是在半挂车销售之后交由经销商打刻VIN，工艺质量无法保障。

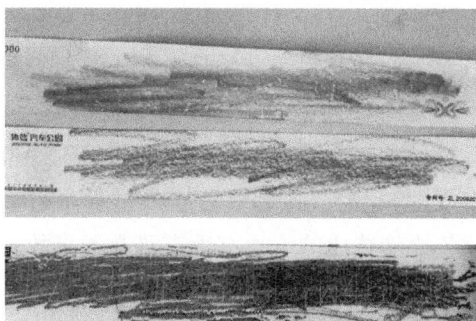

图3-44　打刻深度不够导致无法拓印VIN

图3-45　因打刻不规范导致排印膜与实车VIN显示存在差异

（2）打刻位置不规范。

根据《机动车运行安全技术条件》（GB 7258—2017）的规定，对总质量大于或等于12000kg的货车、货车底盘改装的专项作业车及所有牵引杆挂车（2019年1月1日以后出厂的车），VIN应打刻在右前轮纵向中心线前端纵梁外侧，如受结构限制也可打刻在右前轮纵向中心线附近纵梁外侧；对半挂车和中置轴挂车，车辆识别代号应打刻在右前支腿前端纵梁外侧（无纵梁的除外）；实际工作中发现半挂车车辆识别代号打刻在右前支腿后端的违规情形（图3-46、图3-47）。

图3-46　一罐式半挂车打刻的VIN在右前支腿后端

图3-47　为一半挂车将VIN在打刻右前支腿后端且有打磨嫌疑

（3）打刻字体不规范。

个别半挂车因工艺原因，导致同一VIN字体不一致、出现重影等情况。按要求"打刻的车辆识别代号两端有起止标记的，起止标记与字母、数字的间距应紧密、均匀"。个别车辆目测不符合此项要求（图3-48）。

（4）采取打磨、挖补、重新做漆等方式隐瞒多处打刻的情况。

根据《机动车运行安全技术条件》（GB 7258—2017）的规定，车辆识别代号（或产品识别代码、整车型号和出厂编号）一经打刻不应更改、变动，但按现行《道路车辆　车辆识别代号（VIN）》（GB 16735）的规定重新标示或变更的除外。同打刻车辆识别代号

（或产品识别代码、整车型号和出厂编号）的部件不应采用打磨、挖补、垫片、凿改、重新涂漆（设计和制造上为保护打刻的车辆识别代号而采取涂漆工艺的情形除外）等方式处理。半挂车登记查验中，发现打磨、挖补、垫片、凿改、重新涂漆打刻车辆识别代号的现象较为突出（图3-49）。有因企业生产过程中打刻错误、设备故障造成的；也有因道路交通事故、债务纠纷等车辆被扣，使用其他车辆顶替的。车辆管理部门应当严格按照国家法律法规和现行《机动车查验工作规程》（GA 801）等要求，对存在嫌疑的车辆开展调查，排除嫌疑后方可办理注册登记。

图3-48　一罐式半挂车打刻的VIN肉眼无法辨认

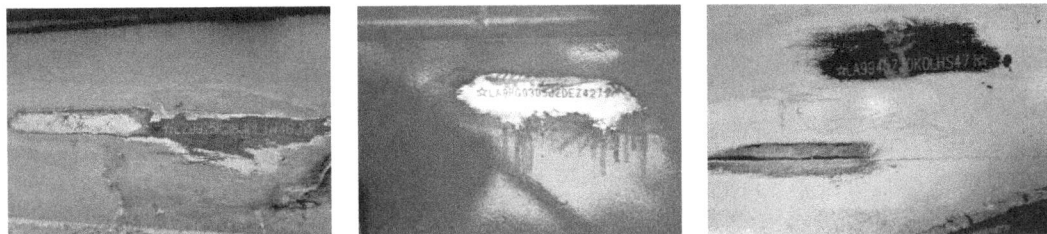

图3-49　打磨、挖补、垫片、凿改VIN

4. 关键安全部件和系统缺失

根据《机动车运行安全技术条件》（GB 7258—2017）规定，总质量大于10000kg的挂车必须安装符合现行《机动车和挂车防抱制动性能和试验方法》（GB/T 13594—2003）规定的防抱制动装置。在机动车查验中发现，半挂车在制造过程中，减配生产，不按规定的安全设备或拆除规定的安全设备现象比较普遍。仅从统计的情况看，未安装防抱制动装置、总质量大于10000kg的半挂车占到重型半挂车保有量的35.45%。而非法拆除防抱制动装置，也占到相当数量。如图3-50所示，车辆申请注册登记时，查验员发现该半挂车没有按规定安装防抱制动装置。如图3-51所示，车辆的制动间隙自动调

图3-50　未按规定安装防抱制动装置（安装防抱制动装置的车辆图示部位应有电线接出）

整装置没有按规定进行安装，其用于自动调整的设备与制动轮缸等设备没有有效连接，调整装置不能正常工作。

5. 数据不符合标准

《汽车、挂车及汽车列车外廓尺寸、轴荷及质量限值》（GB 1589—2016）及其前身《道路车辆外廓尺寸、轴荷及质量限值》（GB 1589—2004）为强制性国家标准，其生产销

售的车辆均应符合这一标准，但在查验过程中，发现申请注册登记的半挂车，在外廓尺寸、轴荷或整备质量方面，超出其规定的现象比较普遍。如图3-52所示，半挂车注册登记的车辆类型为重型自卸半挂车，其栏板高度为1500mm，与《汽车、挂车及汽车列车外廓尺寸、轴荷及质量限值》（GB 1589—2016）规定的"挂车及二轴货车的货箱栏板（含盖）高度不应超过600mm"相差甚远。从笔者的经验来看，栏板、自卸半挂车栏板高度超出限值、平板半挂车加装货厢、低平板半挂车长度及质量参数超过限值等情况较为突出。另外，车辆外形、质量、轴荷与公告差距较大的半挂车，比较常见的如低平板半挂车，其定义明确规定其与牵引车的连接为鹅颈式，但其在生产改装中，大部分形状变成了前后等宽的高低板形式与牵引车相连接。图3-53所示为平板半挂车注册后，加装货厢，改装为自卸半挂车；图3-54所示为违规生产的低平板半挂车，其与牵引车连接为非鹅颈。

图3-51　左为未按规定安装制动间隙自动调整装置，右为安装有设备的情况

图3-52　车辆栏板高度超过600mm

图3-53　违规加装货箱

图3-54　低平板半挂车未采用鹅颈结构

6.伪造轮胎规格

如更改轮胎外表面的轮胎层级数，将18PR改为14PR。此类违规主要是为增加实车超载能力，使用了高层级轮胎，但为应付车辆登记检验、查验和路面检查，重新高温压制轮胎表面规格标记（图3-55）。

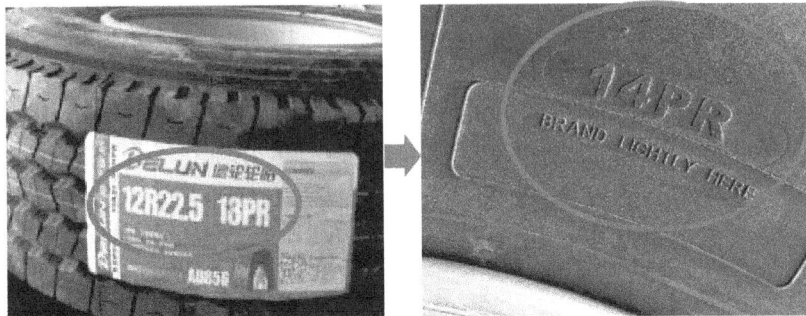

图3-55　伪造轮胎规格情形

7.加装液压自卸装置

液压油箱常位于牵引车后座处，液压油顶常位于半挂车货箱底部或者货箱侧面立杜内，货箱后部采用隐藏式移位顶，液压操控装置常位于号牌板架后部（图3-56）。

图3-56　加装液压自卸装置案例

8.改装货箱结构

货箱内常使用斜拉杆固定，拆除顶篷杆，侧面使用高强度篷布密封，上端采用内置厚钢梁固定，侧门使用向上开启结构，并使用高强度卡扣固定（图3-57）。

图3-57　改装货箱结构案例

9.改装行驶和制动系统

使用有内胎高承载能力轮胎，加厚弹簧板，拆除防抱死制动装置和制动自动调节装置，多数加装制动淋水装置（图3-58）。

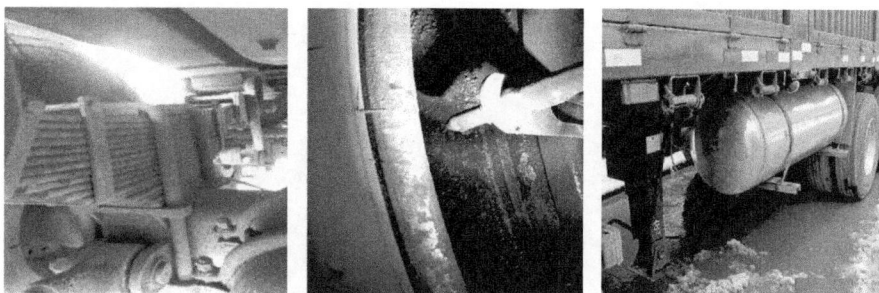

图3-58　改装行驶和制动系统案例

10.旧标车套用资格生产

《机动车运行安全技术条件》（GB 7258—2017）要求，2020年1月1日起出厂的三轴仓栅、栏板半挂车必须安装盘式制动器和空气悬架装置，旨在提高车辆制动安全性，限制其超载超限应用，引导半挂车向厢式化、侧帘化的方向发展。为规避新国家标准要求，货运市场衍生了两类套用旧标车的违规情形：比如，部分厂家利用旧车手续（原车行驶证、登记证书），为新车套打车辆识别代号，采用"翻新套牌""以旧换新"等方式进行新车销售（图3-59）。

图3-59　某厂家以旧换新销售仓栅式半挂车

还有，部分厂家提前申报合格证，利用原有公告继续违规生产旧标车型，目前市场上出现了大批生产制造日期为2019年12月份的鼓刹仓栅式半挂车（图3-60）。

三、半挂车常见违规问题引发的安全隐患分析

1.防抱死制动装置缺失导致的制动问题

没有安装防抱死制动装置或者强行拆除了防抱死制动装置，造成铰接列车在制动过程

中，由于牵引车安装了防抱死制动装置，使牵引车车轮不被抱死，处于边滚边滑的状态，以保证车轮与路面的附着力在最大值，而没有安装或强行拆除了防抱死制动装置的半挂车，在制动时由于车轮抱死，制动距离将增大，与牵引车制动不匹配，且容易造成半挂车侧向稳定性变差，一旦受到侧向力，方向很容易失控，进而引发事故等严重后果。

图3-60　厂家库存大量提前生产的仓栅式半挂车

2.拼组装引发的交通安全等问题

拼装、组装与非法改装的半挂车，由于其使用的配件与材料都没有质量上的保障，有的老旧材料甚至达到报废标准，使用这些配件或材料生产的半挂车，安全性能得不到应有的保障。一旦进入运输市场，极易由于某一配件或组件的安全隐患引发道路交通事故。而反复打刻或者挖补凿改VIN，不仅造成车辆的生产年份、品牌、车型难以确定，导致达到报废标准的铰接列车堂而皇之地在道路上行驶，而且极有可能因盗抢走私等问题，引发刑事案件。

3.尺寸超标带来的安全隐患

半挂车尺寸超标带来半挂车转弯半径过大、操纵稳定性能变差、通过能力等降低，直接影响驾驶员的驾驶动作，同时，增大了严重超载的概率，导致车辆制动距离加长，安全系数降低，存在极大的安全隐患。

第六节　座椅查验

《中华人民共和国道路交通安全法》规定：机动车载人不得超过核定的人数，客运机动车不得违反规定载货；《机动车运行安全技术条件》（GB 7258—2017）规定：载客汽车无特殊要求时应尽量均匀分布，不应由于座椅的集中布置而形成与车辆设计功能不相适应的、明显过大的行李区，且乘用车（三厢车除外）行李区的纵向长度应小于或等于车长的30%。可见在国家法律标准层面，均明确了载客汽车的功能为载运乘客、不得客货混装，并对载客汽车特别是乘用车的座椅布置、行李区占比等进行明确限制。然而，随着各地严格城区货车限行管理，一些厂家为迎合市场需求，在载客汽车的设计和制造上违规或不合理布置座椅和安全带、预留过大的行李区，或对已生产合格车辆进行非法改装，达到客货混装功能，用于城区物流货运。本节浅析小型普通客车座椅布置及安全带设置的涉嫌违规情形、处置方法和相关参数定义，供各地执法管理参考。本节所称小型普通客车是指车高大于或等于1850mm的小型载客类汽车，以下简称车辆。

一、座椅布置

1. 涉嫌违规情形

查验座椅布置情形时，应重点查验是否有可直接或间接形成明显过大的行李区域，常见涉嫌违规的情形包括：

（1）车辆最后一排座椅设置为单人座椅，此单人座椅固定在车身一侧，形成过大的行李区域。

（2）车辆的最后一排座椅设置为座椅靠背折叠后可分别向左右收起，形成过大的行李区域（图3-61）。

（3）车辆仅设为两排座椅时，第二排座椅的座椅骨架可整体向前翻转，形成过大的行李区域（图3-62~图3-64）。

图3-61 座椅折叠后左右收起

图3-62 车辆仅设两排座椅

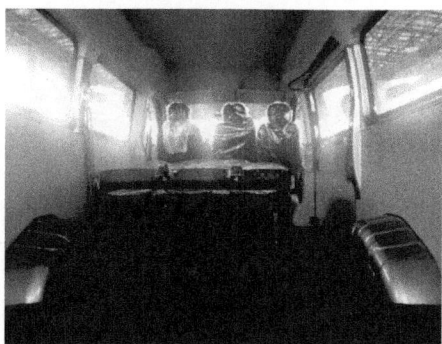

图3-63 第二排座椅可折叠

图3-64 第二排座椅折叠后可整体向前翻转

（4）车辆第二排及第二排以后的座椅骨架可整体同时向前翻转，形成过大的行李区域（图3-65~图3-67）。

（5）增加车辆第二排及第二排以后座椅的座间距，把最后一排座椅设置为座椅骨架可整体向前翻转，形成过大的行李区域（图3-68）。

（6）车辆最后一排设置为未贯穿车身的长条座椅，座椅右侧与车身右侧面的横向距离过大（车身宽大于或等于1680mm时，大于550mm；车身宽小于1680mm时，大于450mm），形成过大的行李区域（图3-69、图3-70）。

（7）车辆最后一排和倒数第二排设置为未贯穿车身的长条座椅，并可同时折叠后向车身左侧收起，形成过大的行李区域（图3-71）。

图3-65　车辆座椅未调整前状态

图3-66　第二、三排座椅折叠后可整体向前翻转

图3-67　第二、三排座椅整体翻转后的侧面照片

图3-68　过大（大于1300mm）的座间距，第二、三排座椅可整体向前翻转

图3-69　座椅右侧与车身横向距离过大

图3-70　座椅右侧与车身距离测量

（8）车辆仅设两排座椅时，第二排座椅骨架虽不可整体向前翻转但可以前后调节，当座椅调节至最前端时，可形成过大的行李区域。

（9）车辆最后一排座椅设置为可折叠后左右收起，倒数第二排座椅设置为可前后调节，若调节至后端或中间时，量取的行李区长度小于车身的30%，但若调节至前端则会超过车身30%，形成过大的行李区域（图3-72、图3-73）。

图3-71　车辆二、三排长条座椅同时向车身左侧收起

图3-72　第三排座椅折叠后向两边收起

图3-73　第二排座椅可向前调节形成过大行李区

（10）车辆最后一排座椅设置为可通过简单的操作就可实现折叠后左右收起，形成过大的行李区域（图3-74、图3-75）。

（11）车辆设置有三排座椅，虽仅最后一排座椅骨架可整体向前翻转，但当最后一排座椅骨架向前整体翻转时也可形成过大的行李区域。

二、安全带设置

1.涉嫌违规情形

常见涉嫌违规的情形包括：

（1）汽车安全带固定点不合理。例如：跨越其他乘客上下车通道，影响其他乘客上下车；跨越乘客的头、颈部，对乘客构成安全隐患；与其保护的乘客前端距离过大，系上安全带后斜挎带体与乘客上躯体无接触，不能充分保障乘客的安全（图3-76~图3-79）。

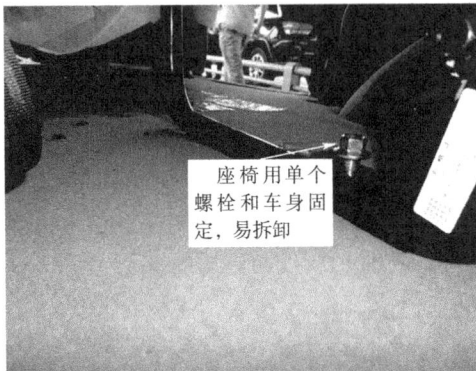

图3-74　座椅底座单个螺栓容易拆卸

图3-75　底座单个螺栓拆卸后座椅可左右收起

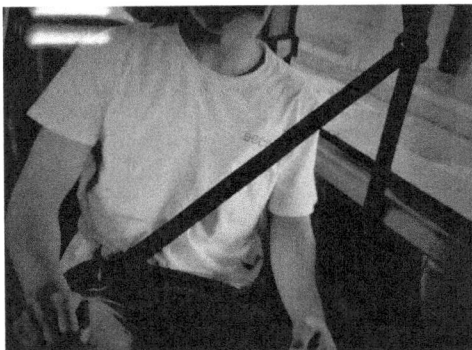

图3-76　安全带斜跨带体与乘员上躯干无接触

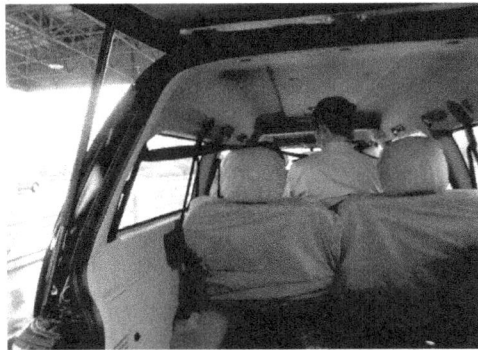

图3-77　跨越其他乘员头、颈部的安全带（中间座椅）

图3-78　第二、三排右侧座椅安全带须跨越左侧乘员

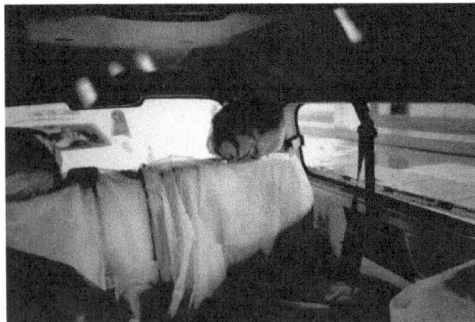

图3-79　安全带的固定点离受保护乘员明显靠前

（2）车辆有无与其相对应的座椅的安全带，或有安全带被拆除后留下的安装孔洞。此两种情形通常是座椅被擅自移动造成的（图3-80~图3-82）。

（3）汽车安全带（尤其是中间座椅）未按照《机动车运行安全技术条件》（GB 7258—2017）要求设置为三点式（或全背带式）。

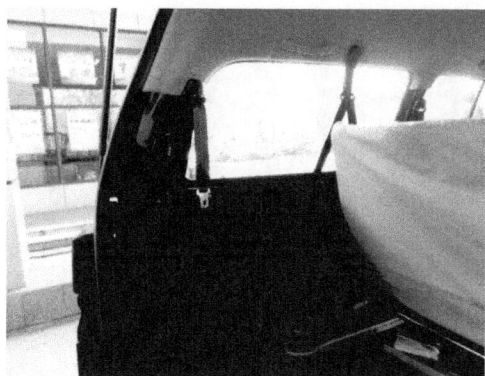

图3-80　无与其相对应座椅的安全带

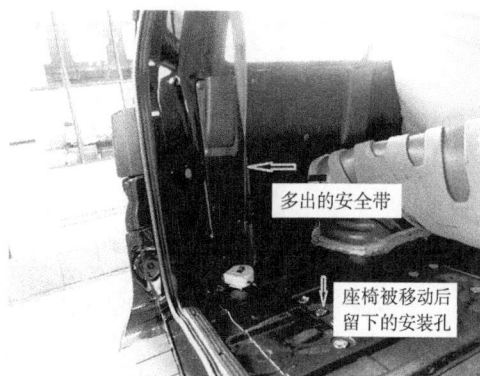

图3-81　座椅被移动后的安装孔和多出的安全带

多出的安全带

座椅被移动后
留下的安装孔

图3-82　安全带被拆除后留下的安装孔

2. 处置方法依据

以上所列情形不符合《机动车运行安全技术条件》（GB 7258—2017）的规定，查验时应固定证据并上报违规产品信息管理系统。厂家整改合格的，并出具符合《机动车查验工作规程》（GA 801—2019）要求的整改合格证明后，给予办理注册登记。

三、座椅间距、驾驶室内部宽度和行李区长度的测量

在查验车辆座椅布置是否合理、确定核载人数时，常需测量车辆内部座椅间距、驾驶室内部宽度和行李区长度等尺寸参数，其参数定义及测量方法如下。

1. 座椅间距

依据《机动车运行安全技术条件》（GB 7258—2017）第4.4.2.2条注3，座间距是指座椅坐垫和靠背均未被压陷、座椅处于滑轨中间位置、靠背角度可调式座椅的靠背角度及座椅其他调整量处于制造厂规定的正常使用位置时，在通过（单人）座椅中心线的垂直平面内，在坐垫上表面最高点所处平面与地板上方620mm高度范围内水平测量所得的座椅间距数值（图3-83）。

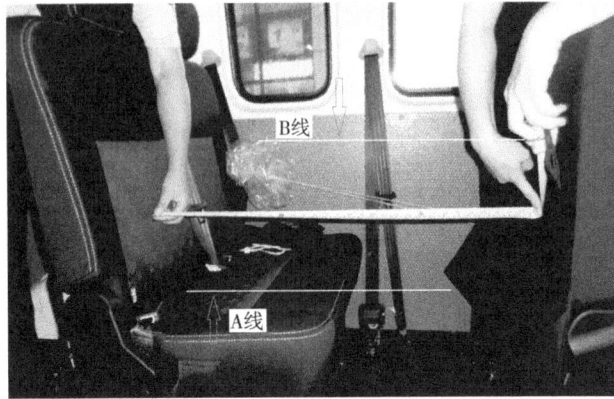

图3-83 座间距测量方法

注：A线：单个座椅的中心线，在单个座椅坐垫最高点所处的平面内；B线：单个座椅中心线向上移动至离地板垂直距离620mm处；用尺子在单个座椅中心线上高度在A线和B线之间量取座间距。

2.驾驶室内部宽度

依据《机动车运行安全技术条件》（GB 7258—2017）第4.4.4.1条注，驾驶室（区）内部宽度，系指在两侧门窗下缘延伸至车门后支柱处，量取的车门内饰板间最小值；如车门设计和制造上有搁手区域，则量取搁手平面上方的车门内饰板间最小值（图3-84、图3-85）。

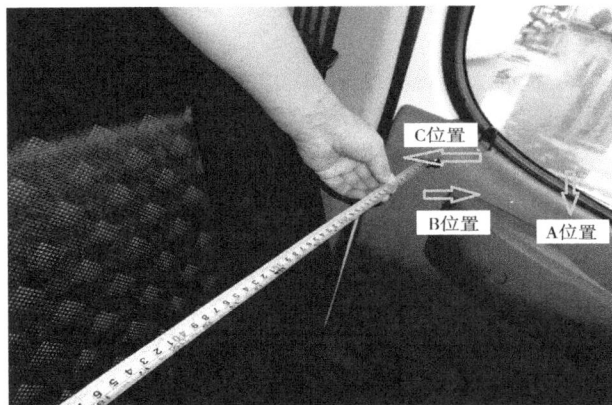

图3-84 驾驶室内部宽度测量点的选取

注：A位置：门窗下缘；B位置：搁手区上方；C位置：靠近车门后支柱处。兼顾A、B、C三个位置因素选取测量点，取车门内饰板之间最小值为驾驶室内部宽度。

3.行李区纵向长度

在三个位置（车辆纵向中心平面与行李区地板的交线，以及车辆纵向中心平面向左、向右各平移25%的行李区横向宽度后的两个平面与行李区地板的交线），分别测量最后一排座椅的坐垫最后方（或座椅靠背最下方的最后端，取两者中较后的位置）与行李区最后方（应考虑后门关闭的状态，但不考虑后门内侧的储物盒等局部突出物）的纵向距离；取三个纵向距离的算术平均值作为行李区的纵向长度（若因座椅布置的原因，车辆纵向中心平面处或其右侧平移 25% 行李区横向宽度的纵向平面处无法测得数值，则取其余两个位置测得的数值的算术平均值），确认是否小于或等于车长的 30%（图 3-86~图 3-88）。

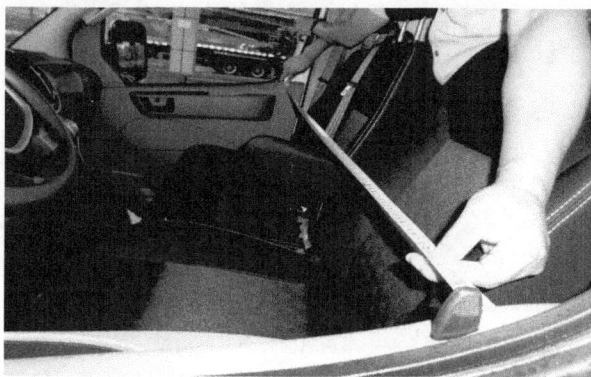

图 3-85　驾驶室内部宽度测量

图 3-86　车辆纵向行李区的测量

注：A 线：车辆纵向中心线上，起止点为 B 点、C 点。B 点在座椅座垫最后端或座椅靠背最下方的最后端，C 点在后车门但不考虑后车门内侧局部突出物。

图 3-87　车辆纵向行李区的测量

注：B 线：A 线向左侧平移 25%，不考虑后车门内侧局部突出物。

图3-88　车辆纵向行李区的测量

注：C线：A线向车身右侧平移25%，不考虑后车门内侧局部突出物。

取A线、B线、C线测量值的算术平均值作为行李区的纵向长度（若因座椅布置的原因，A线或C线处无法测得数值，则取B线、A线所测数值的算术平均值或B线、C线所测数值的算术平均值）。

四、违规整改

依据《机动车查验工作规程》（GA 801—2019）第6.4条的规定：对初次注册登记查验确认为违规机动车产品的机动车再次进行注册登记查验时，应确认机动车生产厂家是否已对先前查验不合格的项目进行了整改并出具了与整改日期相适应的整改合格说明，确认的结果应通过视频录像或拍摄照片留存。"整改合格证明"应能体现如下内容：

（1）初次注册查验的时间、地点、违规项目及情形。

（2）厂家针对发现的每个违规项目的整改方式、步骤及整改的地点和时间。

（3）厂家对每个违规项目整改符合标准规定的检验方法及检验合格依据。

（4）整改事宜厂家联系人姓名及联系方式，整改合格证明的出具日期及厂家印章。整改合格证明的出具日期应在所有违规项目整改、检验时间之后及再次注册登记查验日期之前。

车辆管理所应将"整改合格证明"作为机动车查验记录表的附件收存，并对违规项目整改确认的结果通过视频录像或拍照留存。

第七节　严重超载车辆

一、"十吨王"重点车型规避查验的"法门"及治理对策

为迎合市场需求行业中逐渐出现"大功率、加强型、大吨位、承载强"为卖点的"超

重"车型。标准规定总质量不得超过4.5t，可悬挂蓝色车牌的"蓝牌轻卡"多数都打着"十吨王"的标签以博取市场青睐，其空车整备质量严重超重已经成为普遍现象。严重超载行为背后是车辆自身超强的承载能力，这往往与产品底盘加强设计、空车整备质量超重有关。2019年5月21日，中央电视台《焦点访谈》针对"空车超载　轻卡不轻"现象进行报道，并指出车企违规、检验作弊、监管不力等潜在原因，再次将蓝牌轻卡超载的问题曝光在公众视野，引起各级管理部门的重点关注。

1. "十吨王"重点车型盘点

目前，轻型货车中的厢式货车、自卸货车、栏板货车、仓栅式货车是超重车型的主力车型，以及外观与以上车型类似的越野货车、售货车等，常见车型及图例如图3-89所示。

a)轻型厢式货车　　b)轻型栏板货车　　c)轻型自卸货车　　d)轻型仓栅式货车

图3-89　常见车型及图例

2. 超重轻型货车骗取登记的主要手段

方法一：减重上牌，即通过各种临时减重手段解决超重问题，规避检验。最常见的办法是卸去燃油、尿素、水等重物，去掉备胎及随车工具，甚至拆除部分配件（图3-90）。

图3-90　拆除内侧轮胎、更换蓄电池、卸去燃油、拆除配件

方法二：称重作弊上牌，即通过作弊手段获取具备资质的机构整备质量合格的报告。

机械式作弊，在称重时过秤车辆的车轮不完全上磅，从而大大影响显示重量。使用地磅遥控器等无线电作弊器，降低整备质量测量数据，获得想要的整备质量数据（图3-91）。

方法三：程序直改。检验机构通过显示仪表的交互程序作弊，设置仪表特定程序，修改获得想要的整备质量数据。

方法四：检测标定。为应对监管对车辆轴荷总和与整备质量的数据比对，使用轴重台标定工具，按需标定，使测量的轴荷总和比实际值按比例减小，与整备质量数值基本相当。检测开始之前，将地磅或轴重台仪表零点相对电压故意调整为负值，导致测量的整备质量数据比实际值按固定值减少。或者线内检测时，轴重台搁置重物，采用重启仪表或清零等方式使零点重置，所测得轴重值会按所搁置重物重量减少。线内检测车辆制动性能时，引车员需控制踩踏制动踏板力度，防止出现制动力过大预警导致作弊被发现。同时，引车员控制制动踏板力度，防止出现制动力过大预警导致作弊被发现（图3-92）。

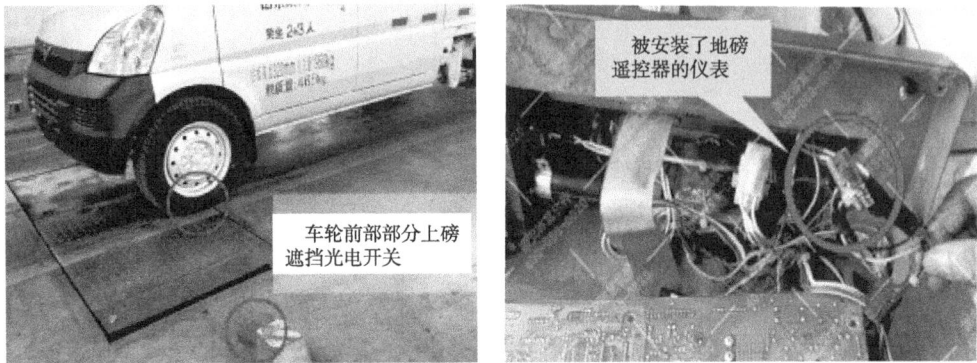

图3-91　不完全上磅和安装作弊器

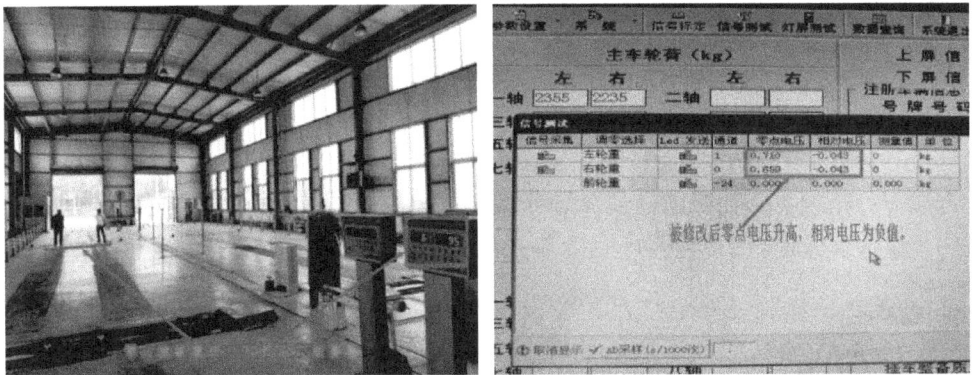

图3-92　搁置重物和调整零点相对电压

方法五：值班标准车厢上牌。相比减重手段和称重作弊带来的违法成本，更换重量较轻的货箱上牌成为风险较低的手段，即采用"标准车厢""值班车厢"等手段减重蒙混过关。这种"值班车厢"采用薄铁皮制作，厚度不及原装车厢钢板厚度的一半，待上牌完毕后，再用真实使用的货厢将"上户厢"替换下来（图3-93）。

图3-93　被拆卸的"值班车厢"和经销商院内的"值班车厢"

方法六：利用越野货车合格证或者售货车合格证上牌。由于载重量利用系数对越野货车的要求为0.4，对售货车无要求，故可以申报更大的整备质量，避免称重上牌麻烦，且价格与普通车无异，所以出现了一系列不具备越野功能的轻型货车拿越野车合格证或者无公告标注的设施或功能的售货车挂牌的情况（图3-94、图3-95）。

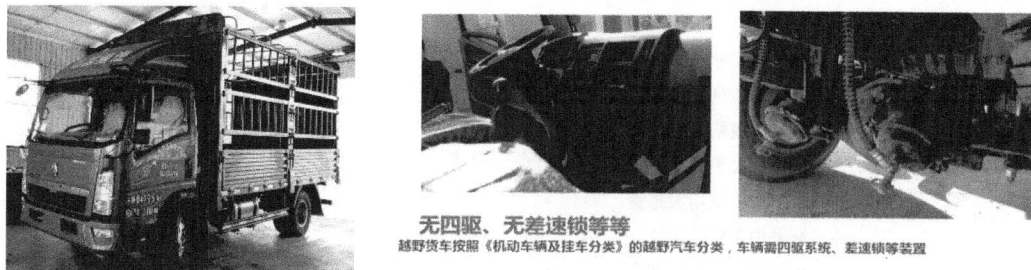

图3-94　不具备越野功能的轻型货车

图3-95　无公告标注的设施或功能的售货车

3.特征及重点查验项目

根据经验总结，笔者总结了"十吨王"轻型货产品通常具有的特征，并根据实际情况变化及时调整和重点查验的项目复核范围。存在超重、使用上户箱、套用越野车公告等严重违规嫌疑的，立即启动嫌疑机动车调查程序，并按规定开展现场调查；对调查确认属违规产品的，要按规定通过信息系统上报。对那些发现违规车辆仍出具虚假检验结果，不负责任、利欲熏心的检验机构，严格按照《中华人民共和国道路交通安全法》第九十四条规定进行处罚，并撤销其检验资格（图3-96）。

二、"百吨王"定义及车辆类型分类

"百吨王"，顾名思义就是车货质量达100t以上。据相关数据统计分析，"70%的道路交通安全事故由车辆超限超载引发，50%的群死群伤重特大道路交通事故与超限超载运输有直接关系。"无锡市"10·10"312国道锡港路上跨桥桥面侧翻较大事故调查报告表明：挂车非法改装、事发时超载455%。血淋淋的惨案面前，作为源头治理的查验登记环节，我们能做些什么？笔者认为，首先要甄别"百吨王"具体车型和致使其具备超强超载能力的违规生产及改装特征。

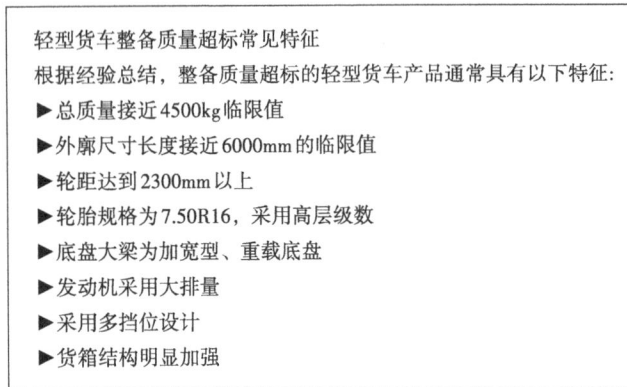

图 3-96　轻型货车整备质量超标常见特征

1. "百吨王"重点车型及违规生产及改装问题盘点

（1）重型自卸货车（渣土车）。

重型自卸货车是指总质量大于或等于 12000kg，载货部位的结构为栏板且具有自动倾卸装置的载货汽车。需要注意的是：自卸货车超载问题突出，普遍存在整备质量过大（特别是 6×4 车型）、货箱改装等不合格情况，安全隐患突出，属于重点查验车辆。

在注册登记环节，违规的主要表现形式有：

涉嫌使用"值班货箱"，表现为实车货箱强度不足，货箱两侧车辆识别代号有打磨凿改痕迹，不符合《机动车运行安全技术条件》（GB 7258—2017）第 4.1.3 条的规定（图 3-97）。

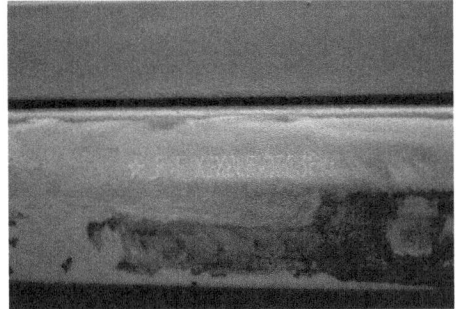

图 3-97　涉嫌使用"值班货箱"

车箱加高，与公告及合格证数据不符。实车货箱有加高预留孔及焊接痕迹，外观与公告不一致，预留增高栏板安装孔（图 3-98）。

侧后防护装置固定方式与公告记载不一致。后防护装置下缘的离地高度大于 550mm，不符合《汽车及挂车侧面和后下部防护要求》（GB 11567—2017）的规定（图 3-99）。

在用车查验环节规避查验的表现：

改装载货部位，加固、加宽、加高、加长，无行驶记录仪、侧后防护装置、轮胎改用大型号、使用破损轮胎等（图 3-100）。

图3-98　增高栏板或者预留增高装置

图3-99　后防护装置不牢固，离地高度大于500mm

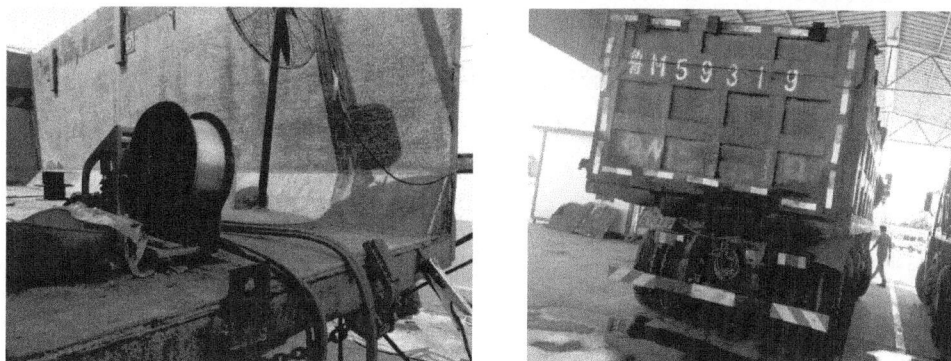

图3-100　加固加高栏板

（2）自卸半挂车。

"百吨王"货车最大的问题就出现在自卸半挂车车型上，通过调研发现，大部分自卸半挂车通常通过在车辆底盘加装更厚的钢板、增高货厢侧板等方式（图3-101~图3-103）来容纳和承载更多货物。根据国标《汽车、挂车及汽车列车外廓尺寸、轴荷及质量限值》（GB 1589—2016），8×4车型总质量被限制在31t，刨除底盘自重10t左右，此类车型一般仅运输不到20t货物。而现实情况是载货车辆驾驶员及其所属运输公司，为了减少运输成本，会尽量装填运输货物，无视规定要求，产生重大安全隐患。

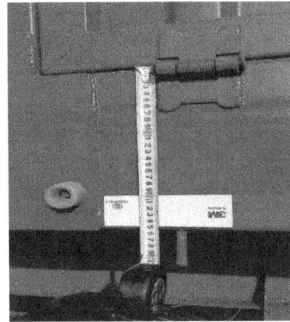

图3-101　某自卸半挂车栏板下边梁高度250mm，比正常值高出150mm

图3-102　某自卸半挂车实际使用拆除第一层底板

图3-103　某自卸半挂车在生产环节增高栏板

自卸半挂车超载会导致车辆制动能力热衰减甚至失效，同时会导致车身及轮胎承受过大压力，造成极大负荷，进而引发轮胎爆胎或其他车辆故障。"百吨王"车辆在长期超载行驶情况下，车桥桥壳可能会逐渐出现裂纹，而行驶中桥壳内部的油液温度急速上升，反复热胀冷缩情况下，桥壳可能出现破裂，进而导致车辆断轴。车辆超载不仅会给自身车辆运行安全带来隐患，还会给路面、桥梁等带来不可逆的损害。

关于后翻自卸半挂车存在的违规生产及改装问题主要有以下几方面。

2019年10月至11月，滨州市公安局交警支队在办理机动车登记时，发现部分新出厂的重型自卸半挂车存在不符合国家安全技术标准、与道路机动车辆生产企业及产品公告不一致等违规问题，涉及两个厂家的3个型号，共计10辆。从具体情况看，主要是预留后期改装空间，变相增加栏板高度，提供超大超载能力，规避《汽车、挂车及汽车列车外廓尺寸、轴荷及质量限值》（GB 1589—2016）第4.6.3中关于栏板高度的限制，为后期改装超载运行提供便利条件，存在违规嫌疑。

①货箱内存在插桩结构，与道路机动车辆生产企业及产品公告不一致，不符合《机动车运行安全技术条件》（GB 7258—2017）第11.3.1条：货厢（货箱）应安装牢固可靠，且在设计和制造上不应设置有货厢（货箱）加高、加长、加宽的结构、装置的要求（图3-104）。

②使用自动篷布加盖，与道路机动车辆生产企业及产品公告照片不一致，涉嫌公告违规。且后栏板锁止结构使用螺栓固定，与公告照片中一体化设计不一致，方便拆卸安装，为后期改装提供基础（图3-105）。

图3-104　货箱内存在插桩结构

图3-105　加盖后货箱栏板高度为2200mm

③轮胎采用高层级设置，与道路机动车辆生产企业及产品公告、合格证标注轮胎规格（12R22.5 12PR）不一致，且不符合《机动车运行安全技术条件》（GB 7258—2017）第9.1.1条"装用轮胎的总承载能力，应小于等于总质量的1.4倍"的要求（图3-106）。

以下是部分厂家在生产销售后翻自卸半挂车时的照片，增高栏板装置成为了厂家的卖点，甚至采用液压栏板升高装置，实现高栏板运输（图3-107、图3-108）。

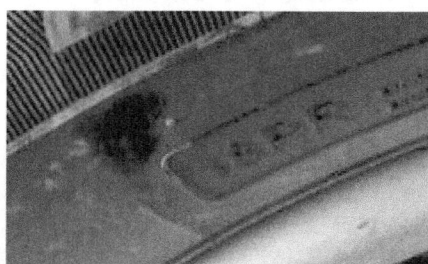

| 20. 轮胎规格 | 12R22.5 12PR |

图3-106　轮胎采用高层级设置

图 3-107　增高栏板装置成为了厂家的卖点

（3）仓栅式半挂车。

仓栅式半挂车改装后具备自卸功能，是当前超载运输主力车型。其改装主要表现在：非法加装自卸装置（图 3-109）。

图 3-108　实际运输照片

图 3-109　改装自卸装置

顶篷杆未固定且顶篷杆间的纵向距离达 1000mm，远远超过《机动车运行安全技术条件》（GB 7258—2017）的 11.3.6 规定的 500mm 的最大值（图 3-110）。

未根据《机动车运行安全技术条件》（GB 7258—2017）第 7.2.7 条的规定，装备制动间隙自动调整装置。采用了载重能力更强的多层弹簧板，载重能力更强的高层级轮胎，并伪造层级数据（图 3-111）。

（4）混凝土搅拌车。

混凝土搅拌车基本以 6×4 的三轴车为主，小型搅拌车罐体容积是 8m³ 左右，大型搅拌车罐体容积从 12m³ 到 15m³ 的都有。为了提高利润，6×4 底盘的搅拌罐体容量做到了 12m³，8×4 底盘做到 16m³，甚至 20m³ 的也不在少数。搅拌车的罐体越做越大，有些甚至超出底盘的承载极限，导致搅拌车侧翻事故层出不穷。一段时间内，大容积成为了厂家的卖点，对外的广告成了"长度/方数"，如"11640mm/16 方""11740mm /18 方""11820mm /20 方""11970mm /22 方"，基于这样的背景，2015年初，工信部发布了"关于规范混凝土搅拌运输车《公告》管理要求的通知"，规范大罐小标问题，规定要求：2轴搅拌车罐体容积不得超过4m³，3轴搅拌车容积不得超过6m³，4轴搅拌车容积不得超过8m³。同时也对搅拌罐的几何容量作出了限制，重型特殊结构货车（混凝土运输车），在车辆公告备注栏新增罐体尺寸（罐体长和罐体最大外径），测量方法 $C=\pi d$。

图3-110 顶篷杆未固定且顶篷杆间的纵向距离

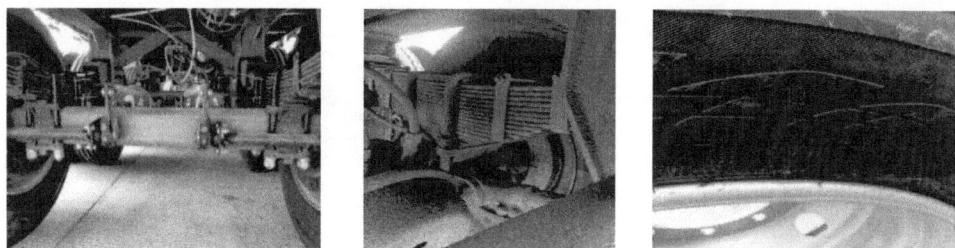

图3-111 使用承载能力更强的弹簧板和高层级轮胎

混凝土搅拌车常见违规情形：使用承载能力更强的弹簧板和高层级轮胎、增大罐体直径、加长罐体长度、调高罐体倾斜角度（图3-112、图3-113）。

图3-112 使用承载能力更强的弹簧板和高层级轮胎

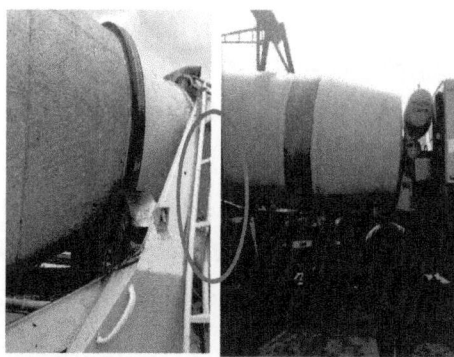

图3-113 增长罐体、增高罐体倾斜角度

（5）重型罐式半挂车。

部分重型罐式半挂车在公告申报时用小罐代替大罐，生产环节增大最宽处直径，提高有效运输方量。图3-119所示为某重型罐式半挂车公告备注罐体的最大半径为2300mm，实际测量为2500mm（图3-114）。

图3-114　实际测量2500mm的重型罐式半挂车

部分重型罐式半挂车在公告管理环节，也出现了许多不严谨的地方，如45m³和26.5m³的重型罐式半挂车在公告为同一车，2300mm的罐体和车辆后部等宽（图3-115）。

1.LHY9403GFLA型中密度粉粒物料运输半挂车
公告批次：314
中文品牌：华宇达牌
罐体容积：45m³

5.LHY9403GXH型下灰半挂车
公告批次：313
中文品牌：华宇达牌
罐体容积：26.5m³

图3-115　45m³和26.5m³公告

另外，公告中有一种名称为"粉粒物料运输半挂车"的车型，设计用于运输粉煤灰、炭黑、烟煤灰等低密度粉粒，使用压缩空气卸货，载货部位为密封罐体，大部分罐体为不规则圆形，一般在罐体下部有出料口；罐体侧面有与罐体连接的物料运输管道（钢管），钢管后大部分接有黑色橡胶软管，部分车辆在罐体前部安装有空气压缩机组。部分厂家取得公告后，生产顶部开口的自卸车，规避挂车栏板高度的限制要求，运输砂石等货物，是违规运输的重点车型（图3-116）。

（6）公告撤销车型违规拼组装现象突出。

由于部分车辆存在普遍的超载和车辆改装现象，工信部撤销了此部分车辆的道路机动车辆生产企业及产品公告。但是部分不良商家利用旧车手续（原车行驶证、营运证、合格证、VIN），套打大梁码（VIN码）"翻新套牌"则更为隐蔽，用以替换客户旧车的大梁+仓栏，与旧车的车轴、轮胎拼装在一起，攒成一辆新旧参半的仓栏半挂车，把旧车大梁码打刻在新的大梁上，这种行为实属非法拼装机动车，伪造车辆识别代号。

图 3-116　顶部开口的罐式半挂车

公告撤销的部分车型如下：

①17.5 m 长低平板半挂车（2007 年撤销公告）。

②14.6 m 长厢式半挂车（2017 年撤销公告）。

③14.95 m 长集装箱半挂车（2017 年撤销公告）。

④1.3 或者 1.5m 高栏板自卸半挂车（2010 年撤销公告）。

⑤平板自卸半挂车（2019 年撤销公告）。

⑥旧标仓栅式半挂车（2020 年 1 月 1 日后出厂的，按照《机动车运行安全技术条件》（GB 7258）强制要求安装盘式制动器和空气悬架）（图 3-117）。

图 3-117　部分公告已经撤销的车型

2. 有的放矢，开展针对性查验

一是针对车辆货厢开展查验，在对重型自卸汽车等重点车辆进行查验时，首先应与检验监管系统中的车辆进行比对，确保到车管所注册登记查验的车辆与在安检机构上线检测的车辆为同一车辆，杜绝"标杆车上线，超标车上户""值班货箱上线，超重车厢上牌"的现象出现。具体要点为查看液压举升装置是否能正常举升车厢。装备有车厢举升声响报警装置和防止车厢自降保险装置。查看货厢整体漆面、货厢与驾驶室漆面新旧程度是否一致，货厢两侧打刻的车辆识别代号是否存在打磨、凿改、挖补、垫片等情形。确认唯一性后，要对货厢是否存在改装或者预留改装空间等问题进行重点查验，如增高、设置伸缩装置、加装自卸装置等问题（图3-118）。

图3-118　货厢增高、加固、加长、加装自卸装置等改装

二是针对轮胎开展查验，在对栏板式、仓栅式、厢式、平板式货车和挂车车辆查验时应特别注意查验车辆轮胎规格型号是否与相关证明记载一致，对轮胎数量、花纹深度、破损情况、规格层级、翻新胎使用、螺母完整情况进行重点查验（图3-119）。

图3-119　翻新轮胎、破损轮胎、伪造轮胎规格的轮胎

三是针对悬架系统特别是弹簧片开展检查，督促安检机构履职尽责，检验弹簧片的改装情况。在查验环节针对性开展复查，重点检查有无明显"增宽、增厚"情形（图3-120）。

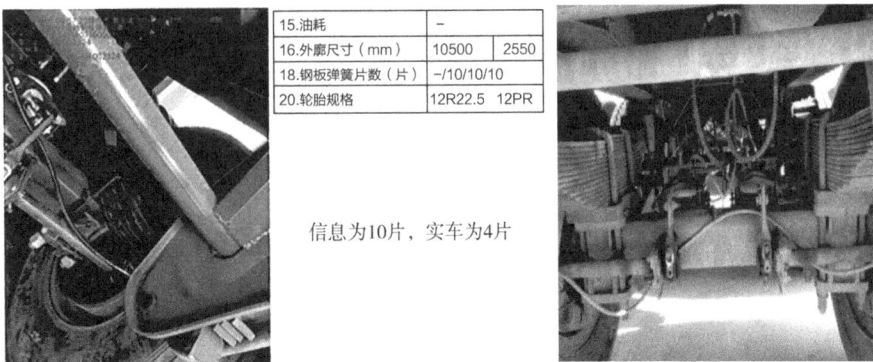

15.油耗	–	
16.外廓尺寸（mm）	10500	2550
18.钢板弹簧片数（片）	–/10/10/10	
20.轮胎规格	12R22.5 12PR	

信息为10片，实车为4片

图3-120　拆除或者增加弹簧片

四是针对车辆识别代号开展查验时，要特别注意打刻部位、深度，以及组成字母与数字的字高等，确认有无被凿改、挖补等现象。并在注册登记、检验监督等环节拍摄体现大打刻部位的照片，拍摄时与PDA保持40cm左右距离，将车架号周围清理干净能够清晰体现周边车辆结构特征，防止以后更换车辆（图3-121）。

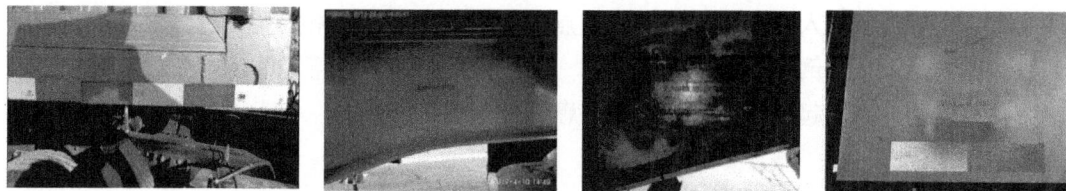

图3-121　拍摄车辆识别代号位置图片，体现周边结构特征

五是针对整备质量开展查验。为实现较强的超载能力，一些改装车辆对外廓尺寸、货箱（厢）、罐体、弹簧片、轮胎等部位和装置进行非法改装，主要体现为通过更换前后桥、加大车辆轮胎规格、增强车辆大梁（在车辆底盘大梁上增加副梁）、货箱使用加厚板材等手段加强车辆装载能力，从而致使整车整备质量严重超标。因此，对于重点嫌疑车辆，要组织称重。

三、让"十吨王""百吨王"车辆无所遁形

1. 阵地前移

2004年实施的《中华人民共和国道路交通安全法》第一次以法律的形式确定了我国实施机动车安全技术检验制度。机动车安全技术检验制度是我国法定车辆安全管理制度的重要组成部分，对机动车安全技术检验进行监督是法律赋予公安交管部门的重要职责。同时也是查验机动车的有力前置手段，要充分利用这一环节，会同市场监管部门，加强对机动车安检机构的监管。在检验监管、查验环节不间断地对重点车型开展复核，杜绝虚假整备质量合格报告出现。对不负责任、利欲熏心的检验机构给予严厉打击，绝不手软。对负责登记检验的工作人员，要强化业务培训，提高业务技能，确保不发生因业务不熟练而使违规车辆通过检验的现象；同时加强政治理论学习和反腐倡廉警示教育，防止违法犯罪行为发生。对那些敢于"冒险"的人要依法依规给予党纪政纪处分；构成犯罪的，依法追究刑事责任。

2. 岗位协作

对重点车辆的查验监管，注重查验细节、讲究查验方法，重点审查大中型客货车车辆产品是否符合国家标准，凡不符合国家标准、与公告信息不一致，一律不予通过查验、一律不予办理注册、发现违规产品一律逐级上报，并将涉嫌违规车辆及企业通报工信、市场监督管理部门，并内部通报至检验监督岗，在监督、核对环节重点关注，发现安检机构违规检验的，依法处罚。

3. 联合作战

车管、秩序、事故多部门联合作战，严格源头管理和路面管控，坚决杜绝违规车辆上牌上路。车管部门研判重点车辆特别是"十吨王""百吨王"车辆类型和特征，制作问题特征清单推送秩序部门；秩序部门发现车辆非法改装的，一律依法处罚并责令恢复原状，同步推送车管部门列入查验、检验监管重点车辆；事故部门严格按照《道路交通事故深度调查工作规范》从严倒查非法改装问题，一律全面倒查车辆生产、改装、登记检验环节法律责任，做到处理一起事故、消除一个隐患、震慑一个行业。

RESEARCH ON MOTOR
VEHICLE REGISTRATION INSPECTION
机动车
登记查验研究

第四章

嫌疑车辆调查

第一节 基本经验

一、检查打刻VIN码部件周围的焊点和胶水

查验车辆时，除了根据《机动车查验工作规程》（GA 801）的规定查验打刻的VIN码17位字符是否与相关凭证一致外，有需要时，要注意检查打刻VIN码部件周边的焊点、胶粘剂是否存在嫌疑痕迹。

冲压、焊接、涂装、总装是汽车生产制造四大工艺。目前乘用车制造工艺相对比较先进，普遍采用点焊、激光钎焊、压焊等焊接方法，焊接有严格的工艺要求，且对环境有严格要求，因此，焊点比较规整，与车身其他部位的焊点相对一致。而通过更换VIN码打刻部件造假的车辆，由于焊接环境和焊接技术与原厂不同，焊点显得不规整，形式也与原厂焊点有区别。

20世纪50年代中期，胶粘剂开始应用于汽车领域，目前胶粘剂在汽车领域应用已经非常广泛，汽车车身、内饰、顶棚灯具、车体密封、电焊密封、动力系统等均开始使用胶粘剂。据统计，现阶段我国每辆乘用车用胶粘剂约20kg。从实际经验来看，问题车辆替换部件时需要重新胶粘，由于使用的胶粘剂与原厂的材料不同且存在工艺的区别，问题车辆的最终胶粘形式、细节特征与原厂胶粘有明显区别。

因此，通过查验打刻VIN码零部件周边的焊点、胶粘是否是原厂来判断该部件是否存在整体更换或重新焊接现象是判定车辆是否为问题车辆的重要途径之一。

二、检查VIN码打磨情况

《机动车运行安全技术条件》（GB 7258—2017）4.1.3条明确要求"车辆上打刻车辆识别代号（或产品识别代码、整车型号和出厂编号）的部件不应采用打磨、挖补、垫片、凿改、重新涂漆（设计和制造上为保护打刻的车辆识别代号而采取涂漆工艺的情形除外）等方式处理。"问题车辆往往通过打磨、挖补、垫片、凿改等方式对VIN码进行处理，最后通过重新涂漆的方式来掩盖痕迹。查验时如果发现打刻VIN码部件上的油漆与其他部位油漆的光亮程度和厚薄有不一致情形的，可以通过在打刻VIN码部件上喷涂微量除漆剂的方法来观察其表面油漆的变化，变化明显的，则VIN码存在重新打磨嫌疑，在此情形下，可以将该部件表面的油漆清除干净，便于进一步检查VIN码的打磨情况。

三、检查车身上粘贴的VIN码标贴

目前车辆制造厂家会在车身多个部位粘贴VIN码标贴，查验时可利用紫外荧光灯对车身各部位进行仔细照射，通过这种方法能够有效发现重新粘贴的VIN码标贴或原厂粘贴的VIN码标贴被撕除的痕迹。图4为查验时通过紫外荧光灯发现重新粘贴的VIN码标贴痕迹（图4-1）。

图4-1　重新粘贴的VIN码标贴

四、检查车辆标牌

车辆标牌是体现车辆身份的重要标记之一，《机动车运行安全技术条件》（GB 7258—2017）4.1.2条明确要求机动车应至少装置一个能永久保持的产品标牌，该标牌的固定、位置及型式应符合《机动车产品标牌》（GB/T 18411）的规定；产品标牌如采用标签标示，则标签应符合《道路车辆　标牌和标签》（GB/T 25978）规定的标签一般性能、防篡改性能及防伪性能要求。图4-2为重新粘贴的车辆标牌。

五、查验车辆ECU记载的VIN码

GB 7258—2017的4.1.5条要求"对具有电子控制单元（ECU）的汽车，其至少有一个

ECU应记载有车辆识别代号等特征信息，且记载的特征信息不应被篡改并能被市场上可获取的工具读取。"随着技术的发展，目前乘用车上越来越多地使用ECU控制发动机、变速器、空调、安全气囊、防抱死制动等，主要模块ECU上均记载了车辆VIN码，虽然不法分子可能会修改部分ECU记载的VIN码，但是将车辆上所有ECU记载的VIN码修改一致的难度较大。可以通过车载自动诊断系统（OBD）读取车辆上多个ECU记载的VIN码进行对比，确认一致性。

a)标牌表面有气孔、皱褶　　　　　　b)在紫光灯下显示标牌重新粘贴

图4-2　重新粘贴的车辆标牌

第二节　基本方法

一、唯一性确认法

1. 多看车

"实践出真知"，机动车查验员应慎重、认真地查验每一辆车，熟练掌握有关技术标准并应用到实际查验工作中去，用标准找问题，用标准解决问题。

2. 多识记

辨识"假的"，其根本在于识记住"真的"。在多看车的基础上用心识别每一类车型的特有属性并牢记。比如牢记"大众"系列车型打刻的车辆识别代号的字体特征是什么，其产品标牌的字体特征是什么、防伪标记有什么特点，风窗立柱旁的VIN标识的固定方式、特点和VIN标识的防伪有什么特征等。

3. 多比对

"李鬼"最怕的是遇到"李逵"。在查验车辆时，以实际车辆与自己识记的此类车辆的车辆识别代号特征、车辆产品标牌特征、VIN标识特征等作比对。这既是车辆查验工作的要求，也是帮助自己进一步识记此类车型的车辆特征的有效方法。

4. 多思考

查验车辆时如果发现了疑点须认真分析，往往"问题车辆"的疑点不是孤立的，俗话说"一个谎言需要十个谎言去掩盖"。认真思考与此车辆疑点相关联的其他车辆部位有哪些，然后认真查验，"问题车辆"的具体"问题"便会显现出来。

5. 善总结

对各种伪装手法归类，找出其共性，并分析为什么要采用这种方法伪装，这种伪装的破绽在哪里，总结出揭穿、解决这种伪装的有效办法。

6. 车辆识别代号查验实例

（1）故意切除。

由故意切除产品标牌上标注的车辆识别代号，查出关联的伪造的风窗立柱旁的VIN标识，再查出原车辆识别代号。

（2）重新喷漆。

由被重新喷上黑漆掩盖的白色车身，查出关联的伪造的产品标牌和VIN标识，再查出打刻车架号部件是被整体切割焊接。

（3）车辆识别代号处被重新喷漆。

用一字螺丝刀轻轻划下，重新喷涂的漆面成片状脱落，露出原车身白色漆面，经查询此车并无变更颜色记录，进入嫌疑车辆排查。进一步查验发现风窗立柱旁的VIN标识铆钉有撬动痕迹，车辆产品标牌有重新粘贴痕迹（有明显的气泡）。最后找到其维修部件标识，确认其真实的车辆识别代号。

二、数据追踪溯源法

1. 车载数据记录装置涉及的相关法规、标准情况

使用车载数据记录装置（包括汽车事件数据记录系统EDR、行驶记录仪、车载视频行驶记录系统等，下同）的数据，能够提升道路交通事故调查处置水平，提升道路交通安全管理能力，是未来的趋势，目前已形成较为完备的标准体系保障，主要如下：

（1）法律法规和标准要求装备和使用车载事件记录装置。

《中华人民共和国道路交通安全法实施条例》第十四条规定：用于公路营运的载客汽车、重型载货汽车、半挂牵引车应当安装、使用符合国家标准的行驶记录仪。交通警察可以对机动车行驶速度、连续驾驶时间以及其他行驶状态信息进行检查。

《机动车运行安全技术条件》（GB 7258—2017）8.6.5规定：所有客车、危险货物运输货车、半挂牵引车和总质量大于或等于12000kg的其他货车应装备具备记录、存储、显示、打印或输出车辆行驶速度、时间、里程等车辆行驶状态信息的行驶记录仪。校车、公路客车、旅游客车、危险货物运输货车装备具有行驶记录功能的卫星定位装置；专用校车

和卧铺客车、设有乘客站立区的客车，还应装备车内外视频监控录像系统。8.6.6规定：乘用车应配备事件数据记录系统（EDR）或符合标准规定的车载视频行驶记录装置。

在上述规定下，所有乘用车、客车、危险货物运输货车、半挂牵引车和总质量大于或等于12000kg的其他货车，均应装备车载事件记录装置。需要说明的是，《机动车运行安全技术条件》（GB 7258—2017）中"乘用车应配备事件数据记录系统（EDR）"的规定，因为配套标准未及时跟进等原因，推迟至2022年1月1日起实施。

（2）车载事件记录装置产品标准较为完善，执法使用标准日趋完善。

目前车载事件记录装置产品标准已基本完善，为后续的使用和再开发、再利用奠定了基础。主要产品标准有：①《汽车事件数据记录系统》（GB 39732—2020）已发布，于2022年1月1日起实施。②《车载视频行驶记录系统》（GB/T 38892—2020）已发布，于2020年12月1日起实施。③《汽车行驶记录仪》（GB/T 19056—2021），适用于所有客车、危险货物运输货车、半挂牵引车和总质量大于等于12000kg的其他货车装备的行驶记录仪。④交通行业标准《道路运输车辆卫星定位系统　车载终端技术要求》（JT/T 794—2019），适用于道路运输卫星定位系统中安装在车辆上的终端设备。

车载事件记录装置执法使用标准正日趋完善，为后续的使用和再开发、再利用做了良好的制度铺垫。主要标准有：①公安行业标准《汽车车载电子数据提取技术规范》（GA/T 1998—2022）已于2022年7月27日发布。②司法行业标准《汽车电子数据检验技术规范》（SF/T 0077—2020）已于2020年5月29日发布实施。

2. 主要车载数据记录装置记录的主要数据情况

（1）汽车事件数据记录系统记录的主要数据。

汽车事件数据记录系统，是由一个或多个车载电子模块构成，具有监测、采集并记录碰撞事件发生前和发生后车辆和乘员保护系统的数据功能的装置或系统。根据《汽车事件数据记录系统》（GB 39732—2020），配备EDR系统必须记录的车辆数据有：速度变化量、最大纵向速度变化量及达到的时间、车辆速度、行车制动使用情况、驾驶员安全带状态、加速踏板开度、发动机转数、本次事件距离上次事件的时间间隔等数据。配备EDR系统必须记录的装置相关数据有：纵向加速度、横向加速度、横向速度变化量、最大横向速度变化量及达到的时间、最大记录车辆速度变化量的平方及达到的时间、横摆角速度、转向角度、挡位、制动踏板位置、驻车系统状态、转向信号开关状态、驾驶员正面气囊展开时间、驾驶员侧面气囊展开时间、驾驶员侧面气帘展开时间、轮胎压力监测系统报警状态、制动系统报警状态、定速巡航系统状态、自适应巡航系统状态、防抱制动系统状态、自动紧急制动系统状态、电子稳定性控制系统状态、牵引力控制系统状态等。另外，还记录车辆识别代号，记录EDR数据的ECU硬件编号、序列号、软件标号等数据。

（2）车载视频行驶记录系统记录的主要数据。

车载视频行驶记录系统，是指安装在车辆上，以视频流方式显示、记录和存储车辆行驶前方影像，并且记录和存储的视频数据可被读取的系统。根据《车载视频行驶记录系统》(GB/T 38892—2020)，车载视频行驶记录系统记录的主要数据是动态图像，该标准要求"系统记录和存储的视频流图像应流畅、清晰，能满足人工对车辆轮廓、车辆号牌、交通标志和视野中景物等的识别"。视频流数据中还应至少叠加日期和时间信息（精确到秒）、车辆识别代号信息。系统应至少保存4h的录像，视频数据流以MP4格式存储，图像帧率不小于25帧/s。

（3）汽车行驶记录仪记录的主要数据。

汽车行驶记录仪，是对车辆行驶速度、时间、里程、位置以及有关车辆行驶的其他状态信息进行记录、存储并可通过数据通信实现数据输出的数字式电子记录装置。根据《汽车行驶记录仪》(GB/T 19056—2021)，汽车行驶记录仪记录的主要数据是：一是行驶状态记录，主要包括车辆在行驶过程中的实时时间、实时位置信息、每秒间隔内对应的平均行驶速度（基于车速传感器或CAN信号）、参考速度（基于卫星定位信号）以及对应时间的开关量；二是事故疑点记录，主要包括行驶结束时间前20s的车辆行驶速度、开关量信号和行驶结束时的位置信息，电源(包括备用电池)断开前20s内的车辆行驶速度、开关量信号及断电时的位置信息；三是超时驾驶记录，主要包括机动车驾驶证号码、连续驾驶开始时间及所在位置信息、连续驾驶结束时间及所在位置信息；四是驾驶员信息记录，主要包括驾驶员面部特征图片（通过视频获取）、机动车驾驶证号码（通过IC卡获取）、驾驶员姓名(通过IC卡获取)。

3. 车载数据记录装置数据在事故调查中的应用

还原事故发生时的情况，是判定事故"直接原因"的最重要工作，而判定事故"直接原因"，是完成整个事故调查的最关键步骤。利用车载事件记录装置可以真实还原事故发生时的情况，是目前判定事故"直接原因"的最有效手段，能为后续的间接原因判定、延伸深度调查和法院判决提供最关键的支撑。从这个角度来看，车载事件记录装置是交通警察在事故调查中必不可少的工具和助手。

（1）协助判定事故发生的"直接原因"。

一般的交通事故，通过分析车载数据记录装置中记录的速度、制动踏板、加速踏板等信息，再加上现场勘查的数据，综合后基本可以得出事故发生前后的车辆运动状态、碰撞情况和车辆自身状态信息，有力协助判定事故发生的"直接原因"。常用的分析判别用例如图4-3和图4-4所示。

（2）车载数据记录装置数据在事故调查中存在的问题。

虽然车载数据记录装置记录的数据在事故调查中具有关键性作用，但在具体应用中，仍然存在以下问题：

①读取的数据多以字符串方式展示，不便于一线执法和事故调查人员阅读和解读。

②复杂交通事故往往是由于多个因素造成的结果，对于较为复杂的交通事故，大部分EDR无法记录整个事故发生过程的所有事件，导致在碰撞中出现某个或某些事故信息丢失问题。

③车载数据记录装置记录的数据应用于事故责任认定和司法实践中时，还需要解决规范性等方面的问题。

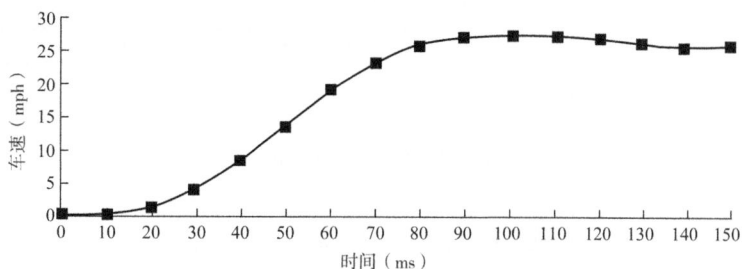

图4-3　碰撞后车辆速度变化量随时间的变化

注：mph mile per hour，速度计量单位，表示英里/时，1mile/h=1.609344km/h。

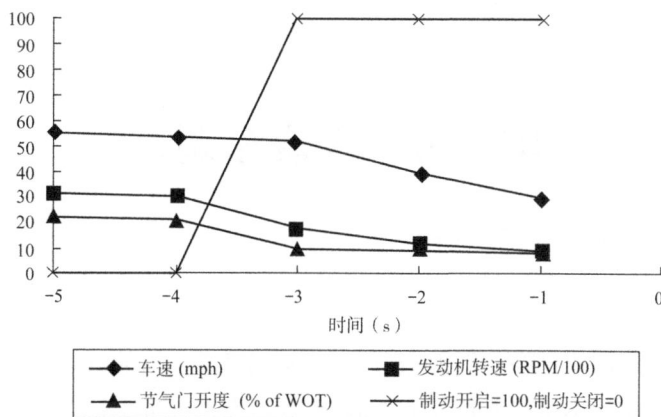

图4-4　碰撞前车辆速度、发动机转速、节气门开度、制动踏板情况随时间的变化

RPM-Revolutions Per Minute，转/分钟

4.车载数据记录装置数据在嫌疑车辆调查中的应用

传统车辆以机械元器件和系统为主，因此，对车辆的查验、检验、路检路查等均以眼看手摸尺量等传统的方式为主。随着车辆电子元器件和软件系统越来越多地使用，传统车辆的管理也出现了困境。以拼组装、盗抢车、走私车为例，违法犯罪分子多通过更换零部件、重新打刻车辆机械的识别代号等方式，为涉事车辆伪造合法身份，传统的方式很难甄别和取证，而通过直接读取车载电子数据的手段，可以直观有效地发现问题车辆，获取较高质量的违法犯罪证据。如前所述，另外，车载数据记录装置记录了部分车辆身份信息，如EDR记录有车辆识别代号，记录EDR数据的ECU硬件编号、序列号、软件标号等数据，能够有效协助判别车辆唯一性等身份信息（图4-5）。

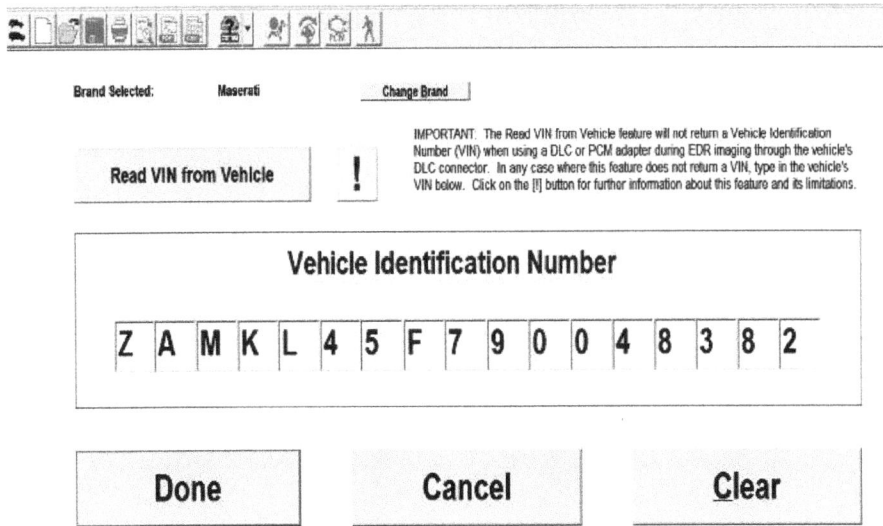

图4-5 通过EDR读取器获取车辆唯一性信息

第三节 报废车调查

一、机动车报废年限历史沿革

我国机动车相关报废标准始于20世纪90年代发布的《汽车报废标准》，其中对于私家车的强制报废标准期限为10年，行驶10万km。随着汽车工业的迅速发展，车辆技术水平的提升，这一限制明显不符合实际。在2000年的《汽车报废标准规定》中，虽然仍对私家车有使用年限限制，但是将可通过年检标准延长为15年。直到2012年出台的《机动车强制报废标准规定》，才开了小、微型非营运载客汽车无使用年限限制的先河。我国汽车报废有关规定具体梳理如下：

1997年国家经贸委等六部门联合下发《汽车报废标准》，其中规定：凡在我国境内注册的民用汽车，属下列情况之一的应当报废：轻、微型载货汽车（含越野型）、矿山作业专用车累计行驶30万km，重、中型载货汽车（含越野型）累计行驶40万km，特大、大、中、轻、微型客车（含越野型）、轿车累计行驶50万km，其他车辆累计行驶45万km；轻、微型载货汽车（含越野型）、带拖挂的载货汽车、矿山作业专用车及各类出租汽车使用8年，其他车辆使用10年。

1998年国家经贸委等四部门联合出台的《关于调整轻型载货汽车报废标准的通知》（国经贸经〔1998〕407号），将《汽车报废标准》中轻型载货汽车（含越野型）的行驶里程、使用年限及办理延缓的报废标准调整为：累计行驶40万km；使用10年；达到使用年限，汽车性能仍符合有关规定的，允许办理最长不超过5年的延缓报废。

2000年国家为了鼓励技术进步、节约资源，促进汽车消费，国家经贸委、公安部、环保局等联合出台了《关于调整汽车报废标准若干规定的通知》，将1997年制定的《汽车报废标准》中非营运载客汽车和旅游载客汽车的使用年限调整为：9座（含9座）以下非营运载客汽车（包括轿车、含越野型）使用15年；旅游载客汽车和9座以上非营运载客汽车使用10年。

2012年商务部、国家发改委、公安部、环境保护部联合下发的《机动车强制报废标准规定》明确了各类机动车使用年限及行驶里程参考值，对小、微型非营运载客汽车、大型非营运轿车、轮式专用机械车不再有使用年限的限制，并对达到一定行驶里程的机动车由强制报废转为引导报废。

《中华人民共和国道路交通安全法》《机动车登记规定》均规定了"报废的校车、大型客、货车及其他营运车辆应当在车辆管理所的监督下解体。"对于监销车辆的范围一直停留在校车、大型客、货车及其他营运车辆上。

纵观国家对机动车使用年限标准的调整，自2013年5月1日起非营运乘用车不再有强制报废年限。近年来，随着我国居民收入的增长和汽车工业的发展，全国机动车保有量呈不断增加态势，这意味着走向报废环节的机动车基数也将越来越大（图4-6）。

图4-6 2016—2020年全国机动车保有量及报废数（亿辆）

二、报废汽车相关行业情况

1.目前汽车制造厂的现状

一般汽车由上万个零部件组合完成，现阶段具有冲压、焊装、涂装、总装等生产工艺，就可以称为整车制造厂，包括发动机等其他多数零部件是由协作配套厂供应。世界级体系齐全的大型汽车制造厂，例如国外的宝马、奔驰，国内的解放、东风等都有合作配套的零部件企业提供相应的汽车零部件。

2.汽车零部件企业情况

汽车是一个专业性、技术性很强的行业，集中了金属材料、化工、电子、电器、智能、网络等各个行业的工业技术要求，因此，也诞生了许多世界级的零部件制造企业。世界著名的博世（Bosch）、格特拉克（GETRAG）、舍弗勒（Schaeffler）、高田等发动机、变速器、电子电器等汽车零配件企业，以及我国的潍柴、锡柴、玉柴等零部件生产厂都在为各大汽车制造企业配套提供相应的汽车零部件。

3. 环保方面

目前报废的汽车大多是10~15年前出厂的，当时执行的是国家第二、第三阶段污染物排放标准，远低于现阶段的国六标准。对报废汽车进行再制造时，技术上将无法满足现在的环保标准，质量也不可能达到目前的环保要求。

4. 制造工艺方面

我国整车制造厂有千余家，汽车产品种类有几万种，全世界整车制造厂有几万家。再制造企业若想实现对车辆的再制造，不可避免地要吸纳世界范围内各生产厂商的所有车型，所需要的技术条件、设备条件就连我国的解放、一汽大众等汽车制造厂都不可能实现，再制造企业实现的可能性微乎其微，即便实现了，也会耗费大量的人力、物力、财力。这样分析下来，依靠现有原零配件工厂进行"再制造"更有可行性，可是，现在的产品已经更新换代，是否还保留原有工艺生产线还是未知数。因此，如何有效实现生产再制造尚需进一步探讨。

5. 车辆产品质量及质量认证问题

每个汽车的零部件、整车都经过精心的设计、实验、定型认证，都存在一定的使用寿命。超过使用寿命后，产品质量无法保证，继而汽车的整体或部分功能也不能得到保证。目前，批量产品的检验一般为抽样检验，那么单一种类的再制造产品将如何检验呢？若逐一检验，会耗费大量时间和财力物力，使得产品成本骤升，不符合"再制造"节约经济成本的初衷。

三、车辆报废工作的实际问题

在日常车管工作中，车辆注册登记、转移登记中发现有大量涉嫌用拆车件组装机动车的情形：即在注册车辆中，有些车是报废车修复拼组装后重新注册并流入社会；在转移登记车辆中，部分车辆使用了已经报废车辆的发动机等车身总成部分。

案例一：某车办理（辖区外）转移登记业务，因发动机号打磨、凿改嫌疑等情形被退办，而涉事车主并不能提供该发动机的合理来源凭证或合格证，该发动机存在着系已报废车辆的发动机的可能（图4-7）。

案例二：在车辆报废查验环节，发现某车车架号打刻部位有拼接痕迹，经调查，该车架号系另一台已报废车辆车架号（图4-8）。

案例三：在车辆报废查验环节，发现某车的发动机并非该车辆的，经过反查发动机号，系已报废车辆的发动机（图4-9）。

图4-7　重新打磨、凿改的发动机号

图4-8　车架号打刻的部件有拼接痕迹　图4-9　未报废车辆装备已报废车辆发动机

　　还有一些情况下，某些车辆已经履行报废注销手续，但车辆并未实际拆解，这样的报废车存在重新流入社会的可能，为道路交通安全埋下隐患。

　　上述这些案例，追根溯源，就是报废机动车的拆解过程，除了报废的校车、大型客、货车及其他营运车辆需要监销外，其余的非监销车辆无有效的监督管理。只有从源头把关杜绝不符合国家标准的报废汽车的各总成及零部件流入社会，才能切实保护人民群众的生命财产安全。

四、对策建议

　　2020年9月1日起施行的《报废机动车回收管理办法实施细则》，从资质认定和管理、监督管理、退出机制、法律责任等方面对报废机动车回收进行了明确规定。细则的施行，将加速我国报废机动车回收拆解行业迈入市场化发展进程，促进行业健康有序发展，车主处理报废汽车也将更加便利。其中，对一些细节问题提出如下思考和建议：

1.明确可再制造的车型及零部件

（1）《中华人民共和国道路交通安全法》第十四条规定，报废的大型客、货车及其他营运车辆应当在公安机关交通管理部门的监督下解体。

（2）不能达到现阶段环保标准的发动机，不属于能再制造范畴。

（3）易损件如发动机空气滤清器、发动机油滤清器、燃油滤清器、离合器、正时皮带、蓄电池等，因其使用寿命有限，重复利用可能性低，再制造的意义不大。

（4）影响安全的零部件，例如制动系统、转向系统等，再制造后可靠性没有保障，安全系数低，远达不到安全运行技术要求，一旦流入市场，将对道路交通安全产生巨大威胁。

2.规范再制造企业

再制造企业是汽车零部件再制造成功的关键，因此，再制造企业主要应由原汽车制造厂、汽车零部件制造厂、相关汽车修理厂和专门的汽车再制造零部件的生产厂来完成。针对每个零部件制造厂应明确相应零部件的生产销售种类，使他们达到专业化，以实现零部件的原有功能，并有相应的售后服务和质量保证体系，且能够标示出每个产品的来源、用途、适用车型和使用年限。

3.建立完善的认证体系

汽车制造厂、汽车零部件制造厂、汽车修理厂和专门的汽车再制造零部件生产厂生产的产品侧重点各不相同，应建立一套相互联系的认证体系，保证结构、规格、性能等相关质量标准统一。

4.建立相应安全环保标准

现有的汽车产品都是按出厂标准设计制造的，是以现有标准统一制造、组合而成的产品。目前，由于我国在汽车零部件再制造领域尚处起步阶段，再制造零部件的制造厂制造工艺水平参差不齐，再制造以后生产出来的汽车零部件不可能达到原有的安全、环保标准。因此，应出台一个通用的汽车零部件再制造通用技术标准，以达到标准化流通的目的。

第五章

大吨小标治理

第一节　主要危害

近年来，随着我国物流业与移动互联网的蓬勃发展，轻型货车作为准入门槛和运营成本较低的运输工具，广受运输单位和车主欢迎。车长小于6000mm且总质量小于4500kg的蓝牌轻型货车打着"十吨王"的标签以博取市场青睐。此类"大吨小标"货车违规生产销售问题突出，违规上路行驶较易引发重大道路交通事故，给整个道路交通环境带来重大安全隐患。本节结合机动车查验实际和交通事故案例，从"大吨小标"车辆危害、常见违规情形、规避违规操作等维度进行分析，提出重点查验项目及方法，以期通过严格轻型货车查验，避免问题车辆上路行驶，从源头管理环节筑牢预防道路交通事故的第一道防线。

一、车辆运行安全隐患大

轻型货车运输大吨位货物时，车辆整备质量大，而轮胎、轮轴、传动器等车辆部件的强度不够，造成"小马拉大车"的现象，极易引发零部件脱落、破损、爆胎等事故。同时，车辆长期处于超负荷运转状态，会导致车辆制动性能和操作性能显著下降。例如：2019年湖南湘潭"9·22"重大交通事故，因车辆制动失效，造成10人死亡、16人受伤，肇事自卸低速货车（机动车整车出厂合格证明整备质量为2.49t，核载1.49t，出厂实车整备质量3.83t，载质量10.71t）为典型"大吨小标"、超载超限运输车辆（图5-1）。

图 5-1　2019 年湖南湘潭"9·22"重大交通事故

轻型货车"大吨小标"的危害主要包括以下几个方面：

（1）车辆超载使车辆比功率下降，使其躲避障碍物、变更车道、紧急停车等能力均降低，容易引发交通事故。

（2）超载时，车辆重心将向后移，当达到一定的车速时，车辆将失去转向稳定性，即只要极其微小的前轮转角便会产生极大的横摆角速度，转向半径变得极小，急转过程中，非常容易发生侧滑或翻车现象。

（3）车辆超载一方面改变了制动力在各轴之间的合理分配，容易导致制动距离变长、制动时转向失效、车辆甩尾等问题；另一方面，在下长坡等工况下，由于制动频繁且强度大，容易使制动器过热、损坏，进而影响制动效能甚至造成制动失效。

（4）超载使车辆操纵性变差，行驶时容易出现转向沉重，甚至失效等情况。

（5）超载可导致车辆传动轴、半轴、车桥、轮胎等部件使用寿命缩短，发生意外断裂、破损，进而导致车辆侧翻、碰撞等事故。

（6）对整个交通流来说，超载车辆运行速度降低，降低了整个交通系统的运行效率，同时使得车辆间速度差变大，增大了事故发生的概率。

二、准驾不符安全隐患增大

根据《道路交通管理　机动车类型》（GA 802—2019）的规定，载货汽车车长大于或等于 6m 或者总质量大于或等于 4.5t 为重中型载货汽车。驾驶重中型货车需要持有 B2 驾照，但"大吨小标"之后变为"蓝牌车"，驾驶只需持有 C1 驾照。由于重中型货车的培训、考试较小型车辆的难度大、要求高，若未经专门机构培训，未全面、系统学习重型货车驾驶技术，在驾驶重中型货车的过程中极易因采取措施不当，处理复杂、紧急情况的能力有限而引发交通事故。例如：2019 年湖南湘潭"9·22"重大交通事故，肇事驾驶员持有准驾车型为C1的驾驶证，驾驶实载10.71t的自卸低速货车，在遇到车辆制动失控时，临危操作不当、措施不力造成严重交通事故。

三、道路交通设施破坏严重

货车超载使总质量变大，其他车辆相对质量变小，碰撞时大大增加了质量较小车辆内人员的伤亡风险。另外，超载货车很容易撞坏护栏，使护栏失去防护能力，同时超载车辆重心高，很容易被护栏"绊倒"，出现侧翻事故。"大吨小标"货车整备质量严重超过公路设计荷载标准，会对桥梁涵洞、新修道路结构造成严重破坏，缩短公路寿命，加大运维成本。例如：2012年8月24日，货车超载致哈尔滨阳明滩大桥发生坍塌事故，直接导致3人死亡，5人受伤；2015年6月19日，4辆货车严重超载导致桥梁发生断裂，造成粤赣高速公路匝道桥断裂垮塌，导致1人死亡、4人受伤；2019年10月10日，货运车辆超载致江苏无锡312国道锡港路上高架桥桥面侧翻，致3死2伤（图5-2~图5-4）。

图5-2　哈尔滨阳明滩大桥坍塌事故

图5-3　粤赣高速公路匝道桥断裂垮塌事故

图 5-4　江苏无锡 312 国道锡港路上跨桥桥面侧翻事故车辆

四、超载给货运行业的规范健康发展带来不利影响

超载通过违法违规获益，但获益的同时，侵害了公共利益，也扰乱了货运行业秩序，对其他从业者构成不正当竞争，最终"劣币驱逐良币"，拉低货运行业整体发展的水平，与国家提倡的"规模化""集约化"货运行业发展目标背道而驰。

第二节　原 因 分 析

一、城市化发展对城市货运提出运量大、多样化、时效性强的需求

我国处在城市化快速发展阶段，城市货运量大，且货物多样化、运输时效性强等特征明显，对城市货运也提出了相应的需求。

1. 我国城市规模大、人口密集，城市货运需求巨大

我国城市发展具有规模大、人口密集的特点，再加上地域辽阔、城市布局分散，导致对城市货运的需求巨大。

2. 我国处于城市化持续发展阶段，城市货运需求增长且多样化

我国城市化仍处于高速发展阶段，城市化率每年增长约1%，在这个进程中，对货运的需求持续增长，货物的种类也非常多样。

3. 我国城市化发展还不成熟，城市内部货运需求巨大且多样化

由于发展时间较短，我国城市功能布局还不够成熟和稳定，城市建设、生产和生活对城市内部货运提出了较大的需求，且货物种类多样。

4.互联网+发展趋势下，城市货运个性化和即时性发展特征明显

近年来，在互联网和物流业快速发展的大背景下，我国物流配送和快递业发展也异常迅猛，城市货运个性化发展特征明显，且对物流的时效性提出了较高的要求。

二、在市场和政策的双重作用下，轻型货车成为城市货运的最主流车型

1.物流业发展规律使轻型货车成为城市货运的最主流车型

现代物流的发展规律，是在各城市形成较大的物流中心或集散地，之后货物再向较小的物流点或终端用户集散。在物流中心或集散地，由于运距较长、运量较大，运输任务多由经济性较好的重型货车承担。货物在向物流点或终端用户集散时，由于运距较短、运量较少、对运输的时效性要求较高，运输任务多由轻型货车承担。我国和世界各国近年来重型货车和轻型货车发展较快，中型货车和微型货车发展较慢，也都证明了这一点。

2.较低的制度成本使轻型货车成为城市货运的最主流车型

与中重型货车相比，轻型货车准入门槛和使用成本较低。一是城市通行便利：我国各城市对中重型货车的城市通行，采取严格的审批或许可制度，且严格限制通行时间和路线；对轻型和微型货车的通行，则采取放任或放松的政策，再加上轻型货车车长较小，在道路通行和停车方面也具有优势。二是行业准入门槛低：交通运输部自2019年1月1日起，取消了4.5t以下的普通货运车辆营运证和驾驶员从业资格证，使得该类车型和驾驶员得以零门槛进入道路货运行业。三是使用成本低：驾驶轻型货车可以使用最普遍的C类驾驶证，违法成本以及税收、保险成本相对较低。据某二线城市运输公司工作人员反映，目前雇佣C类驾驶证驾驶员只需每月3000元，B类驾驶证驾驶员则需要每月6000元。与微型货车相比，轻型货车装载量大、经济性好、功能多样，优势显著。

三、轻型货车无法满足运输需求

1.部分货物需要较大吨位的车辆运输

国外成熟城市功能布局较为完善，城市内以服务业发展为主，建筑业、工业和商品集散地较少，城市货运主要以日用品、装修物运输和搬家等需求为主，货物密度较低，适宜使用轻型货车运输。我国城市发展还不成熟、不稳定、不均衡，再加上城市还处于扩张期，因此，对建筑用料、工业原材料和成品、酒水等生活用品的运输需求较高，此类物品密度较高，不适宜使用设计和制造上用作轻抛物运输的轻型货车运输，若使用轻型货车运输，则容易导致超载现象的发生。

2.货运市场的恶性竞争加剧了超载现象的发生

城市货运市场逐渐形成并继续向"散""小"的格局发展，主要原因如下：首先是城市货物运输"运距短""运量少""货物多样""时效性强"等特点决定了个体或小微企业

运输经营具有更大的优势；其次是我国现行增值税征收中，对小规模纳税人按3%征收税款，对规模企业按10%征收税款，货运行业利润较低，因此，多采用个体或小规模方式经营。城市货运市场"散""小"的发展格局，再加上"货拉拉""快狗打车""运满满"等货运和物流配送平台的发展，使得竞争更加透明和白热化，导致超载等违法行为多发。

另外，部分汽车制造商、经销商不落实安全责任，部分地方政府和有关部门监管不力，也助长了超载的风气。

第三节 常见情形

一、擅自改变国家公告已认证许可的车辆结构、构造和特征

车主为达到"多拉快跑"增加运输利润的目的，在车辆办理注册上户前由不规范的汽车生产厂家或车主自身对车辆进行的非法改装行为。国家标准《机动车运行安全技术条件》（GB 7258—2017）规定"货厢（货箱）应安装牢固可靠，且在设计和制造上不应设置有货厢（货箱）加高、加长、加宽的结构、装置。"随着社会经济的不断发展，道路运输需求日益旺盛，重中型货车和挂车生产企业盲目追求企业利润，采取"按需定制生产"，部分厂家甚至违规生产，未在整车产品生产地完成车辆的完整制造过程，导致存在实际生产车辆与公告车型不符，与上报工信部备案车辆结构、构造、特征不一致等情形。

货车和挂车擅自改变已认证的结构、构造和特征主要包括擅自对载货部位加长、加宽、加高，擅自加装液压举升装置，擅自改变轮胎规格参数。

1. 擅自加长

2018年7月，绵阳交警支队检验科在办理一台清障车注册登记查验时，查验员发现合格证记载的车身长为5995mm，实车测量值为7000mm，属于典型的擅自加长情形（图5-5）。

图5-5 清障车车身加长实车测量

依据《道路交通管理　机动车类型》（GA 802—2019）机动车规格分类，车长小于6000mm的载货汽车应核定车辆类型为轻型载货汽车，依据《机动车驾驶证申领和使用规定》，轻型货车只需持C1驾驶证即可驾驶。该车擅自改变已认证的结构，擅自加长车身长度，增加了道路运输安全隐患。

2. 擅自加高

在查验一台申请注册登记的重型自卸半挂车时，查验员发现该车货厢内部有下沉凹槽。该下沉凹槽长度贯穿整个货厢，宽度为500mm，深度为100mm，与传统货厢结构不一致，开展嫌疑车调查时，车主承认为增加货物装载容积，违规使用"下沉"式货厢，并在货厢栏板内部设有多处栏板插销孔（图5-6），以达到增加栏板高度的目的。这是新型的擅自改变车辆货厢内部尺寸的典型案例。

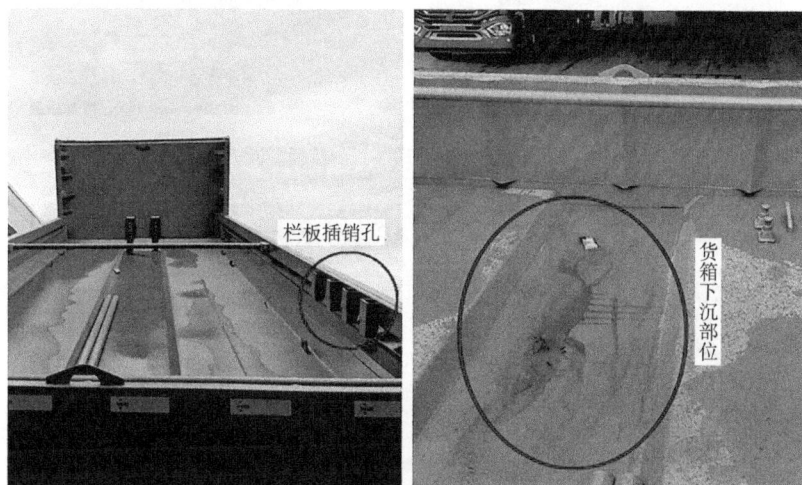

图5-6　重型自卸半挂车下沉式货厢局部细节

3. 擅自加宽

在为一辆重型平板货车办理注册登记时，发现该车加装有增宽的伸缩装置（图5-7），而其底盘下面有伸缩装置的液压操作机构，属于擅自增加车辆载货部位宽度，与公告和强制性产品认证要求不符，最终确认该车系非法改装。

4. 擅自加装液压举升装置

在受理某型号轻型普通货车注册登记业务时，发现该车存在擅自加装液压举升装置的非法改装行为。依据《机动车运行安全技术条件》（GB 7258—2017）国家标准第1号修改单11.3.13的规定，平板式载货车辆、仓栅式载货车辆的载货部位不应具有举升功能或采用自卸结构。该车属于普通货车，违规加装液压举升装置（图5-8），为擅自改变已认证的结构。

图 5-7　加装增宽的伸缩装置的重型平板货车

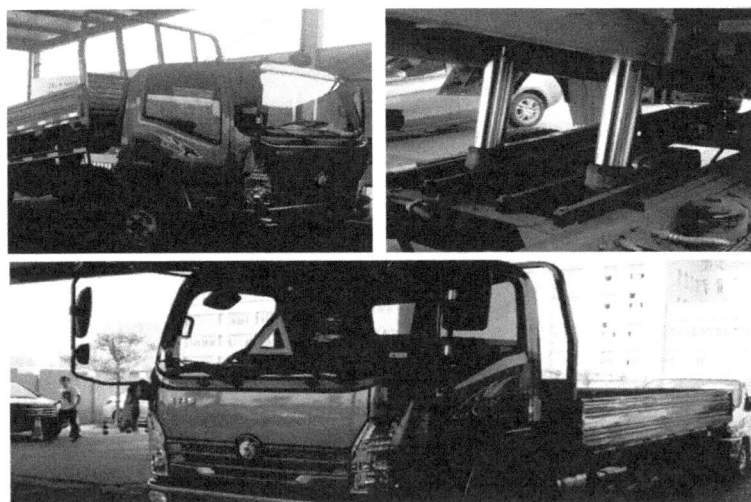

图 5-8　加装液压举升装置的轻型普通货车

5. 擅自改变轮胎规格参数

为了满足超载运输的目的，重中型货车和挂车通常会采取更换轮胎类别、加大轮胎规格等手段来满足超载运输的承载需要。轮胎参数主要体现在轮胎规格和层级两个方面。轮胎的型号规格一般标注在轮胎的胎壁上，所表示的信息一般包含轮胎的尺寸、扁平比、胎面宽度等。层级是指轮胎在规定的使用条件下所能够承受的最大负荷的特定强度标记，不一定代表帘布层的实际层数，用"PR"表示。为从设计和制造源头上防止货车和挂车超限超载运输，机动车制造厂家一般是根据最大设计总质量选择适用层级的轮胎。在办理一台清洗吸污车的注册登记时发现其轮胎胎壁的标注规格有造假嫌疑。经过细致查验和测量，该车实际使用轮胎规格为8.25R16，通过造假机器将轮胎规格篡改为8.25R20（图5-9），致使轮胎实际尺寸与车辆合格证记载不符。

图5-9 清洗吸污车造假轮胎规格

二、擅自改变交管部门已依法登记的车辆结构、构造和特征

1. 擅自改变已登记车辆外廓尺寸

在路面执法检查中查获一台重型自卸半挂车，该车车主擅自改变已登记车辆的外廓尺寸。通过比对实车外观与行驶证照片的特征和细节（图5-10），并将实车测量数据与登记信息比对，发现该车通过加高货厢底板裙边以增加货厢高度：登记信息货厢高为600mm，实车测量货厢高为800mm。

2. 违规增加钢板弹簧片数

在查验一台转入的重型自卸货车时，查验员发现该车前、中轴单侧钢板弹簧片数均为11片，而合格证记载各为9片，该车存在擅自增加钢板弹簧片数的情形（图5-11）。

3. 违规加装空调等电器设备

在办理一台厢式货车异地转入查验时，查验员比对公告后发现该车设计和制造上并非冷藏车，但实车却加装制冷装置（图5-12），且喷涂冷藏车字样。该车属于擅自改变已登记的结构、构造和特征。

图5-10 实车外观和行驶证照片外观

图5-11 违规增加钢板弹簧片

图5-12 违规加装制冷装置的厢式货车

　　无独有偶，在为一辆仓栅式货车办理转入业务时，发现该车在驾驶室违规加装家用空调（图5-13），这种行为属于典型的改变机动车已登记的结构、构造和特征，改变了机动车电路系统，存在巨大的安全隐患。执法人员立即责令拆除加装的设备，消除隐患，恢复原状。

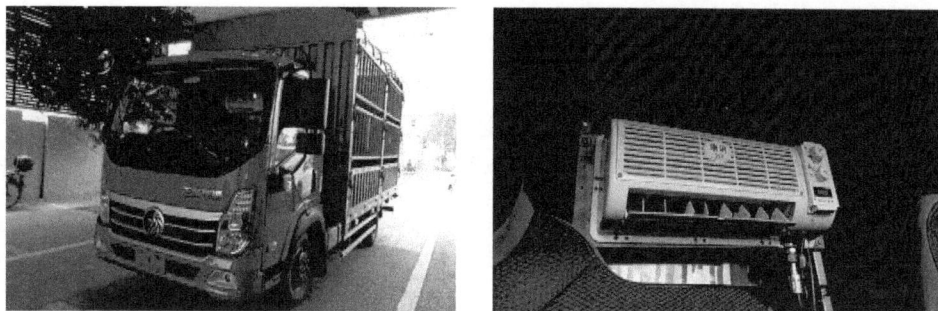

图5-13　驾驶室加装空调的仓栅式货车

4. 非法改变车辆外观形状及车身结构

　　在协查直属五大队暂扣的一台河北籍车辆运输车时，通过比对行驶证发现该车车辆类型为"重型仓栅式半挂车"，实车却是重型车辆运输车（图5-14）。经过进一步调查发现，该车外廓尺寸登记为长13000mm、高3180mm，实测值为长19710mm、高3600mm，属于严重改变车辆外廓尺寸的非法改装行为。同时，该车还涉嫌套牌、套证等其他交通违法行为。

图5-14　实车车辆外观与登记严重不符

三、违规情形办理登记业务

部分轻型货车存在整备质量超重、外廓尺寸不符合要求、货厢超长、技术参数增大等违规情形，无法正常办理登记业务。为办理登记业务，经销商、非法中介等投机取巧，规避违规情形非法办理机动车登记业务。主要非法违规手段有：

1.检测造假

检测整备质量时，采取称重时车轮不完全放置在轴重仪上、修改检验检测软件、重置零点、重新标定等规避方法，干扰车辆整备质量检测，获取符合规定的整备质量检测报告。

2.减重检测

通过卸去燃油、尿素、水等重物，去掉备胎及随车工具，甚至拆除部分配件等临时减重手段解决超重问题，规避整备质量检测，顺利通过检验。

3.替换检测

使用"标准车厢""值班车厢""值班尾门"，使用木块代替钢板，尼龙轮胎代替钢丝轮胎等手段减重。这种车厢、尾门使用薄铁皮制作，厚度不及原装车厢钢板厚度的一半，木块、尼龙轮胎的质量远小于钢板、钢丝轮胎等，待检验和登记完毕后，再使用超重、超长货厢、尾门、钢板、轮胎等将原部件替换下来。

第四节　主要措施

查验员要充分认识轻型货车"大吨小标"违规生产销售、违规检验登记问题的危害性，进一步规范轻型载货汽车注册登记管理，严格按照《机动车查验工作规范（试行）》《机动车查验工作规程》（GA 801）等规定查验车辆，认真核对检验合格报告与公告、机动车整车出厂合格证明记载的整备质量数值，坚决防止为"大吨小标"车辆办理登记。

一、比对抽查货车整备质量

查验整备质量时，应采用机动车安全技术检验机构或其他具备资质的机构按规定测得的整备质量数值，并与公告、机动车整车出厂合格证明等凭证、技术资料记载的数值进行比对，确认是否在允许的误差范围内。在查看整备质量结果的同时，查看轴重仪测得的轮荷数值或者汽车电子秤（地磅）测得的整备质量数值，并与公告、机动车整车出厂合格证明中的整备质量数值进行比对，判断整备质量误差是否符合管理规定。辖区内转移登记查验时，要确认车辆无非法改装情形，核对最近一次安全技术检验的轴荷等相关数据。同时，加大现场抽查整备质量的力度，对有超重嫌疑的车辆务必随车到具备资质的机构重新检验。

二、查看监管系统视频照片

比对车辆照片与检验监管系统中的车辆视频、照片，确保货车与在检验机构检测时的视频、照片为同一辆车且车辆外观特征一致。重点查看外检、轴重仪检测或者汽车电子秤（地磅）检测时的视频、照片，杜绝在检验机构检验时出现去掉备胎、拆除部分配件等来减轻车辆整备质量的"减重检验"违规现象出现。

三、查看比对公告照片和备注

查验机动车时对公告照片和实车货厢形状、栏板条纹、防护栏、轮胎螺栓数量等外观特征进行比对，同时查看公告备注栏是否有选装项目。

四、查看车辆个别细节特征

查看货厢整体漆面、货厢与驾驶室漆面新旧程度是否一致，货厢底部的螺栓固定情况，货厢是否存在改装或者预留改装空间，同款车辆的车辆识别代号打刻位置是否一致，是否存在打磨、重新打刻等情况。对机动车整车出厂合格证明和车辆轮胎规格型号、层级进行比对，查看是否涉嫌造假。查看弹簧钢板有无明显"增宽""增厚"情形。如果是自卸货车，查看车厢（箱）举升声响报警装置和防止车厢自降保险装置，查看液压举升装置是否能正常举升车厢。

五、现场抽查测量有关参数

《机动车查验工作规程》（GA 801—2019）虽未要求对轻型货车的外廓尺寸、轴距和货厢等进行查验，但要针对上述项目，加大对轻型货车的现场抽查力度，特别是对车长接近轻型货车限值的重点车型逐车测量，逐车查验。

第六章

机动车非法改装

第一节　常见情形

一、非法改装车辆的定义

2019年，公安行业标准《道路交通管理 机动车类型》（GA 802—2019）对"非法改装车"进行了定义，即未经国家有关部门批准，改变了已认证或者已登记的结构、构造或者特征的机动车；或者使用了查封、抵押、盗抢骗机动车的发动机（驱动电机）、方向机（转向器）、变速器、前后桥、车架（车身）等五大总成之一组装的机动车。虽然早在2004年发布实施的《中华人民共和国道路交通安全法》中，已明确规定任何单位或者个人不得拼装机动车或者擅自改变机动车已登记的结构、构造或者特征，但是在现实生活中，改装或改变照明灯具、排气管、轮胎规格、钢板弹簧、车辆载货部位结构、座椅数量等非法改装行为仍十分普遍。

二、非法改装车辆的危害

车辆从设计、生产到检测，都需按照国家、行业技术标准和企业质量管理要求执行，这样整车产品质量和安全性能都有一定保障。但非法改装后，车辆性能特点发生变化，既易降低自身安全性、可靠性，又易影响其他车辆正常通行，从而增加事故风险，扰乱通行秩序。下面简要介绍一些典型非法改装案例及其危害性。

1. 改装灯光，危害他人行车安全

部分车主为提高本车照明强度和"酷炫"程度，擅自加装或更换车灯，例如加装爆闪灯、后射灯，将卤素前照灯换为氙气前照灯。其中，爆闪灯极易使其他车辆驾驶员产生眩目，影响安全驾驶；后射灯加装高度多数与轿车驾驶员视野高度相当，易使后方轿车驾驶员短暂"失明"，出现视觉盲区；擅自改装的氙气灯，灯光亮度过高、角度有偏差，均会使对向行驶车辆和行人出现视觉盲区，无法看到对面驶来的车辆。

2. 改装排气管，既影响车辆性能又扰民

改装排气管虽然能够提高车辆动力性能，但如改装排气管时不改变发动机功率，会造成车辆输送动力不稳定，增加行车安全隐患。同时，排气管改装往往产生较大噪声，严重干扰其他交通参与者和周边群众，影响他人正常生活，违反国家相关法律规定。

3. 改装防护设施，增加事故人员伤亡

部分货车驾驶员为了卸载货物方便，将后下部防护装置改成活动型，有的甚至全部拆卸下来。当小型私家车与其发生追尾事故时，不是私家车保险杠等防撞装置与货车后下防护装置发生碰撞，而是私家车前端直接钻入货车底部后，其驾驶舱与货厢发生碰撞，如同"以卵击石"，驾驶舱会瞬间溃缩变形，造成严重人员伤亡。此外，货车、挂车侧面防护装置改装后，离地间隙增大、防护范围缩小，极易将非机动车驾驶员、行人卷入。

4. 改装载货部位结构，增加道路交通风险

目前，很多货车车主改装载货部位结构，有的甚至改变车辆类型，以加大载货空间，例如加高货车栏板、将平板半挂车改为厢式半挂车、将栏板货车改变为罐式货车等。非法改装货车多用于超限超载，这会导致运输过程中制动性能下降、车辆重心升高，同时导致制动距离增大，转弯易侧翻，存在极大安全隐患。

三、非法改装情形的甄别

1. 乘用车改装

《机动车查验工作规程》（GA 801—2019）允许乘用车在不改变车辆长度、宽度和车身主体结构且确保安全的情况下，加装车顶行李架、出入口踏步件，换装散热器面罩、保险杠、轮毂等。对具有上述改装情形的乘用车，查验时要参照《中华人民共和国道路交通安全法实施条例》、《机动车运行安全技术条件》（GB 7258）、《汽车、挂车及汽车列车外廓尺寸、轴荷及质量限值》（GB 1589）、《乘用车外部凸出物》（GB 11566）等法规或标准要求，查看加装部件是否符合相关安全性能要求，是否未改变车辆长度、宽度，是否未改变车辆外部商标或者厂标、未改变外部照明和信号装置等内容、未安装公告选装范围外的轮胎，以判定该改装是否导致车辆不符合相关规定，能否办理相关机动车登记业务。此外，除上述改装情形，还有改装排气管、加装尾翼、天窗等非法改装情形。

（1）改装排气管。排气管常见改装形式是改变排气管尾喉数量和管道结构，用以让普通私家车具备豪华跑车的外形和排气声浪，然而改装调校不合理时会降低发动机排气效率

和输出转矩，发出"炸街"噪声。图6-1所示为将排气管的原单边单出尾喉改为双边单出的改装情形。据查验观察，一般2.0L以下排量乘用车只设计单个排气管，2.0L以上才会设计多个排气管（图6-1）。

图6-1　改装排气管示例

（2）加装尾翼。车辆加装尾翼后，有助提升视觉上的运动感，但上道路行驶时前后轴荷比例会发生变化，调校不合理时会大大影响车辆行驶稳定性及制动安全性（图6-2）。

图6-2　加装尾翼示例

2. 货车改装

相对于乘用车通过改变外观结构以凸显个性审美，货车改装主要是通过改变载货结构以提升运载能力，常见的非法改装情形有平板半挂车加装锁具等结构或改装为厢式半挂车、罐式半挂车，栏板货车加高栏板或改装为厢式货车，厢式货车改装货厢顶部结构，以及非法加装后射灯等（图6-3）。

（1）平板自卸半挂车加装货厢。

2019年8月1日以前注册的平板半挂车允许具有自卸功能，很多平板自卸半挂车在注册登记后，加装"固定"货箱作为高栏板挂车使用，它们是当前超限超载运输的主力车型之一。图6-4a）、图6-4b）所示的两个红圈处分别为半挂牵引车加装的液压油箱和固定货厢的锁具，图6-4c）所示为加装了集装箱式货厢的平板自卸半挂车，该货厢无法利用自重卸下，货厢应认定为车辆的一部分。该行为属于改变了车辆已登记的构造、特征，涉嫌非法改装。

a)

b)

c)

d)

图6-3　典型货车改装示例

a)半挂牵引车

b)货厢锁具

c)改装后车辆

图6-4　平板自卸半挂车加装货厢

（2）栏板自卸半挂车加高栏板。

《汽车、挂车及汽车列车外廓尺寸、轴荷及质量限值》（GB 1589—2016）规定挂车及二轴货车的货厢栏板高度不应超过60cm（含盖），以限制货车载货空间，防范严重超限超载行为；此外，《机动车运行安全技术条件》（GB 7258—2107）明确规定，货厢（货箱）应安装牢固可靠，且在设计和制造上不应设置有货厢（货箱）加高、加长、加宽的结构、装置。但部分车主企图混淆概念，辩称在原有栏板上加装的栏板为车载"货物"（图6-5）。图6-5中车辆在货厢内部设置用于加高栏板的装置，加高的栏板通过固定装置成车辆的一部分，无法利用自重卸下。由此可见，可将该车辆认定为涉嫌非法改装车辆。2017年6月，央视《焦点访谈》栏目对平板自卸车进行了专题报道，介绍该类车型只要使用螺栓铆钉安装活动厢体，就被认定为非法改装。

a)   b)

图6-5　货车加高栏板示例

3. 客车改装

客车改装主要是为了提高驾乘人员的生活便利性，或为了便于客货混装，加装卫生间、改变座位布局等（图6-6）。例如，某客车查验初期发现涉嫌私自拆除后排座位、加装卫生间，但实际座位数与登记信息一致，车主坚持该车未经非法改装；经进一步确认，该车公告信息确有选装卫生间的表述，但选装卫生间时整车整备质量为13700kg，而该车登记信息的整备质量为13000kg；经再次质询，车主承认了有非法加装卫生间并改变座位布局的行为。该非法改装情形是当前营运客车的常见情形，这样会提高车辆整备质量、改变重心位置，进而影响车辆侧倾稳定性，存在较大的安全隐患。

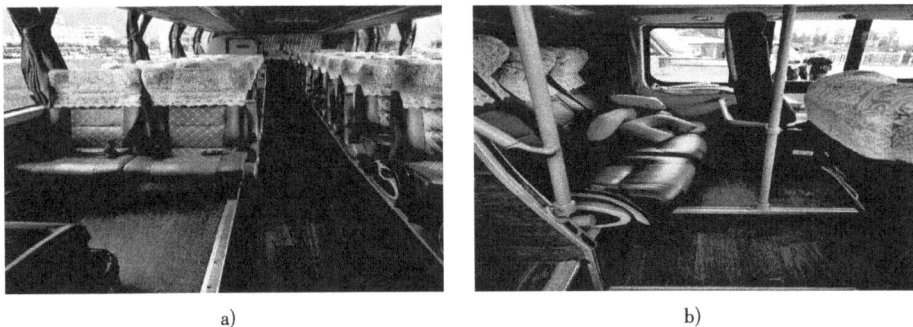

a)   b)

图6-6　客车加卫生间、改变座位示例

第二节　查验要点

一、车顶行李架

1. 查验要求

（1）乘用车加装车顶行李架后，车辆高度增加值应小于或等于300mm，行李架长、宽应不超过车身顶部。

（2）乘用车车顶行李架不应有任何可能使人致伤的尖锐凸起物（如尖角、锐边等）。

（3）乘用车车顶行李架应安装固定可靠。

2. 查验方法

查看车顶行李架安装位置、尺寸、凸出物等是否符合要求，确认是否安装牢固可靠。目视存疑时，应使用长度测量工具测量相关尺寸。

3. 需要说明事项

（1）乘用车车顶行李架过高，放置行李后可能导致车辆重心高度发生变化，故设置300mm的要求。其中300mm的数值系参考《机动车运行安全技术条件》（GB 7258—2017）中的11.2.5条内容："其他客车需设置车顶行李架时，行李架高度应小于或等于300mm、长度不应超过车长的三分之一。"

（2）乘用车行李架如超过车身顶部会造成车辆侧面凸起，对其他交通参与者造成伤害。此要求参考《汽车顶部装载装置》（QC/T 948—2013）中的5.1.3a条内容："车顶装载装置的宽度限值在车顶面板的宽度内，安装后的总体尺寸应符合GB 1589的要求。"考虑目前部分新车上市时，车顶行李架宽度已超过车顶面板，因此扩大到整个车身顶部（包含车顶面板和两侧上边梁）。

（3）为避免行李架凸出物对其他交通参与者的伤害，车顶行李架应符合《乘用车外部凸出物》（GB 11566—2009）的相关规定。

4. 相关标准条款

车顶行李架相关标准名称及条款见表6-1。

车顶行李架相关标准名称及条款　　　　　　　　　　　表6-1

名称	章节	条款
《乘用车外部凸出物》（GB 11566—2009）	5.16.1	行李架、雪橇架安装在车辆上时，应至少在一个方向上能将其可靠固定，且能承受纵向及横向的水平作用力，力值不能低于制造厂规定的最大垂直承载能力。对于按制造厂规定安装的行李架及雪橇架试验，试验载荷不能仅作用在一个点上

续上表

名称	章节	条款
《乘用车外部凸出物》（GB 11566—2009）	5.16.2	行李架及雪橇架安装固定后，用一直径为165mm的球体对其进行接触检验时，其接触表面的圆角半径不应小于2.5mm。满足5.3要求的除外
	5.16.3	在5.16.2提及的接触表面之上的连接件（诸如螺钉之类的不能借助工具可以拧紧或松开的连接件），其突出高度不应大于40mm。突出高度用直径为165mm的球体按照附录B中2.2所述方法进行测量
《汽车顶部装载装置》（QC/T 948—2013）	5.1.2	车顶装载装置设计时应确保安装尺寸的合适性、与安装车辆的匹配性，安装后不应影响车辆的正常驾驶，并确保符合相关机动车辆法律法规和强制性标准的要求
	5.1.3	凸出物和外形应符合下列要求： a）车顶装载装置的宽度限制在车顶面板的宽度内，安装后的总体尺寸应符合GB 1589的要求； b）安装在M1类汽车上的所有连接部分的外径及相关要求符合GB 11566的规定

二、出入口踏步件

1. 查验要求

（1）固定式出入口踏步件单侧超出乘用车侧面应小于或等于50mm，可伸缩式出入口踏步件在收起状态下单侧超出乘用车侧面应小于或等于50mm。

（2）乘用车出入口踏步件不应有任何可能使人致伤的尖锐凸起物（如尖角、锐边等）。

（3）乘用车出入口踏步件应安装固定可靠。

2. 查验方法

查看出入口踏步件尺寸、凸出物等是否符合要求，确认是否安装牢固可靠。目视存疑时，应使用长度测量工具测量相关尺寸。

3. 需要说明事项

为避免影响车辆通行和对其他交通参与者造成伤害，出入口踏步件单侧超出乘用车左、右两侧及后侧不应大于50mm，并且其边和角的圆角半径应大于或等于5mm。此项系参考《汽车、挂车及汽车列车外廓尺寸、轴荷及质量限值》（GB 1589—2016）中的A.3.3.1的内容"不具备载货功能，且超出车辆前后端不大于50mm，边和角的圆角半径不小于5mm的以下装置不在车辆长度测量范围"和A.4.2.1的内容"不具备载货功能，且单侧超出车侧面不大于50mm，边和角的圆角半径不小于5mm的以下装置不在车辆宽度测量范围"。

4. 相关标准条款

出入口踏板件相关标准名称及条款见表6-2。

出入口踏板件相关标准名称及条款　　　　　表6-2

名称	章节	条款
《汽车、挂车及汽车列车外廓尺寸、轴荷及质量限值》（GB 1589—2016）	A.3.3.1	不具备载货功能，且超出车辆前后端不大于50mm，边和角的圆角半径不小于5mm的以下装置不在车辆长度测量范围； 出入口踏步（或爬梯）、保险杠上端用于风窗擦拭的上车踏步及把手
	A.4.2.1	不具备载货功能，且单侧超出车侧面不大于50mm，边和角的圆角半径不小于5mm的以下装置不在车辆宽度测量范围； 在收起位置时的可伸缩踏步、客车的出入坡道、举升平台及类似装置

三、散热器面罩

1. 查验要求

（1）乘用车散热器面罩不应有任何可能使人致伤的尖锐凸起物（如尖角、锐边等）。

（2）乘用车换装散热器面罩后应能保证车身前部外表面的易见部位上应至少装置一个能永久保持，且与乘用车品牌/型号相适应的商标或厂标。

2. 查验方法

查看散热器面罩凸出物和乘用车商标或厂标是否符合要求。目视存疑时，应使用长度测量工具测量相关尺寸。

3. 需要说明事项

（1）为减小发生碰撞时对其他交通参与者造成的伤害，散热器面罩凸出物应符合《乘用车外部凸出物》（GB 11566—2009）的相关规定。

（2）目前，部分车企将车辆商标或厂标安装在散热器面罩上，在乘用车改装时可能将商标或厂标去除，为方便车辆识别，改装散热器面罩后车辆仍应符合《机动车安全技术检验项目和方法》（GB 38900—2020）中4.1.1条"机动车在车身前部外表面的易见部位上至少装置一个能永久保持的、与车辆品牌相适应的商标或厂标"的要求。

4. 相关标准条款

散热器面罩相关标准名称及条款见表6-3。

散热器面罩相关标准名称及条款　　　　　表6-3

名称	章节	条款
《乘用车外部凸出物》（GB 11566—2009）	4.4	固定元件或活动元件（包括进出风道口的零件及散热器罩）间的间隙宽度大于或等于40mm，圆角半径不应小于2.5mm。这一要求不适用于凸出车身外表面不到1.5mm的零件以及凸出车身外表面1.5mm以上、5mm以下但零件朝外的部分是圆滑的零件
	5.3.1	固定元件或活动元件（包括进出风道口的零件及散热器罩）间的间隙宽度在25mm~40mm之间时，圆角半径不应小于1mm；若间隙宽度等于或小于25mm时，其外边缘的圆角半径不应小于0.5mm。两相邻元件之间的间隙宽度按附录B.4所规定的方法测量
	5.3.2	形成格栅或间隙的每个元件的前端与侧端的结合处应是圆滑的

名称	章节	条款
《机动车安全技术检验项目和方法》（GB 38900—2020）	4.1.1	机动车在车身前部外表面的易见部位上应至少装置一个能永久保持的、与车辆品牌相适应的商标或厂标

四、保险杠

1. 查验要求

（1）乘用车换装保险杠后，车辆的长、宽应与机动车产品公告、机动车出厂合格证的数值相符，且误差不超过±1%或±50mm。

（2）乘用车换装保险杠后，不允许改变原车保险杠上外部照明和光信号装置的颜色、位置、数量、方向等项目。

（3）乘用车保险杠两端应向车身表面弯曲，以减少刮伤的危险。

（4）乘用车保险杠不应有任何可能使人致伤的尖锐凸起物（如尖角、锐边等）。

（5）乘用车保险杠应安装固定可靠。

2. 查验方法

查看保险杠尺寸、外形、凸出物、照明和灯光信号装置是否符合要求，确认是否安装牢固可靠。目视存疑时，应使用长度测量工具测量相关尺寸。

3. 需要说明事项

（1）乘用车换装保险杠极易导致车辆长、宽尺寸变化，因此应对改装后乘用车长、宽尺寸设定±1%或±50mm的变化范围。其中±1%或±50mm的数值系参考《机动车安全技术检验项目和方法》（GB 38900—2020）中的6.3.1.2条内容："注册登记检验时，机动车的外廓尺寸应与机动车产品公告、机动车出厂合格证相符，且误差满足：汽车（三轮汽车除外）、挂车不超过±1%或±50mm，三轮汽车、摩托车不超过±3%或±50mm。"

（2）换装保险杠后，为保证车辆照明性能，外部照明和光信号装置不变，应符合《汽车及挂车外部照明和光信号装置的安装规定》（GB 4785—2019）的相关规定。

（3）为减小发生碰撞时对其他交通参与者造成的伤害，保险杠外形和凸出物应符合《乘用车外部凸出物》（GB 11566—2009）的相关规定。

4. 需要注意事项

（1）车辆前唇、后唇等空气动力学部件（图6-7、图6-8）与保险杠固定在一起时，应保证整体符合查验要求。

（2）对于出厂时保险杠上安装有外部照明和光信号装置的乘用车（图6-9），要注意是否有改变外部照明和光信号装置的颜色、位置、数量、方向等情况。

图6-7　前唇　　　　　　　　　图6-8　后唇

（3）对保险杠加装的侧面导流板圆角半径过小（图6-10），可能对其他交通参与者造成伤害时，应判定查验结果为不合格。

图6-9　保险杠改装实例1　　　　　图6-10　保险杠改装实例2

（4）检查保险杠，若发现保险杠固定明显松动，应判定查验结果为不合格。

5. 相关标准条款

保险杠相关标准名称及条款见表6-4。

保险杠相关标准名称及条款　　　表6-4

名称	章节	条款
《乘用车外部凸出物》（GB 11566—2009）	5.5.1	保险杠两端应向车身表面弯曲，以减少刮伤的危险。如果保险杠是嵌入式的；或是和车身结构形成一体的；或保险杠侧端部向内弯曲但不能被直径为100mm的球体所接触，并且保险杠端部和最近的车身表面之间的距离不超过20mm的，则认为满足要求
	5.5.2	如果车身外轮廓线与前或后保险杠的曲线的垂直投影相重合，且在距车辆前向（对于后保险杠是后向）的车身外轮廓线内侧20mm，和车身外轮廓线及其与车辆垂直纵向对称平面成15°夹角的两垂直平面相切的法线围成的区域内，所有点组成的表面的圆角半径不应小于5mm。其他情况下不应小于2.5mm
	5.5.3	5.5.2的要求不适用于突出高度小于5mm的保险杠的局部零件或保险杠上的镶嵌件，尤其是前照灯洗涤器的连接盖及喷嘴，这些零件朝外的角应是圆滑的。但凸出高度小于1.5mm的零件除外

五、轮毂

1. 查验要求

（1）乘用车轮胎规格应与机动车出厂合格证记载的内容相符，装有机动车产品公告允许选装轮胎尺寸的，应保证更换的轮胎尺寸与机动车产品公告内容一致。

（2）乘用车更换轮毂后，应保证轮胎使用过程中不与车辆其他部位发生干涉。

（3）乘用车轮毂不应有任何可能使人致伤的尖锐凸起物（如尖角、锐边等）。

2. 查验方法

查看轮胎规格、轮毂凸出物是否符合要求。目视存疑时，应使用长度测量工具测量相关尺寸。

3. 需要说明事项

（1）轮胎规格限定了更换的轮毂规格，其中轮胎应在机动车产品公告的轮胎规格中选取。此项系参考《机动车查验工作规程》（GA 801—2019）中表 A.1 的内容："对实行《公告》管理的国产机动车，实车外观形状应与《公告》的机动车照片一致，但装有《公告》允许选装部件的以及乘用车在不改变车辆长度宽度和车身主体结构且保证安全的情况下加装车顶行李架、出入口踏步件、换装散热器面罩和/或保险杠、更换轮毂等情形的除外。"

（2）为避免对其他交通参与者造成伤害，轮毂凸出物应符合《乘用车外部凸出物》（GB 11566—2009）的相关规定。

4. 需要注意事项

（1）轮毂宽度远大于轮胎宽度，导致轮毂外缘超出轮胎外缘（图 6-11），应判定查验结果为不合格。

（2）部分轮毂改装为突出个性化，采用锥形轮毂螺母（图 6-12），可能对其他交通参与者造成伤害，应判定查验结果为不合格。

图 6-11　轮毂改装实例 1

图 6-12　轮毂改装实例 2

5. 相关标准条款

轮毂相关标准名称及条款见表6-5。

轮毂相关标准名称及条款　　　　　　　　　　　　　　表6-5

名称	章节	条款
《乘用车外部凸出物》（GB 11566—2009）	5.7.1	车轮、车轮螺母、轮毂罩盖和车轮装饰罩等零件的外表面不受4.4的限制
	5.7.2	在超过轮辋外表面的车轮、车轮螺母、轮毂罩盖和车轮装饰罩等零件上不应有任何尖锐的凸出物，不允许用蝶形螺母
	5.7.3	当汽车直线行驶时，位于车轮旋转轴线水平面以上的车轮零件（轮胎除外），不应凸出车身外表面在水平面上的投影，如果因功能要求（如车轮装饰罩）不得不凸出时，凸出量最多为30mm，凸出部分表面的圆角半径不应小于30mm
《轮胎规格替换指南》（GB/T 26278—2017）	4.4	更换轮胎的外缘尺寸应确保车辆安全使用。替换轮胎的外缘尺寸应保证轮胎使用过程中不与车辆其他部位发生干涉
	4.5	替换轮胎时，应选用与其匹配的轮毂
	4.6	更换轮胎规格的外直径取值范围宜为原配轮胎外直径×（1±1.2%），断面宽度宜为不大于原配轮胎的最大使用总宽度
	4.7	替换轮胎规格的负荷指数和速度级别不低于原配轮胎规格

第七章

车辆运行安全

第一节 自 动 驾 驶

自动驾驶汽车，多是被"软件"定义的，与传统汽车相比，其包含了更多的环境感知、决策算法、执行控制等方面的内容，在这样的技术特征背景下，其安全性能要求也与传统汽车有较大差异。自动驾驶汽车的安全性，是国内外研究的重点和热点。本节系统梳理了美国和联合国欧洲经济委员会发布的研究成果，介绍了自动驾驶汽车有别于传统汽车的15个运行安全要求方面的内容，内容涵盖数据记录和共享、隐私、系统安全、信息安全、人机交互、碰撞安全性、消费者教育和培训、产品认证、碰撞后反应、遵守道路交通安全法规、伦理考量、设计运行域（ODD）、目标和意外的检测与响应（OEDR）、退出机制（最小风险状态）、车辆维修和检测等方面。

一、数据记录和共享

厂家在测试、试用阶段，应该记录事件、事故和碰撞数据，其目的是记录导致误操作、系统性能降低和功能未正常发挥的原因。数据的收集、记录、共享、存储、审查和解构，必须符合厂家制定的消费者隐私和安全保障策略。对于以碰撞事故重建为目的的数据存储，除了能被厂家读取，也应被主管机构读取。车辆收集的数据，至少应包括事件相关数据、车辆系统的表现，以及事发时自动驾驶系统的状态和人员操作的状态。为了增强自动驾驶系统通过学习获得更高水平安全性能的能力，也为了增强公众对自动驾驶技术的信心，自动驾驶系统"成功应对"各类事件的情况也应详细记录，包括对安全相关状况的识别，成功避免事故的决策等。厂家应当制定实现上述数据共享的具体方案，信息共享前应当脱敏，即不应通过共享信息，推断出具体的车辆所有者或使用者。信息共享应当符合数据隐私和安全方面的协议，或征得车辆所有人或使用人的同意。数据共享技术目前发展较为迅猛，需要利益相关者开展更多的研究和讨论，便于达成共识。

二、隐私

对于汽车厂商来说，应该确保实现以下隐私保护目标：

（1）数据政策应透明。应当制定易于理解的、清晰的、内容完整的信息隐私和安全协议，告知消费者厂家收集、使用、共享、审查和销毁车辆产生的数据或从车辆读取数据的详细步骤。

（2）使车辆所有者有决定权。应当给予车辆所有者对于信息收集、使用、共享、保存、销毁方面的决定权，尤其是对于地理位置信息、生物特征信息和驾驶操作习惯等与个人特性密切相关的数据的处置决定权。

（3）忠于数据收集的目的。数据的使用，应当与数据收集的目的一致。

（4）最少信息原则。在满足合理应用的前提下，收集和保存的信息应尽量少，信息应及时脱敏。

（5）数据安全。实施确保数据不被泄露的措施。

（6）数据完整和可更正。应允许车辆操作者或所有者检查和更正错误的有关个人的信息。

（7）检查。针对上述有关措施的落实，应该设置合理的检查步骤。

三、系统安全

厂商应当根据系统工程的理论，设计和验证自动驾驶系统，尤其是要使用和遵从道路机动车辆功能安全等工业标准，确保系统的鲁棒性，当系统遭遇电子的、通信的或机械的误操作时，以及遭遇软件错误时，应仍能处于安全状态。自动驾驶系统应当包含风险分析和安全评估系统，同时还应描述遭遇误操作时，系统的设计裕量和决策安全策略。自动驾驶系统应当特别关注软件的研发、测试和验证。研发软件要进行良好的计划、控制和文档管理，便于及时有效检测和更正由于软件研发导致的失误。设计决策算法时，要充分考虑决策框架，传感器、执行器和通信失误，软件功能失效，系统可靠性，潜在的控制不足，可能与其他交通参与者发生的碰撞，驶离道路情况，偏离车道情况，交通违法情况，偏离正常驾驶操作情况等。所有的设计策略均应是能被测试和验证的。所有的设计过程均应详细记录，任何改变、决策策略、分析数据、测试数据均应能溯源。

四、信息安全

厂商应当根据系统工程的理论，设计和验证自动驾驶系统，确保系统在遭受信息威胁时的鲁棒性。设计时，应当全面评估遭受攻击时系统的安全性能。威胁的确定、保护、识别、回应和恢复等各个环节，均应配合风险管理的决策，及时消除风险和威胁，并且应具备快速反应和学习应对能力。信息攻击防护是一个快速发展的领域，需要大量更进一步的研究，行业还未形成统一的标准，在此之前，厂家应了解、掌握和应用本行业或相关行业在应对相关问题时的良好实践。所有的设计过程均应详细记录，任何改变、决策策略、分析数据、测试数据均应能溯源，溯源系统也应具有鲁棒性。另外，应当建立学习联盟，鼓励厂商及时上报在事故调查、内部测试、外部测试等过程中遭遇的攻击，方便行业快速学习、共同研究应对措施。

五、人机交互

人机交互，即车辆和人之间的信息、操作交互，其一直以来在汽车设计领域扮演着重要角色。对于自动驾驶车辆来说，人机交互变得更为复杂，部分原因是车辆必须准确地向操作人员报告车辆的行驶意图和安全性能状况。尤其是对于部分自动驾驶汽车（L3）而言，在设计时即要求驾驶员在遇到系统请求时，能够及时监测和接管系统，但对于之前并未参与驾驶任务的驾驶员而言，要求及时回应和接管车辆，难度较大。另外，人机交互还应考虑自动驾驶系统与周边车辆、行人、非机动车等的关于车辆状态和行车意图方面的信息交互。目前自动驾驶人机交互技术发展迅速，但相关标准还未出台，因此，企业应该关注并实施本行业或相关行业的良好实践。人机交互应该至少涉及以下内容：系统功能是否正常；当前自动驾驶系统的模式（状态）；当前系统的局限性（即哪些功能还无法发挥作用）；是否遭遇了误操作；请求由驾驶员接管车辆；对于完全自动驾驶的汽车，还需要考虑与残疾人的人机交互（例如，通过图像、声音、触觉进行交互）；对于由驾驶员"远程"操作的情况，远程驾驶员应当时刻知晓车辆的状态。

六、碰撞安全性

由于有可能遭受其他车辆的撞击，因此，自动驾驶车辆应该满足现有的碰撞标准。自动驾驶车辆布设了先进的传感器，可以通过主被动安全相结合的办法，进一步提升车辆的碰撞安全性能。对于车内无人的自动驾驶车辆，需要在设计时考虑其碰撞时的几何尺寸兼容性和吸能作用，确保其他车辆的碰撞安全性。

七、消费者教育和培训

适当的消费者教育和培训，对于在自动驾驶车辆使用中确保其安全性是极为重要的。企业应当建立相关制度和机制，要求员工、销售商及其他人员对消费者实施教育和培训，培训教育的内容主要是介绍自动驾驶车辆与传统车辆的不同点，确保消费者能够更准确、更有效、更安全地理解和掌握最低限度的自动驾驶技术特征。教育和培训应该具有层次性，先是由产品和技术员工教育市场人员和销售人员，再由后者教育终端销售商，最后是教育消费者。教育培训的内容应包括：自动驾驶系统的功能和设计意图、操作参数、功能适应性和局限性、人工操作的进入和脱离、人机交互内容和方式、遇到紧急情况时车辆的反应、操作边界及其责任，以及潜在的可能改变驾驶功能和习惯的内在机制。教育培训可以采用实车或虚拟现实的方式进行。教育培训的内容和方式，应当及时倾听来自销售商、消费者或市场调研机构的意见。

八、产品认证

自动驾驶车辆在生命周期内，会通过升级软件的办法改变车辆的自动驾驶等级。随着技术的不断更新进步，更新的产品会不断投入市场，之前投放的车辆就会被改变，提供类似于新车的功能，最常见的就是在保持硬件不变或改变很小的情况下，通过升级软件，使旧车的自动驾驶等级与新车一样。目前的车辆认证管理中，车企需要向管理部门提交关于车辆唯一性和安全特征参数的说明。未来，建议企业在车内提供向使用者或车主介绍车辆自动驾驶系统关键功能和特征的说明。例如，可在车内驾驶员座位视野范围内，或在靠近前排左侧座位的门锁处粘贴柔性标签，介绍车辆的功能、设计运行域（ODD），以及获得进一步信息的方式和渠道。考虑到车辆生命周期内会不断通过升级软件或更换硬件来改变车辆功能，因此上述升级情况也应在标签中标明。特别需要说明的是，车企应当全面描述车辆在每个设计运行域中的功能适应性和局限性，如运行速度、地理区域、天气状况，以及在人机交互中或车辆产品说明书中提供的设计运行域信息。

九、碰撞后反应

车企应当针对碰撞后自动驾驶车辆的反应策略建立评估、测试和验证制度。若事故中车辆传感器或主要安全控制系统被破坏，则车辆不得再以自动驾驶模式运行。若检测到故障，则在救援或服务到来之前，车辆应该保持"最低风险状态"。

十、遵守道路交通安全法规

车企应当详细说明如何确保产品遵守道路交通安全法规。在设计运行域中，自动驾驶车辆与传统车辆一样，应当遵守适用的道路交通安全法规。在遇到前方障碍时，驾驶员有时会驾驶汽车跨越车辆实线，绕过障碍，自动驾驶汽车最好也具备同样的能力。对于类似的合理的可能遭遇到的场景，车企应当建立独立的评估、测试和验证制度。很多这样的场景，是出于安全目的违反交通法规，对于车企而言，可能希望记录这样的安全"动因"。道路交通安全法律法规可能会因地而异，并且会不断改变，这对自动驾驶汽车是一个挑战，但不管如何，还是应该遵守上述法律法规。

十一、伦理考量

自动驾驶汽车会有不同的决策策略，进而导致不同的伦理困境或伦理影响。这样的决策策略是由自动驾驶系统做出的，或是通过学习习得的。可能单从设计上看不出任何的伦理倾向，但程序化的自动驾驶系统可能作出有重大伦理影响或后果的决策。为了防止责任不清，车企需要清楚说明各类伦理决策及其后果是经过清晰设计的。驾驶员在行车决策时，一般需要考虑安全、抵达和法规三个维度的目的。在大多数情况下，上述三个目的可无冲突地同时达成。特殊的时候，冲突会出现。比如，在施划中心实线的双车道道路上，若前面故障车辆横跨中心实线停滞，此时，后车若停止，则无法实现"抵达"目的，若横跨中心实线绕过故障车辆，则一方面涉嫌违反法律；另一方面，也有与对向来车发生碰撞的可能。自动驾驶车辆在面对这种冲突情况时，可以有多种决策策略，这取决于决策程序算法如何设计，也可交由人类驾驶员或乘客去作决策。同样的，即使在"安全"维度，也会遭遇冲突，例如怎样在确保a车车内乘客安全与确保b车车内乘客安全之间作出选择。在这种进退维谷的情况下，自动驾驶系统的决策程序设计决定了交通参与者的"命运"。这样的决策算法不仅与自动驾驶及其乘客密切相关，也深刻地影响着其他交通参与者，因此，决策策略应该被最广泛地接受。那么，自动驾驶汽车能否利用"特殊的策略原则"去解决上述冲突，是需要认真考虑的问题。具体的策略算法及其形成过程应该高度透明，充分考虑现有法律法规，以及驾驶员、乘客和易受伤害的交通参与者的意见，自动驾驶汽车对其他交通参与者的影响也应考虑。

十二、设计运行域（ODD）

对于要上公共道路测试或试运营的自动驾驶车辆，企业应当定义并记录每辆车的设计运行区域（ODD）。设计运行域应当详细描述在设计中定义的车辆可正常、安全操作的区域，即车辆的"能力"范围，包括：道路类型、地形区域、速度范围、环境要求（天气、白天/夜晚等），以及其他环境和范围的限制。对于车辆的上述"能力"范围，企业应当建立规范的程序进行评估、测试和验证。在国家层面的检测和技术要求方面的标准规范出台之前，企业应当建立和应用企业层面的标准和规范。在设计运行域中，车辆应该能够安全运行。当车辆所处环境不再满足设计运行域时，车辆应当及时切换至"最小风险状态"，并通过人机交互系统告知车内驾驶员或乘客，车辆已进入"最低风险状态"，自动驾驶系统不再起作用。为了让驾驶员或乘客更好地了解车辆的能力边界，有关设计运行域的内容，同时应当在产品使用说明书中用浅显易懂的语言描述。

十三、目标和意外的检测与响应（OEDR）

目标和意外的检测与响应，指驾驶员或自动驾驶系统能够及时检测到的与即时驾驶任务相关的交通环境信息，并作出及时的响应。对于OEDR，企业应当建立规范的程序进行评估、测试和验证。在设计运行域中，车辆应当能够对周边的车辆、行人、自行车、动物及其他影响行车安全的物体作出检测和响应，也能够对应急车辆、临时施工区域、交警指挥、公路建筑区周边交通指挥、应急救援人员的指挥等多种情况作出回应。OEDR又分为两类，一类是正常行驶状态下的行为能力，一类是碰撞避免。正常行驶状态下的行为能力，包括对速度限制（包括建议限速）改变的检测与回应，高速并道，低速并道，驶出行车道并停车，对占道的对向来车的检测和响应，对超车区和禁止超车区的识别并实施超车，车辆跟驰，对静止车辆的检测与响应，对车道变化的检测与响应，对车道中静止障碍物的检测与响应，对信号灯和停车/让行标志的检测与响应，通过交叉口并实施转弯操作，通过环岛，通过停车场或停车区，对限制通行（单行道、禁止转弯、斜坡）的检测与响应，对施工区域或人员指挥交通的检测与响应，作出合适的通行权决策，遵守交通法规，服从警察或应急救援人员、施工区域人员的指挥或信号，对临时交通管制的检测与响应，对应急救援车辆的检测与响应，礼让行人和非机动车，与周边交通参与者保持安全距离，对绕行等临时交通改变的检测与响应。以上列举的是一些通用的要求，具体的行为能力，还需要根据自动驾驶系统、设计运行域、退出机制（最小风险状态）等来确定。另一类是避免碰撞。在设计运行域的基础上，自动驾驶系统应当能够应对绝大多数碰撞前的危险场景，包括失去控制、侧面碰撞、车道改变或合并、正面或与逆行车辆碰撞、追尾碰撞、车道偏离，以及倒车或停车时的低速碰撞。对于道路维修、警察指挥、车道内故障车辆等在设计运行域中可预见的事件，自动驾驶系统应能够尽可能识别和响应，应对困难的，应退出至最低风险状态。

十四、退出机制（最小风险状态）

企业应当建立规范的程序，对"遭遇故障或事件时，退出并进入最小风险状态"的退出机制进行评估、测试和验证。自动驾驶车辆应当能对车辆的故障、系统的退化，以及车辆不在设计运行域范围内的情况进行检测，并提醒人类驾驶员及时接管车辆或退出至最小风险状态。最小风险状态策略还应考虑人类驾驶员可能出现的分心、酒精或药物影响、疲劳、生理短暂不适、人类误操作、人类认知局限等情况。最小风险状态与具体的故障或事件直接相关，其典型操作是将车辆停靠在安全地点。

十五、车辆维修和检测

车辆安全状况的保持，需要借助诸如维修、安全检测等制度。汽车厂商应当对维修提供必要的协助，尤其是对涉及事故车的修复时，协助内容包括确定车辆系统和部件，检测自动驾驶相关系统在修复后是否能够正常发挥作用等。

第二节　电动汽车

一、电动汽车常见危险工况

电动汽车危险工况包括动力系统短路、碰撞、翻车、涉水、暴雨、动力蓄电池过充电和过放电等情形，对应的安全事故模式如下。

1. 动力系统短路

当电动汽车动力系统短路时，将导致动力蓄电池瞬间大电流放电，其产生的安全事故模式主要包括：

（1）燃烧、爆炸。对于采用镍氢蓄电池、锂离子蓄电池作为动力蓄电池的电动汽车，大电流放电将导致动力蓄电池排放大量可燃气体，同时，动力蓄电池的温度迅速升高，导致动力蓄电池的燃烧爆炸等事故。

（2）电伤害。当动力蓄电池与汽车的金属车身短路时，动力蓄电池的高电压将可能通过金属车身对乘员产生电击伤害。

2. 碰撞

当电动汽车发生碰撞时，动力蓄电池将承受巨大的冲击载荷，并且可能受到挤压、穿刺等损坏，由此产生的安全事故模式主要包括：

（1）燃烧、爆炸。对于密封蓄电池如镍氢蓄电池、锂离子蓄电池、燃料电池储气罐等，当汽车发生碰撞时，即使动力蓄电池未受到挤压、穿刺等损坏，由于动力蓄电池内部压力过高、动力蓄电池本身的制作缺陷，也可能导致动力蓄电池爆炸、燃烧。当汽车发生碰撞，动力蓄电池受到挤压、穿刺等损坏时，将可能直接导致动力蓄电池的燃烧、爆炸。

（2）电伤害。电动汽车在碰撞过程中可能导致电路短路而使车身带电，对乘员产生电击伤害。

（3）电解液飞溅伤害。由于电动汽车使用的动力蓄电池电解液多为强酸、强碱溶液，当电动汽车发生碰撞导致动力蓄电池损坏时，动力蓄电池的电解液可能飞溅到整个车内，导致人员伤害。

（4）机械伤害。电动汽车在碰撞过程中对乘员产生的机械伤害包括车身变形产生的伤害、转向盘等硬物的碰撞和挤压伤害、动力蓄电池部分的窜动或飞入伤害等。

3. 翻车

（1）电伤害。当电动汽车发生翻车事故时，动力蓄电池间的接线或接到电机控制系统的接线就可能脱落甚至短路，通过汽车上的金属部分产生电流使车体带电，从而导致乘员遭受触电危险，危害乘员人身安全。

（2）动力蓄电池电解液泄漏。由于动力蓄电池顶盖上一般都有加液孔盖、限压阀等部件，当电动汽车翻车时，容易造成其松脱，从而导致大量的电解液泄出，引起动力蓄电池漏电或短路事故。同时，大量的电解液泄漏可能使电解液流入车内对乘员造成伤害，而且会直接影响对事故车的援救。

（3）机械伤害。电动汽车发生车事故时，由于电动汽车的质量一般都比燃油车大，对于车身未特别加强的车型，其结构变形将更大，车门无法开启，致使乘员受到挤压、冲击等伤害，同时由于二次事故的发生，比如电动汽车起火、爆炸等，内部乘员无法顺利逃脱，会引起更大的人员财产损失。

4. 涉水、暴雨

（1）电伤害。当电动汽车遇到涉水、暴雨等危险工况时，动力蓄电池间的接线或接到电机控制系统的接线就可能会由于水雾的侵蚀，造成短路，导致漏电。强大的漏电电流通过车身结构，会使乘员面临触电危险，危害乘员人身安全。

（2）动力蓄电池的泄漏与燃烧爆炸。当动力蓄电池出现短路事故，将使得动力蓄电池温度升高，并可能产生大量气体，使动力蓄电池内压增大，直接导致动力蓄电池发生外壳形变，使得电解液泄漏，造成对乘员的化学伤害，同时由于动力蓄电池的热效应可能引发动力蓄电池的燃烧或爆炸。

（3）动力系统控制电气故障。电动汽车在遇到涉水、暴雨等危险工况时，由于水雾浸入到电子芯片中，之后若未进行烘干、除湿等处理，将使得电动汽车专门的蓄电池组管理系统以及电机驱动控制系统出现短路或漏电事故，烧掉绝缘层，导致电子器件由于过大的电流而烧坏，使得控制和监测系统失灵，引发电动汽车失控或无法起动等事故。

5. 动力蓄电池过充电和过放电

（1）有害气体释放。由于动力蓄电池在过充电、过放电的过程中正负极将达到析氢、析氧电位，使得动力蓄电池有含氢气和氧气的混合气体释放，同时混合气体中还将含有一定的具有腐蚀性的电解液分解的气体成分，比如硫酸、碱气等，会对人体以及汽车结构部件产生腐蚀伤害。

（2）燃烧爆炸。动力蓄电池在过充电、过放电的过程中正负极有含氢气和氧气的混合气体释放，由于氢气的爆炸极限比较低，如果在某密闭空间内聚集，遇到点火源时，将会产生燃烧爆炸等事故。过充电将会使蓄电池隔膜蚀化而使得动力蓄电池内部正负极直接接触短路，从而产生极大电流，使动力蓄电池发生燃烧爆炸；过放电时将会使蓄电池组中某个容量较小的串联单体蓄电池出现反极（即单体蓄电池的极性由正变负，由负变正），对锂离子蓄电池而言将使其正极上的金属锂形成易燃易爆物质，进而引发燃烧爆炸。

（3）电解液泄漏。动力蓄电池在过充电或过放电的过程中会引起动力蓄电池热效应，热量得不到及时散发导致动力蓄电池内部和外部结构部件变形，容易引起电解液泄漏。同时，由于过充电时动力蓄电池温度上升，内部由于电解液的电解，将产生大量气体，动力蓄电池内压升高，也会引起动力蓄电池漏液。由于电解液的泄漏，可能会引发动力蓄电池的短路或失效等故障。

二、我国电动汽车安全标准内容

我国现行电动汽车安全相关基础性国家标准为《电动汽车安全要求》（GB 18384—2020）和《电动汽车用动力蓄电池安全要求》（GB 38031—2020）。其中《电动汽车安全要求》（GB 18384—2020）定位为我国电动汽车安全性能测试的重要基础标准和电动汽车新车定型强制性检验以及进口机动车检验的重要技术依据之一。该标准规定了电动汽车的人员触电防护要求、功能安全防护要求、动力蓄电池要求、车辆碰撞防护要求、车辆阻燃防护要求、车辆充电接口要求、车辆报警和提示要求、车辆事件数据记录要求、电磁兼容要求等内容。人员触电防护要求规定了高压标记要求、直接接触防护要求、间接接触防护要求和防水要求的内容。功能安全防护要求规定了驱动系统电源接通和断开程序、功率降低提示、可充电储能系统低电量提示、可充电储能系统热事件报警、制动优先、挡位切换、驻车、车辆与外部传导连接锁止等方面的要求。车辆碰撞防护要求规定了电动汽车的正面碰撞防护应符合《汽车正面碰撞的乘员保护》（GB 11551）的要求，侧面碰撞防护应符合《汽车侧面碰撞的乘员保护》（GB 20071）的要求，前后端保护装置耐撞性能应符合GB 17354的要求，顶部抗压强度应符合《乘用车顶部抗压强度》（GB 26134）的要求，电动汽车碰撞后安全应符合《电动汽车碰撞后安全要求》（GB/T 31498）的要求。

此外，《机动车运行安全技术条件》（GB 7258—2017）规定了纯电动汽车、插电式混合动力汽车应具有充电锁止功能、高压警告标记、电位均衡、绝缘电阻检测及自动提示等功能。

三、国外新能源汽车安全检验情况

从目前了解到的情况，主要国家还未将新能源汽车的安全检验纳入法规或开展讨论。从公开资料来看，欧洲汽车检测委员会（International Motor Vehicle Inspection Committee，该委员会是欧盟在用机动车检测的智力支撑机构，为欧盟委员会、欧盟理事会等立法、行政机构提供可供讨论的制度建议）2011年委托德国联邦高速公路研究院（Federal Highway Research Institute）开展了名为"电动汽车安全周期检验的必要性分析"的项目，项目的目的主要有3个：一方面是针对电动汽车和混合动力汽车，提出国家层面可纳入机动车年检的项目和内容；另一方面是提出电动汽车全生命周期的安全技术标准保持的措施；最后是提出电动汽车非法改装的检测办法。德国联邦高速公路研究院于2013年5月向欧洲汽车检测委员会提交了研究内容概要报告。针对电动汽车和混合动力汽车，提出的国家层面需要进一步研究论证的年检项目和内容主要有以下几项。

（1）部分高压部件的检测。高压部件主要包括动力蓄电池、电机、电压转换器、高压线束和连接器、高压空气压缩机、高压制热机等。高压部件的故障容易导致功能失效、短路、介质泄漏、部件过热等。对于以上内容的检测，需要研究开发专用的设备，并提出检验的方法。德国联邦高速公路研究院提出的暂时可用的检测方法为：通过仪表板或外接便携计算机，检测车辆蓄电池管理系统的功能；通过仪表板或外接便携计算机，检测新能源汽车仪表板是否与高压部件的连接断开，导致无法显示。

（2）制动系统的检测。由于新能源汽车频繁使用制动能量回收系统，容易导致制动系统受力不均或制动鼓/盘使用较少而锈蚀等情况，建议在年检中特别关注制动系统的检测。

（3）能量回收系统的检测。在滑行或制动时，新能源汽车会回收能量，容易导致制动系统受力不均或制动鼓/盘使用较少而锈蚀等情况，建议在额定电压下，检测能量回收系统的功能。

（4）动力蓄电池冷却系统的检测。为防止动力蓄电池过热，建议检测动力蓄电池冷却系统的有效性（主要是风扇），包括冷却风扇的功能和旋转速度是否合规有效。

（5）充电系统检测。目视检测充电插头等是否损坏。测试在充电插头与充电桩连接时，车辆是否无法起动（前进或倒退）。

四、国内电动汽车日常检测内容

国内对电动汽车年检的日常检测主要有以下几个方面。

（1）动力蓄电池检测。该项检测主要有2个检测指标：一个是动力蓄电池荷电状态（State of Charge，SOC）评估，可采用测量蓄电池箱内部单体蓄电池电压的方式评估。另一个是动力蓄电池健康程度（State of Health，SOH）评价，可采用测量动力蓄电池的内阻和单体蓄电池电压的方式评价。

（2）电动汽车绝缘检测。新能源汽车运行期间，酸碱气体腐蚀、温湿度的变化等会导致蓄电池组和车辆底盘间绝缘物质的破损与老化。除了目视检验车辆底部的破损和老化情形外，其他的主要检测方法及指标是：用绝缘电阻表测量电力系统与车辆底盘之间的绝缘电阻值。测量电压应是不小于电力系统的最大工作电压的直流电压，并施加足够长的时间以获得稳定的读数，测量时，动力蓄电池和辅助蓄电池应断开，辅助电路的两端搭铁部分应与车辆底盘相连。在最大工作电压下，直流电路绝缘电阻的最小值应至少大于 $100\Omega/V$，交流电路应至少大于 $500\Omega/V$。

（3）电动汽车电磁辐射检测。车内电磁环境的检验点应在驾驶员座椅前端中部、副驾驶员座椅前端中部、靠近后轴的座椅排中部、最后排座椅中部和车厢内最靠近电机控制器位置的5点中选择3点来进行检验。检测程序为：第一步，车辆未起动前，打开电磁辐射测量仪，测量并记录车内给定位置所测得的电场强度和磁感应强度；第二步，进行底盘测功机加载和对被检车辆进行检验车速的设定与控制，待速度稳定后，打开电磁辐射测量仪，测量并记录车内给定位置所测得的电场强度和磁感应强度。

（4）防水要求检测。对车辆进行模拟涉水、模拟清洗试验，并在试验后进行绝缘电阻测试以考核车辆是否存在触电风险。

五、今后工作建议

1. 建议加强新能源汽车安全检验的研究论证

国外侧重于整车功能和使用方面的检测，主要通过人工或借助简单的仪器进行检测，从检测的必要性和可行性来看，国内的意见建议研究还不足。目前可研究纳入的项目主要有：高压部件的检测（通过仪表板或外接便携计算机检测）、能量回收系统的检测、动力蓄电池冷却系统（冷却电扇）的有效性检测、充电插头和充电自动锁止功能的检测、电动汽车软硬件改装项目的检测、车辆底部损坏和车身线束裸露情况的目视检验。

2. 建议增加维修保养环节的检验检测

目前新能源汽车的检验主要集中在生产和出厂环节，由于新能源汽车产品和技术路线多样，检验时需要借助专业的设备、仪器、场地和人员，建议侧重厂家的维修保养和"汽车检测与维护（I/M）制度"的保障作用，该制度是世界上发达工业国家和地区对在用车进行强制性定期检测，并对出现故障的车辆进行强制修理的制度。

第三节　汽车火灾

一、常见汽车起火原因和检查要点

汽车中容易引发火灾的部位一般具有以下特点：容易产生和积聚热量，助燃空气充足，周边存在易燃、可燃物。常见汽车起火部件或原因及检查办法如下。

1. 发动机

发动机故障引发汽车火灾的主要原因有以下几个。

（1）机械故障。机械故障情况一种是发动机零部件高速飞出，割破油管或导线，引发火灾；另一种是润滑油从机械故障形成的小孔中泄漏，被炽热表面点燃。

（2）润滑油泄漏。润滑油泄漏情况一种是润滑油从油底壳垫片处泄漏，滴落在排气管上，引发火灾；另一种是润滑油从汽缸盖垫片处泄漏，滴落在排气歧管上，引发火灾；另外，发动机内缺少润滑油，通常会导致机械故障，引发火灾。

（3）发动机过热。若发动机散热器的冷却风扇的传动带断开，则能导致发动机过热，进而引发火灾。

（4）涡轮增压器在整个发动机系统内温度最高，容易点燃接触到的燃油或其他可燃物。要注意检查发动机是否有破损、局部泄漏的痕迹（图7-1）。

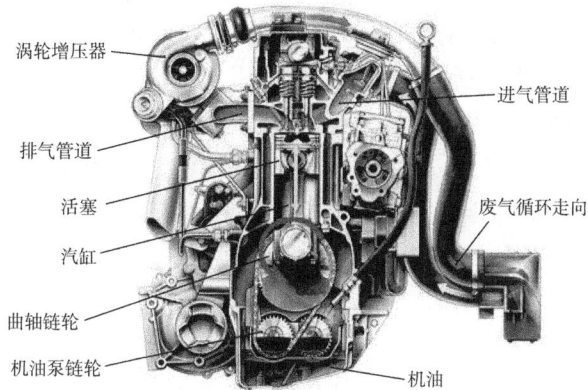

图7-1　发动机内部结构及涡轮增压器位置

2.燃料供给系统

燃料供给系统泄漏引发火灾的主要原因有以下几个。

（1）对于燃油喷射式燃料供给系统（多为汽油机）。其进油系统压力较大，发生泄漏后，会导致汽油蒸气喷射外泄，并出现类似"动力不足"的状况，如起动困难、加速困难、行驶不稳定等。回油系统压力较小，并且对车辆动力系统的影响难以觉察，所以更需要注意。

（2）对于柴油发动机燃油供给系统。柴油发动机振动较为剧烈，因此，容易导致燃油供给系统的零部件松动，进而引发燃油泄漏。柴油因为难以挥发，与汽油相比，更容易滴落至炽热表面并引发火灾。另外，当泄漏的可燃蒸气进入发动机进气系统后，会引发发动机爆燃甚至失控，严重时会导致发动机开裂并爆出火球。这种情况下，车辆往往"加速感"明显。

（3）对于气体燃料供给系统。天然气等气体燃料以液态形式存储在储液罐中，以气态方式供给发动机使用，整个燃料供给系统在高压下运行，一旦发生泄漏，可燃气体会顺着泄漏方向喷射出较远距离，极易被微弱的火源引燃，并且具有爆炸的风险。另外，火灾中或火灾后，储液罐内因为积聚大量气体，容易产生较大压力，最终导致爆炸。

要注意检查供油管、回油管、油箱、油箱加油管是否有破损、局部泄漏的痕迹。检查排气管或排气歧管上是否有碳化痕迹。

3.排气系统

排气系统的排气歧管容易接触并点燃发动机泄漏的燃油；排气管及在其内部的催化转换器温度较高，能够点燃泄漏的可燃液体或地面的各类可燃物。

要注意检查排气歧管、排气管附近有无纸张、干草、布条等可燃物或其碳化痕迹。

4. 汽车电气系统

电气系统的以下故障，可能引发汽车火灾。

（1）铅酸蓄电池受到严重撞击后，可能释放氢气，能够被微弱的火源点燃。

（2）汽车熄火后，仍然可能有一部分电路带有12V或24V电压，均有发生电气故障并引发火灾的风险，这些电路包括：蓄电池接线柱引出线以及至起动机、中央接线盒的电路，起动机至发动机的电路，点火开关到点烟器的电路等。

电气故障发生后，汽车导线、插接器、电气插接器、电气设备能够形成金属熔化痕迹，这对判断起火点和起火原因具有至关重要的作用，要认真检查。留意蓄电池接线柱与电源线插接器接触情况。另外，还要检查点火开关开启状态、车辆挡位情况。

5. 传动系统

传动系统引发火灾的主要原因有：自动变速器油由于机械故障、泄漏、溢出等原因滴漏至排气系统引发火灾。汽车超载或向变速器添加型号不符的自动变速器油，也可能造成自动变速器油喷溅。

6. 制动系统

制动系统引发火灾的主要原因有以下两个。

（1）高压制动液（仅对液压制动系统）泄漏或喷溅，被引燃。

（2）长期制动，导致制动器过热引发火灾。

7. 轮胎过热起火

长下坡制动时容易引发装备鼓式制动器的轮胎起火，轮胎充气不足或双胎轮胎中发生爆胎的车轮，均容易由于车轮和路面摩擦引发起火。

检查中，最好同时了解车辆装载、行驶时长、长下坡制动、轮胎维护等情况，做综合分析。

8. 附属设备

空调压缩机、动力转向泵、空气泵、真空泵等，也可能由于机械故障引发火灾。

9. 含有高压动力蓄电池的新能源汽车

含有高压动力蓄电池的新能源汽车，包含多个高压组件、线束、插接器等，其起火部件或原因主要有以下几个。

（1）动力蓄电池系统。动力蓄电池系统在出现过充电、过放电、内部短路、过温、受到外部冲击导致的受损等问题时，可能起火引发火灾事故。

（2）配电系统。配电系统在出现内部故障短路、异物进入导致短路和外部冲击变形引发的短路时，可能起火导致火灾事故。

（3）高压线束。高压线束在出现短路、过温等情况时可能起火导致火灾事故。

（4）驱动系统。驱动系统在出现短路、过温等情况时可能起火导致火灾事故。

（5）低压系统。低压系统在出现短路、过温等情况时可能起火导致火灾事故。

（6）单个系统或部件的故障、起火等也可能导致其他高压部件的故障，或者直接引燃其他部件导致更严重的火灾事故。

电动汽车自身引发的起火一般是热失控造成的，热失控后，动力蓄电池会泄漏有毒的可燃气体，非常容易发生燃烧和爆炸事故。燃烧和爆炸时，火苗一般呈喷射状。

10. 遗留火种或物品

（1）烟头引发的火灾。起火点多在驾驶室或行李舱内的可燃物上，起火一般较为缓慢，具有驾驶室一侧车窗玻璃烟熏或烧损严重、上部烧损最为严重等特征。

（2）检查驾驶室内是否有一次性打火机或其燃烧后留下的打火机帽。若确定起火部位为行李舱或货车车厢时，应当确定物品种类，并检查残留物。

11. 纵火

纵火一般使用汽油、酒精等助燃剂，具有猛烈燃烧的特征。纵火现场一般可能存在遗留物，如打火机、易燃液体容器残体、渗透到地面的易燃液体等。

二、汽车起火原因分析和预判

预判起火原因前需要做好以下工作：首先分析火势蔓延方向，确定起火部位和起火点，之后结合现场勘验和各类证据分析的情况，分析引火源和起火物，据此确定汽车火灾原因判别的"靶点"。确定上述"靶点"后，就可以根据上述汽车常见起火原因，按照下述方法对起火原因做分析和预判。

1. 电气故障原因的预判

具备以下一个或若干个条件并排除其他火灾原因时，可预判起火原因为电气故障。

（1）根据火灾燃烧痕迹特征，经现场勘验和调查询问，可确定起火部位。起火点大多在发动机舱或仪表板附近。

（2）在起火部位发现电气电路故障痕迹，要及时提取相关金属熔化痕迹等物证。上述物证经专业火灾鉴定机构鉴定分析为一次短路熔痕或火前电热熔痕的，则可判定为起火原因为电气故障。

2. 油品泄漏原因的预判

具备以下一个或若干个条件并排除其他火灾原因时，可预判起火原因为油品泄漏。

（1）一般情况下汽车处于行驶状态，发动机舱内油品燃烧后残留的烟熏痕迹较重，同时起火初期大多数情况下冒黑烟，且驾驶员反映起火前，汽车有动力不正常现象。

（2）起火部位在发动机舱内或底盘下面，在发动机舱内重点热源部位，如发动机汽缸体外壁、排气歧管、排气管等，发现有油品燃烧残留物，同时能够找到存在的泄漏点。泄漏的汽油往往在被炽热表面点燃前，就已经汽化了，一般不会起火。

3.纵火原因的预判

具备以下一个或若干个条件并排除其他火灾原因时，可预判起火原因为纵火。

（1）存在一个或多个起火点，且大都在驾驶室内、发动机舱前部、前后轮胎附近等。

（2）发现有骗取保险金或报复放火等线索。

（3）在起火部位附近提取的烟尘、炭火残留物、燃烧残留物、地面泥土等，经专业鉴定机构检测发现含较大量的汽油、柴油等助燃剂，且基本能够排除汽车自身油品的干扰的，可认定为纵火。

4.遗留火种或物品原因的预判

具备以下一个或若干个条件并排除其他火灾原因时，可预判起火原因为遗留火种或物品。

（1）起火部位在驾驶室或货厢。

（2）起火部位存在阴燃起火特征。即起始阶段发烟量大，燃烧后容易形成以起火点为中心的炭化区。

（3）发现烟头、打火机帽等残留物。

三、应急设备和安全逃生调查

对公安交通管理工作而言，应急设备和安全逃生的调查，是汽车火灾调查涉及的最重要关联调查。调查的具体内容和方法如下。

（1）调查车辆安全锤、安全出口、发动机舱自动灭火装置、自动破玻器等的设置和使用情况，以及阻燃物的情况。车辆安全逃生的具体要求可参阅《机动车运行安全技术条件》（GB 7258），对于在国家强制性标准之外装备的安全设施或系统，应调查其装备情况及是否发挥作用（图7-2）。

（2）调查人员烧死、烧伤、逃生、车辆内部阻燃物等情况，特别是随火灾变化，不同时间逃出的人员数量、逃生出口情况、逃生方式、逃生救助、逃生失败情况等，分析记录由于逃生问题导致的伤亡增加的具体情况。

四、火灾初步调查结果应用

可以通过以下方式拓展火灾初步调查结果应用，以便于进一步取得工作合力，提升汽车火灾事故预防和管理工作水平。

（1）符合有关条件规定的，要及时通知应急管理部门介入调查处理，对有放火罪嫌疑的，要及时通知公安机关刑侦部门。

（2）可告知当事人涉及火灾的证据和初步意见，若涉及车辆自身及管理原因的，可告知当事人根据《中华人民共和国民法典》等的规定，通过司法途径等手段维护自身权益。

图7-2 大客车发动机舱自动灭火装置（图中圈出的物体）

（3）可按规定启动深度调查，进一步调查车辆生产、维修、改装、日常维护、使用等环节存在的问题，追究相关人员的责任。

（4）将辖区汽车火灾事故情况向应急管理部门通报。

（5）汇总分析汽车火灾事故信息，对涉及汽车产品质量问题的，向市场监管部门、工业和信息化部门通报。

第四节 罐 式 车 辆

一、罐式车辆侧翻事故多发，后果严重

2022年1月2日14时53分，一辆罐式半挂汽车列车超速、超载，行至四川省江油市道X213线中雁路15km弯道处时，失控侧翻，先后与对向行驶的大型普通客车、面包车和小轿车相撞，造成大客车上8人死亡、大客车和面包车上20人受伤。

近年来，我国罐式车辆侧翻事故多发易发。此次侧翻事故的发生，再次引发了各界广泛关注。实际上，由于其固有的设计和使用特性，导致罐式车辆不仅易发生侧翻事故，并且事故后果往往较为严重。据美国联邦机动车运输安全管理局（FMCSA）发布的数据，全美货车严重伤亡事故中，罐式车辆事故占比超过15%，其中侧翻事故占全部货车侧翻事故的比例超过31%；在罐式车辆单方事故中，侧翻事故占比接近70%。本文综合国内外研究，提出罐式车辆交通安全三大风险源，结合梳理美国开展的具体工作经验，提出提升罐式车辆侧翻防范水平的工作建议。具体研究技术路线图如图7-3所示。

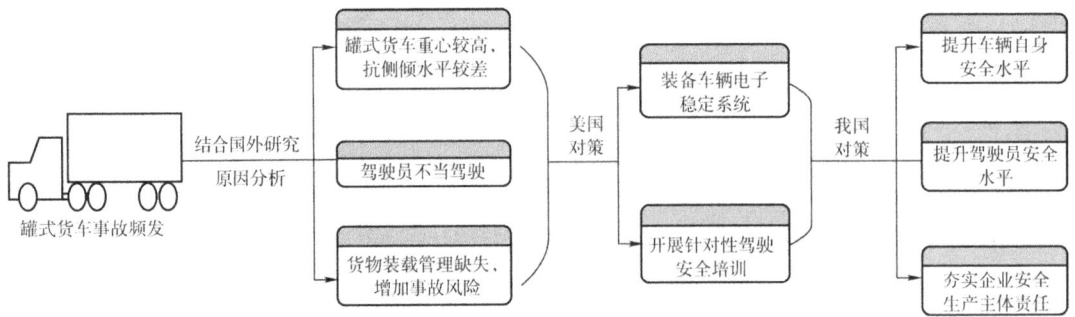

图 7-3　罐式车辆侧翻隐患及防范研究技术路线图

二、罐式车辆侧翻事故多发原因分析

罐式车辆侧翻事故多发的根本原因是重心较高导致的车辆抗侧倾水平较差。驾驶员弯道超速、疲劳驾驶、分心驾驶、躲避障碍物时操作不当，以及货物装载管理缺失等因素，进一步诱发和放大了事故的风险。

1. 罐式车辆重心较高，导致车辆抗侧倾水平较差

为了保证结构强度，罐体横截面需要设计成圆形或椭圆形，导致罐体离地较高，整车重心也变高，车辆抗侧倾水平也变差。罐式半挂车由于整车质量主要集中在罐体上，整车重心较高的情况尤为突出，从美国事故抽样调查数据可以看出，半挂罐式汽车列车更容易侧翻，占全部罐式汽车侧翻的比例接近60%。美国密歇根州大学运输研究所（UMTRI）的研究表明，罐式车辆重心高度每降低7.6cm，可以减少10%~15%的侧翻事故。另一方面，罐式车辆装载的液体、粉尘等在转弯时会随车涌动，瞬间增高车辆重心，使车辆抗侧倾水平急剧变差。罐式车辆侧倾稳定角检测标准执行存在不严格隐患。《机动车运行安全技术条件》（GB 7258—2017）规定，客车、货车侧倾稳定角均应大于或等于35°，罐式汽车和罐式挂车侧倾稳定角最低要求仅为23°，在所有机动车中该指标最低。不仅如此，据业内人员反映，在公告和型式认证试验中，罐式车辆由于试验时介质匹配、防泼洒等工作难度较大，通常采用模拟计算的方式进行检测，存在难以真实评测该指标的隐患。

2. 不当驾驶行为是诱发罐式车辆侧翻事故的重要因素

罐式车辆抗侧倾水平天然较低，因此，在超载、不当操作等因素诱发下，很容易酿成侧翻事故。美国事故抽样调查数据表明，罐式车辆侧翻事故中，75%均与驾驶员错误操作相关，其中25%为弯道或变道时车速过快，20%涉及疲劳驾驶和分心驾驶，20%为对其他交通干扰的应对不当。另外，54%的侧翻事故都存在制动性能不足问题。值得一提的是，在我国，牵引车和挂车之间的制动匹配性问题一直未能有效解决，汽车列车制动性能不足、制动折弯等制动隐患突出，也是导致侧翻事故的重要因素。

3. 货物装载管理缺失，增大了罐式车辆侧翻、失控风险

我国罐式车辆随意更换装载介质等情况较为普遍，容易造成较严重的安全后果：一方

面，更换后的介质与罐体不匹配，可能导致罐体腐蚀、渗漏、装卸阻塞等问题；另一方面，则会引发整车超载超限，加大侧翻、失控风险等问题。江油"2022·1·2"事故中，罐式半挂汽车列车标注货物介质为油田固井专用水泥，实际充装介质为粉煤灰，车辆总质量达到52.2t，超载3.2t，导致车辆重心变高并后移，成为侧翻的重要诱因。

目前，除了危化品运输外，我国普通货物装载标准规范处于缺失状态，普通罐式车辆介质装载方面的规定更是空白。《中华人民共和国安全生产法》规定，生产经营单位必须建立健全全员安全生产责任制和安全生产规章制度；《中华人民共和国道路运输条例》规定，货运经营者应当采取必要措施，防止货物脱落、扬撒等。但上述规定均没有进一步的细化规定，从以往的调研情况看，运输企业层面的介质装载规定也基本缺失或相对粗疏，货物（包括介质）装载方面，缺乏最基本的标准规范遵循。另外，我国超限超载检查站多设在干线公路沿线或入口附近，罐式车辆多为短途运输，远离干线公路通行，导致难以有效借助超载超限执法手段进行针对性治理。

三、美国罐式车辆侧翻事故预防经验做法

针对罐式车辆侧翻事故多发、后果严重的问题，美国联邦机动车运输安全管理局作为道路运输安全的主管部门，于2007年组织开展专项研究。研究结论是：影响罐车侧翻的因素很多，因此，需要通过多种方式去预防和减少侧翻。基于专项研究成果，美国从装备车辆电子稳定控制系统、开展针对性的驾驶安全培训、加强罐式车辆通行线路管理、优化车辆设计等方面进行部署，增加罐式车辆交通安全保障。

1. 装备车辆电子稳定控制系统

当车辆以过快的速度通过弯道，或者驾驶员紧急转向躲避障碍物时，该系统会调节作用在每个车轮上的驱动力或制动力，以稳定的方式降低车速，防止侧翻。该系统若装备在牵引车上，还可以防止因牵引车过度转向而导致的制动折弯。美国国家公路交通安全管理局发布的评估报告表明，车辆电子稳定系统可以将车辆侧翻和失控事故降低28%~36%。该系统在防抱死制动系统（ABS）的基础上发挥作用，价格也较为低廉。美国标准已要求12t以上的客货车均需要装备电子稳定控制系统。

2. 开展针对性的驾驶安全培训

由于75%的侧翻事故均与驾驶员错误操作相关，美国认为对驾驶员的培训势在必行。其主要做法是鼓励运输企业通过组织分析研判侧翻事故案例、观看视频回放、罐式车辆侧翻仿真训练等方式，让驾驶员全面掌握引发侧翻的真正原因，进而采取针对性的应对措施：由于20%的侧翻事故中，都涉及疲劳驾驶和分心驾驶，因此，会重点强调驾驶员应保持注意力，必须保证足够的休息；由于20%的侧翻事故是由其他驾驶员的干扰引起的，因此，重点培训突发情况下的应对；由于25%的侧翻事故是弯道或变道时车速过快造成的，因此，特别注重要求驾驶员选择合适的行车路线、控制合理的行车速度。美国认为运输企

业对驾驶员的日常休息、行为影响最大，因此，特别重视企业驾驶员的管理和培训。

另外，美国政府也建议企业筛选出容易侧翻的路段和弯道，提醒驾驶员行经时提高警惕，并通过驾驶员口口相传的方式传播、教授有关经验和注意事项。为了提升罐式车辆抗侧倾水平，美国政府通过多种方式鼓励车企生产、运输企业购买低重心、宽轮距车辆。

四、我国罐式车辆侧翻防范对策建议

罐式车辆侧翻事故多发易发、后果严重，针对其存在的交通安全隐患，借鉴美国做法，建议从提升车辆本质安全和驾驶员安全培训水平、完善货物装载规定、夯实企业安全主体责任等方面着手，全面加强罐式车辆交通安全管控。

1.提升车辆本质安全水平

公安部交通管理局已将修订《机动车运行安全技术条件》（GB 7258—2017）列为要点工作，重点是提高客货车安全水平，建议将提升罐式车辆抗侧倾水平作为标准修订的重要内容：①强制要求危化品车辆、罐式车辆等事故风险高、易侧翻车辆装备电子稳定控制系统。②对牵引车和挂车的制动匹配性等提出规范要求，提升汽车列车制动效能和制动稳定性，也有利于减少车辆失控和侧翻事故。③研究提升罐式车辆侧倾稳定角指标值。

2.提升驾驶员安全培训水平

目前我国客货运驾驶员安全培训的内容还较为粗疏，针对性不强，建议组织制作一批车辆侧翻、失控视频和剖析案例，解析相应的责任后果，便于驾驶员和运输企业深入掌握事故发生的真正原因，自觉调整驾驶行为和驾驶员安全管理，从源头上遏制疲劳驾驶、超速行驶、超载超限、紧急转向等导致侧翻和失控的严重违法行为。

3.夯实运输企业安全主体责任

罐式车辆、危化品运输车企业集中度相对较高，挂靠等现象也相对较少，企业落实安全主体责任的意愿和能力较强。建议重点从以下方面进一步夯实企业安全主体责任：①引导和规范运输企业制定并实施货物装载方面的标准规范，作为企业安全生产规章制度的必要组成部分。②引导和规范运输企业做好线路选取和线路风险培训工作，细化急弯、长下坡，以及路况复杂路段的安全行车速度要求，并借助卫星定位动态监管平台加强管理。

五、结语

罐式货车交通事故特别是侧翻事故频发，造成严重伤亡，备受社会关注。本文基于国内外现有研究，从车辆设计、货物装载、驾驶员操作等方面剖析事故发生的深层次原因，在参考美国预防类似事故的经验做法基础上结合我国国情，从提升车辆本质安全和驾驶员安全培训水平、完善货物装载规定、夯实运输企业安全主体责任等方面提出相应的具体措

施。我国使用罐式车辆的运输企业行业集中度总体较高，这为进一步的研究和实践应用创造了良好的条件，也有望更适应我国道路交通事故预防进入"减量控大"新阶段的道路交通安全治理新模式。

第五节　大件运输车

一、大件运输车辆登记与临时通行牌证

机动车登记，是机动车社会化的重要一步，为了保障交通安全、秩序，国家设定了机动车行驶准入制度。《中华人民共和国道路交通安全法》第八条规定："国家对机动车实行登记制度。机动车经公安机关交通管理部门登记后，方可上道路行驶。尚未登记的机动车，需要临时上道路行驶的，应当取得临时通行牌证。"

《中华人民共和国道路交通安全法》第十条规定："准予登记的机动车应当符合机动车国家安全技术标准。"因此对于符合机动车国家安全技术标准的大件运输车辆，应当办理登记。

《机动车登记规定》第四十六条第五款规定，因轴荷、总质量、外廓尺寸超出国家标准不予办理注册登记的特型机动车，需要临时上道路行驶的，机动车所有人应当向车辆管理所申领临时行驶车号牌。因此，对于外廓尺寸、总质量、轴荷超限的大件运输车辆，上路行驶时，应当申领临时行驶车号牌。根据《机动车登记规定》第四十七条的规定，申领临时行驶车号牌应当提交以下证明、凭证：①机动车所有人的身份证明；②机动车交通事故责任强制保险凭证；③机动车未销售或因轴荷、总质量、外廓尺寸超出国家标准不予办理注册登记的特型机动车，还应提交机动车整车出厂合格证明或者进口机动车进口凭证。该条同时规定，车辆管理所应当自受理之日起一日内，审查提交的证明、凭证，核发有效期不超过九十日的临时行驶车号牌。

为配合交通运输部门做好大件运输许可服务工作，破解审批难题，提高审批效率，降低大件运输成本，维护良好通行秩序，公安部交通管理局于2018年10月11日发布《关于积极配合交通运输部门做好大件运输许可服务的通知》（公交管传发〔2018〕8号），针对超限大件运输车辆临时行驶车号牌办理难题，通知要求要"依法高效为特型机动车办理临时行驶车号牌"。具体要求为：按照《中华人民共和国道路交通安全法》及其实施条例、《机动车登记规定》等法律法规和规章，轴荷、总质量、外廓尺寸超出国家标准不予办理注册登记的特型机动车，需要临时上路行驶的，应当申领临时行驶车号牌。对于此类特型车辆，申请人提交身份证明、交通事故责任强制保险凭证、整车出厂合格证明或进口机动车进口凭证的，各地公安交管部门要在一日内核发不超过九十日的临时行驶车号牌，不得增加附加条件，不得限定数量、次数。

二、大件运输通行交通安全评估

为保障大件运输道路交通安全和公路的完好、安全和畅通，《中华人民共和国道路交通安全法》第四十八条规定，机动车运载超限的不可解体的物品，影响交通安全的，应当按照公安机关交通管理部门指定的时间、路线、速度行驶，悬挂明显标志。在公路上运载超限的不可解体的物品，并应当依照《中华人民共和国公路法》的规定执行。《中华人民共和国公路法》第五十条规定，超过公路、公路桥梁、公路隧道或者汽车渡船的限载、限高、限宽、限长标准的车辆，不得在有限定标准的公路、公路桥梁上或者公路隧道内行驶，不得使用汽车渡船。超过公路或者公路桥梁限载标准确需行驶的，必须经县级以上地方人民政府交通主管部门批准，并按要求采取有效的防护措施；运载不可解体的超限物品的，应当按照指定的时间、路线、时速行驶，并悬挂明显标志。《公路安全保护条例》第三十五条规定，车辆载运不可解体物品，车货总体的外廓尺寸或者总质量超过公路、公路桥梁、公路隧道的限载、限高、限宽、限长标准，确需在公路、公路桥梁、公路隧道行驶的，从事运输的单位和个人应当向公路管理机构申请公路超限运输许可。该条例第三十六条规定，公路超限运输影响交通安全的，公路管理机构在审批超限运输申请时，应当征求公安机关交通管理部门意见。该条例第三十八条规定，经批准进行超限运输的车辆，应当随车携带超限运输车辆通行证，按照指定的时间、路线和速度行驶，并悬挂明显标志。《超限运输车辆行驶公路管理规定》第六条规定，载运不可解体物品的超限运输（以下称大件运输）车辆，应当依法办理有关许可手续，采取有效措施后，按照指定的时间、路线、速度行驶公路。未经许可，不得擅自在公路上行驶。该规定第十条规定了申请公路超限运输许可承运人应当提交的材料："（一）公路超限运输申请表，主要内容包括货物的名称、外廓尺寸和质量，车辆的厂牌型号、整备质量、轴数、轴距和轮胎数，载货时车货总体的外廓尺寸、总质量、各车轴轴荷，拟运输的起讫点、通行路线和行驶时间；（二）承运人的道路运输经营许可证，经办人的身份证件和授权委托书；（三）车辆行驶证或者临时行驶车号牌。"该规定第十条还规定，车货总高度从地面算起超过4.5m，或者总宽度超过3.75m，或者总长度超过28m，或者总质量超过100000kg，以及其他可能严重影响公路完好、安全、畅通情形的，还应当提交记录载货时车货总体外廓尺寸信息的轮廓图和护送方案。护送方案应当包含护送车辆配置方案、护送人员配备方案、护送路线情况说明、护送操作细则、异常情况处理等相关内容。

为维护良好通行秩序，公安部交通管理局在《关于积极配合交通运输部门做好大件运输许可服务的通知》（公交管传发〔2018〕8号）中明确各地公安机关交通管理部门要"认真及时向交通运输部门反馈意见"。具体内容为：按照《中华人民共和国公路法》《公路安全保护条例》等法律法规，交通运输部门公路管理机构负责公路超限运输审批，超限运输影响交通安全的，应当征求公安交管部门意见。公路管理机构征求公安交管部门意见的，公安交管部门要积极配合并认真负责地进行审核，重点审核大件运输车辆是否具有有效号牌，以及承运人申请通行的时间、路线、速度对道路交通的影响，不审核道路、桥梁、隧道等技术状况能否满足超限运输需求等公路管理机构负责审核的内容。属于《超限运输车辆行驶公路管理规定》第十条规定情形的，还应当审核承运人提交的护送方案。对超限运输车辆申请通行的时间、路线、速度需要调整，或者护送方案难以保障交通安全的，各地公安交管部门可提出建议，不得简单否决超限运输申请。意见反馈要及时，可以当天反馈的一律当天反馈，确有困难的可适当延长，原则上不超过3个工作日。

三、路面执法

为指导各地规范执法，《关于积极配合交通运输部门做好大件运输许可服务的通知》（公交管传发〔2018〕8号）要求各地公安机关交通管理部门要"严格规范路面执法检查工作"。具体要求为：各地公安交管部门要坚持严格、规范、公正、文明执法，依法查处违法超限运输车辆，切实保障合法超限运输车辆的正当权益，严禁故意刁难、随意处罚合法超限运输车辆。对持有有效临时号牌、超限运输车辆通行证的车辆，不得以非法改装或者机动车载货长度、宽度、高度超过规定等为由进行处罚。对按照超限运输车辆通行证指定路线行驶的车辆，不得以临时号牌未签注该区域为由进行处罚。

四、关于货物装载

货物装载除了在外廓尺寸和质量方面影响安全外，其装载约束力、装载稳定性、货物示认性也同样影响到交通安全。

1. 装载约束力

《中华人民共和国道路交通安全法》第四十八条规定，机动车载物应当符合核定的载质量，严禁超载；载物的长、宽、高不得违反装载要求，不得遗洒、飘散载运物。《中华人民共和国道路运输条例》第二十六条规定，货运经营者应当采取必要措施，防止货物脱落、扬撒等。但我国一直没有货物装载方面的规定。

货物装载的核心是合理装配和约束货物，达到以下目的。

（1）确保正常驾驶时，货物与车辆牢固固定，即需要应对紧急制动、急转弯、急加速和轻微碰撞等工况，以及道路不平、超高不足或反超高、上下坡、气流变化等环境状况。

（2）不能影响车辆的稳定性，带来驾驶困难或驾驶安全隐患。

（3）货物尽可能不要突出车身，防止对其他交通参与者生命财产安全带来不利影响。需要注意，重载货物同样容易移动。

欧洲法规提出的约束力最低要求为：前部约束力为货物重量的80%；侧面和后部约束力为货物重量的50%；上部约束力为货物重量的20%。实际工作中，需要了解车辆本身能够提供的约束力，还需要了解货物自身摩擦力，以及约束装置能够提供的约束力。对于重量较大的货物，约束系统应尽可能使用金属锁链，其延展性弱于网兜和绳索。为了增强摩擦性能，底部可使用包装垫或橡胶垫。

2. 装载稳定性

运输前，应当对货物有充分的了解：货物质量、货物外廓尺寸、货物摩擦面及其材质、货物重心、货物的稳定性、货物的耐撞性能等。货物的装载应当防止货物本身的翻转：如果货物的长高比低于80%，货物容易向前翻转；如果货物的宽高比低于50%，货物容易向侧面翻转；重心过高的货物容易翻转并且有可能带动车辆翻转。因此，应当尽可能降低货物的重心。货物重心应尽可能位于车辆纵向中心线上，货物重量应尽可能在车辆各轴之上的尽可能长的纵向、横向区域内分散；尖锐或危险的部分，不能对向驾驶员。

3. 货物示认性

应在突出部分粘贴警示标识。在白天，根据经验，建议粘贴亮色的旗帜等材料，面积不少于300mm²；在夜间，应设置能在200m以外可见的红色灯光。《联合国道路交通公约》规定："突出于车辆前后或两侧的载货，如其他车辆的驾驶员可能注意不到突出物件，应有明显标识；夜间应在车头以白灯和白色反光装置作出标识，在车尾使用红灯和红色反光装置。具体而言，机动车辆：①突出车头或车尾1m以上的载货，必须作出标识；②载货侧面突出车辆外端，若突出的外端超出车辆前方位置（边）灯外端0.40m以上，夜间应于前面标识，若载货侧面突出外端超出车辆尾部红色位置灯（边灯）外端0.40 m以上，夜间应在后面做同样标识。"

4. 运输操作要求

运输中，为了防止行车稳定，防止货物抛洒，要把握以下原则。

（1）时刻关注车辆的稳定性，以及转向和制动性能。应意识到：货物的装载会影响车辆的驾驶性能；货物装载不均会延长制动距离；低速下的制动往往加速度更大；车辆行进中，风和相对空气的运动会对货物和车辆的驾驶性能产生影响。

（2）应当小心驾驶，转弯时速度要慢、要平缓，尽量避免紧急加速和紧急制动。条件许可时，应当选择安全性能更好的车辆。货物跌落后，在确保安全的条件下，应尽可能捡回。

（3）行进中应当定期或不定期检查货物及其固定情况。对约束系统的检查包括是否有撕裂、破损、锈蚀、磨损、丢失等情况。

五、关于护送

护送的职责是通过科学的护送，确保运输过程的安全和风险可控。护送的目的是提醒其他交通参与者注意运输行为，协助开展应急处置，同时起到与驾驶员、监管部门、其他交通参与者沟通协调的作用。以下主要介绍英国的护送要求。

1. 护送车辆

护送车辆应在车型、视野、外观、标志、信号、携带设备等方面满足护送的特殊需要。

车型：使用四轮车辆，便于示意、沟通和协助。使用能够引起注意的车型更好，如类似于面包车的van车型或旅行车、SUV或轿车。

视野：尽可能为驾驶员提供更好的视野，最好配置增强后部和两侧视野的补盲镜。配备后部车窗的车辆能够提供较好的后部视野。

车身颜色：为了增强其他交通参与者的认知，各车车身颜色最好保持一致，优先选择白、黄、橙、银等颜色。为了引起后方、侧方交通参与者的注意，应在车身后部和侧面喷涂明亮、显眼的颜色。

加装额外灯光和信号装置：360°可见、几乎与车宽同宽的频闪灯具（必要时前后各安装一个）能够很好地"警示"周边交通参与者。但在我国，目前灯具、改装等方面的规范和标准还不完善。《中华人民共和国道路交通安全法》第五十三条规定，警车、消防车、救护车、工程救险车执行紧急任务时，可以使用警报器、标志灯具。涉及的有关标准主要有《警车、消防车、救护车、工程救险车标志灯具》（GB 13954—2009）、《车用电子警报器》（GB 8108—2014）。

标志：车前喷涂或设置"护送"字符。顶部设置前后可见的"大件运输"字符。为了减少误解，字符附近不宜设置其他字符或标志，公司名称等可喷涂在车身侧面远离其他喷涂颜色的位置。

为了引起前方交通参与者的注意，白天行驶时，应打开近光灯。

携带设备：锥桶（推荐不少于12个）、频闪灯（推荐不少于4个）、灭火器、急救包、对讲机、其他通信设备（《中华人民共和国道路交通安全法实施条例》规定，驾驶机动车不得有拨打接听手持电话、观看电视等妨碍安全驾驶的行为）；线路图、沿线道路和交通情况说明书，沿线警察、公路部门、急救部门联系方式等。

2. 护送人员

护送人员的职责是警示及与其他交通参与者和监管部门沟通；引导运输车辆按照规定通行，尤其是通过隧道、桥梁、交叉路口等；监管运输行为；开展停车应对、应急处置和救援等。护送人员应当经过必要的培训、富有经验，工作尤其是离开车内时，应穿好长袖反光衣。

3. 护送操作

最好随车携带企业的自我申明，即申明护送车辆和人员满足有关配置、培训等方面的要求。护送车辆的数量应当根据运输车辆及装载情况、沿途道路情况和交通情况确定。护送前要了解交通情况和天气情况，必要时，提前与相关部门和机构联系。在高速道路行驶时，护送车辆应位于运输车辆后部一定距离；在其他道路行驶时，至少有一辆护送车辆位于运输车辆前部一定距离。停车、出现事故时，要做好现场处置工作，并立即报警。

RESEARCH ON MOTOR
VEHICLE REGISTRATION INSPECTION
机动车
登记查验研究

第八章

改革与创新

第一节　查　验　智　库

一、机动车查验智库App系统简介

机动车查验智库App是基于"互联网+大数据"的数据应用系统，主要由"首页""发现""交流""资料库""我的"5个部分组成。"首页"提供包括查验业务、查验项目、资料工具、常见问题、全局搜索和通知提醒等6个功能模块，提供机动车查验要点、查验指引中相关法规标准、方法技巧和疑例解析等内容；"发现"包括与机动车查验相关的政策动态、疑点难点问题解读等模块，提供查验的管理政策和行业动态，汇总推广各地管理的先进经验；"交流"包括咨询和私信中的专家答疑和智能答疑，提供实时问答和智能问答；"资料库"涵盖了法律法规、技术标准、学习培训以及其他等模块，提供了公安交管队伍的第一手信息和资料；"我的"包括个人信息、通知、收藏、关注、反馈、设置等6个模块，用于编辑展示个人主页信息，查看私信、推送、邀请问答，管理收藏内容和关注用户等。这些页面和模块与实际工作和实战紧密结合（图8-1、图8-2）。

机动车查验智库App的使用为广大的一线查验员搭建了学习交流专业平台，成了查验员查验执法的辅助工具、丰富快捷的学习查询数据库和即时资讯获取的便捷渠道。该App着力解决了当前查验实际工作中的突出问题：一是查验工作专业性强、技术性强、人才培养难；二是查验执行依据散、乱、多，学习掌握不易；三是公安交管"放管服"改革对查验工作提出了更高的要求。该App可助力查验队伍变得更正规、职业、专业，进而使查验执法更加严格、规范、高效（图8-3）。

图8-1 机动车查验智库App功能实现

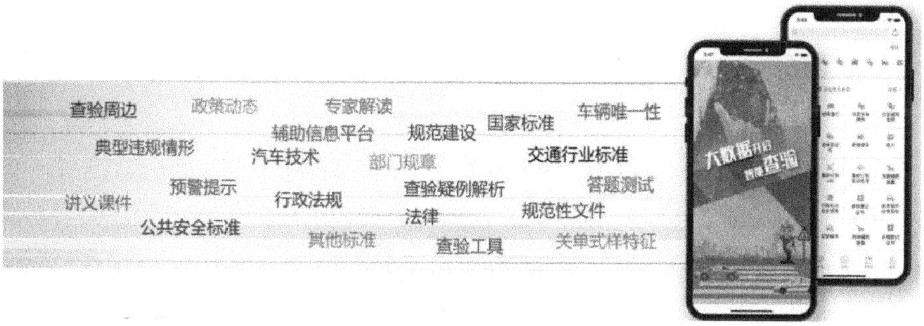

图8-2 机动车查验智库App内容构成

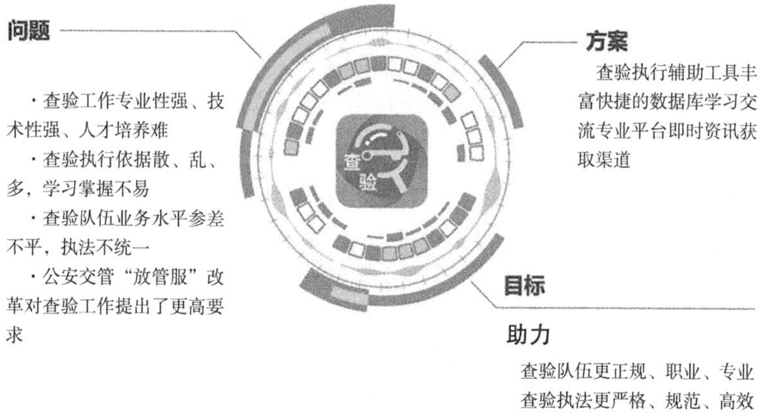

图8-3 机动车查验智库App目标定位

二、机动车查验智库App系统设计开发

本项目将移动互联网、开发编程、大数据分析、智能问答交互等技术深度应用于车辆运行安全管理中，为现代交通管理工作赋能（图8-4）。

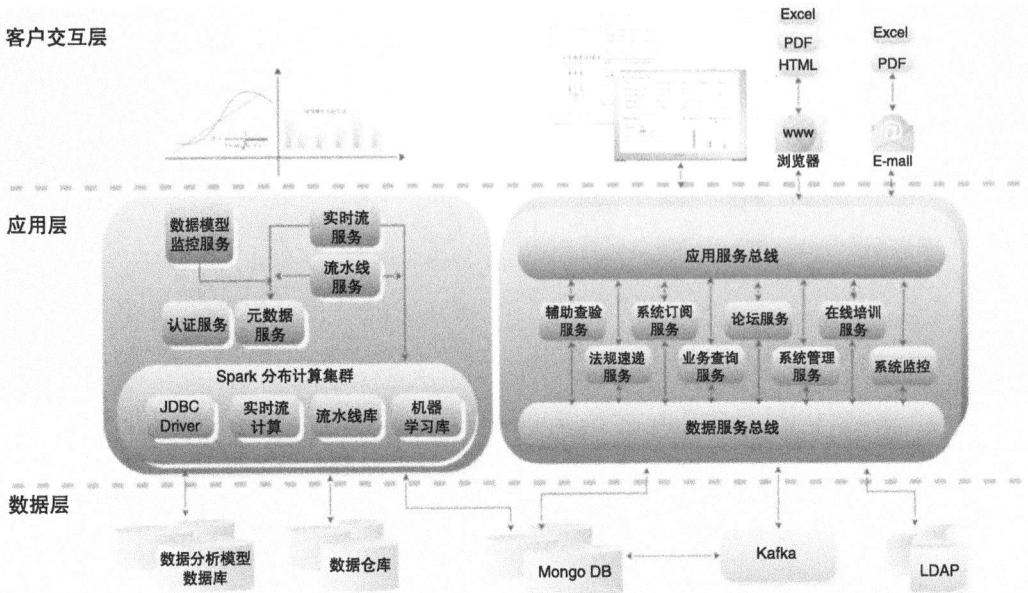

图8-4 机动车查验智库App系统构架

1. 交互层

交互层即为手机App端，作为系统与用户的接口，App遵循简单易用、操作方便、界面友好的设计原则，充分考虑用户的使用需求和应用场景，合理设计功能模块。App界面采用定制化设计理念，支持用户自定义、自编辑常用模块布局、信息排序和录入方式。

手机App包括iOS平台和Android平台两个版本，iOS版本使用苹果公司官方推荐的swift语言编写，严格遵循iOS用户界面设计规范；Android版本采用原生技术和HTML5技术混合开发。

操作界面包括"首页""发现""交流""资料库""我的"5个主界面，每个主界面包含不同的功能模块，整体设计框架如图8-5所示。

2. 应用层

应用层即为后台管理系统，主要包括前端管理子系统和大数据分析子系统，用于维护交互层界面内容和管理分析数据库信息。后台管理系统采用React组件化开发框架，提高了系统稳定性；采用server端渲染技术，提高了系统响应性能；采用日志回溯技术，提高了系统维护便利性。

1）前端管理子系统

前端管理子系统为手机移动客户端提供配套的系统服务，包括业务服务、系统管理、访问控制模块。

（1）业务服务模块以前端App业务的服务、运营和管理为核心，向用户端提供相关服务，由辅助查验服务、法规速递服务、订阅服务、查询服务、论坛服务、在线培训服务、系统管理服务、系统监控服务等构成。该模块可新增、修改或删除前端App界面结构和资料信息，包括首页功能模块、发现新闻信息、交流问答帖子、资料库资料数据等；可设定定时任务，推送系统消息；可进行用户管理，记录、存放、查询、统计、分析用户基本信息、工作情况、资格管理情况、业务特长、工作成效记录等，并自动形成五维能力图、年度业绩评测结果。

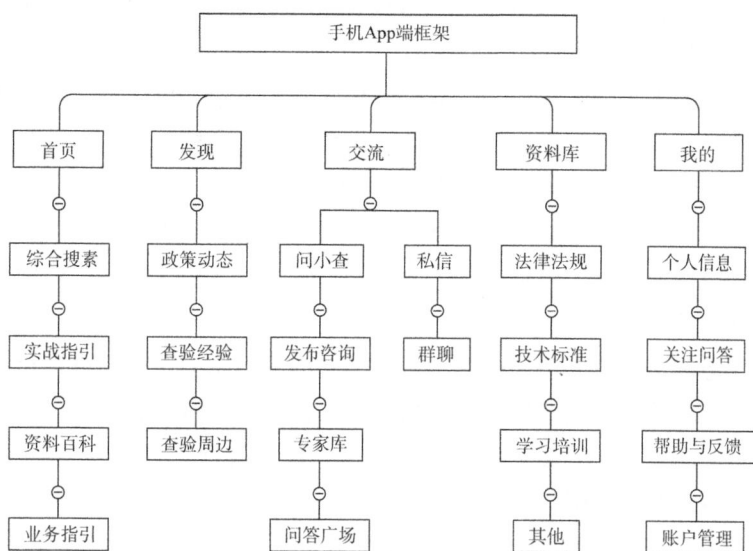

图8-5　机动车查验智库手机App端框架

（2）系统管理模块作为系统管理员日常工作的接口，用于系统管理、用户管理、数据管理，设定系统配置信息，提供系统级服务。该模块可对App不同模块进行运行状态检测、操作日志查询、后台任务检测；可查看当前App的在线用户及其浏览轨迹，有选择性地推送信息进行用户反馈，设置不同用户访问权限、查询访问日志以及统计在各模块界面的访问量、时长、频次；可展示用户列表、用户行为监测统计列表；可与SPSS Modeler大数据分析平台和Cognos配合提供多种高级报表服务。

（3）访问控制模块通过跨应用程序的单点登录简化和保护用户体验，使用多因素身份验证和基于风险的访问来保护关键资产，是为了使用户能够将移动访问控制策略与移动设备管理、移动应用开发和恶意软件检测解决方案集成。此外，该模块可辅助桥接内部部署和云环境之间的访问控制差距。

2）大数据分析子系统

大数据分析子系统由Spark分布式计算集群和数据应用服务系统构成。

（1）Spark分布式计算集群包括实时流计算库、JDBC数据库驱动器、流水线工作流库和机器学习库构成，各模块功能如下。

①实时流计算库：使用Spark SQL导入／导出不同数据源数据，包括CSV，Excel和Hadoop HDFS等数据源。

②JDBC数据驱动器：用于从关系型数据库中导入数据或导出数据到关系型数据库中。支持常规厂商的数据库系统，如 IBM DB2、Oracle、MySql 等。

③流水线工作流库：向用户提供了一个基于 DataFrame 的机器学习工作流式 API 套件，使用流水线 API，把数据处理、特征转换、正则化以及多个机器学习算法联合起来，构建一个单一完整的机器学习流水线。

④机器学习库：提供常见的人工智能算法库和机器学习算法库，如关联分析、分类、聚类、回归、预测等。

（2）数据应用服务系统为用户提供数据分析服务、展示分析结果、监控数据分析模型性能，定制模型评估计划。数据应用服务系统由数据模型监控服务、实时流服务、流水线服务、认证服务和元数据服务构成，各服务功能如下。

①数据模型监控服务：监控数据分析模型的性能、运行情况、吞吐量，设置评估计划。根据不同的应用场景设定评估计划，如每天、每周或者每月评估。对低于预定阈值的评估结果提出预警信号。

②实时流服务和流水线服务：提供可视化的数据建模功能。使用可视化的环境创建数据分析模型，把用户从复杂的建模过程中抽离出来，专心于模型的建立。

③认证服务：负责用户认证、用户权限设置、用户管理。系统包含多种角色的用户，每一种角色用户有不同的权限。

④元数据服务：提供模型全生命周期管理，如添加、更新、加载、评估、再训练和删除。

3. 数据层

数据层是支持业务应用系统运行的数据基础，包括关系数据、文档数据库、内存数据库和用户数据库。数据层具有如下技术特征。

（1）高可用：数据库采用双机高可用架构，每台数据库服务器采用主从数据存储方案，准实时执行数据同步。所有数据库服务器可独立对外提供数据服务。

（2）完备的灾难恢复方案：定期执行全数据库备份，确保数据库系统能够应对各种突发事件，如地震、火灾、磁盘损坏等。

（3）数据库加密：为进一步提高数据安全性，对敏感数据进行加密处理。

（4）规范化：关系数据库设置遵循第三范式要求；减少数据冗余；节省存储空间；提高数据系统性能。

三、机动车查验智库 App 系统功能介绍

1. 查验模块：不同水平查验员的实战查验辅助工具

（1）查验要点指引。该模块适用于初级查验员，查验要点指引内容包括20种登记业务涵盖的所有机动车约5000余种查验情形，其操作流程是按照当前查验程序设置的，查

验员可在App中通过选取车辆类型、规格、使用性质确认查验项目，直接点击相应的查验项目即可获取相应的查验方法、查验工具、合格判定要点等，以"教科书式"指引帮助查验员规范、准确、高效地完成查验工作。同时，该模块还设置了常用项目的"一键确认"功能，可以便捷地进入常用的车辆类型和查验项目（图8-6）。

图8-6 机动车查验智库App查验模块功能

（2）查验实战指引。查验实战指引内容涵盖了所有机动车的37个查验项目，每个项目汇集了实战应用、查验规定、标准规定、知识拓展、技巧集萃等5大方面的14项知识要点，能精准地帮助查验员在查验现场快捷地获取急需的查验技术支持。同时对于具有一定经验和水平的查验员，各个模块提供了知识拓展和延伸，实战应用和查验规定中对实战要点、疑例解析、常见不合规情形进行了详细的阐述，同时在技巧集萃中，在广泛搜集、总结一线查验工作的基础上，对常见的查验技战法和有效经验进行了介绍（图8-7）。

2. 发现模块：政策、动态等即时资讯的获取渠道

发现模块主要是实时推送国家机动车管理政策法规、国内外行业发展动态、查验难点问题解读、查验热点问题预警提示等内容，帮助查验员及时学习掌握部局工作重点、行业发展动向，提高业务水平，统一执法尺度，正确应对查验问题。目前开辟的"查验专栏"便于查验员进行系统的全面浏览，"政策动态"发布部交管局及其他机动车安全管理的政

策法规动向，"专家解读"系统全面解读法规标准知识点、查验工作热点难点问题，"预警提示"针对登记查验的突发问题提醒一线查验员注意防范，"行业动态"聚焦国内外汽车安全新技术、新设备、新业态的发展动态，"规范化建设"主要结合局部重点工作设置年度主题，跟踪讲解政策发展动向，推动查验工作规范化建设，"查验经验"发布各地登记查验工作中的亮点、微创新、先进经验，供各地学习借鉴，"系统通知"推送政策动态、预警提示等重要信息至每一名查验员知晓。发现模块能切实帮助广大查验民警第一时间获取查验相关的信息动态（图8-8）。

图8-7　机动车查验智库App查验模块实战指引内容

3. 交流模块：智能、活跃的全国性答疑解惑平台

交流模块搭建的"专家答疑"平台，建立了全国查验专家库，并注明了专家特长、地域等信息，可依据专家业务特长、地域开展定向咨询，由系统自动将咨询信息推送给指定专家，邀请专家答疑，提高专家答疑的时效性、准确性。同时交流模块搭建的"智能答疑"平台，定期整理论证专家答疑情况，形成疑难问题处理意见，并收纳到智能问答库（问小查）。系统对重复提问的问题自动实现匹配并推送答案，目前已经初步形成200多例疑难案例数据库，随着数据库的不断积累和问答的滚动，交流模块最终目标是争取实现囊括基本问题，覆盖大部分疑难问题，第一时间共享最新问题，集中力量攻坚疑难问题（图8-9）。

4. 数据库：查验相关资料信息便捷获取的蓄水池

数据库是便捷获取查验工作涉及的所有技术的资料信息库，当前数据库包括了200余部相关法律法规、规章、规范性文件，180余项国标及相关行业技术标准，200多例疑难案例的专家解析，全国26家海关机动车关单式样特征信息比对，30余节领导专家精彩讲课的课件，7大模块业务知识的在线学习；同时在该数据库中的典型违规情形、查验工具、车辆唯一性、辅助信息平台等四个模块提供了查验项目典型违规情形在线查询、查验工具配置要求及功能性在线查询、各品牌车辆的唯一性关键特征在线查询以及车辆查验相关辅助信息在线查询的功能（图8-10）。

图8-8　机动车查验智库App发现模块功能

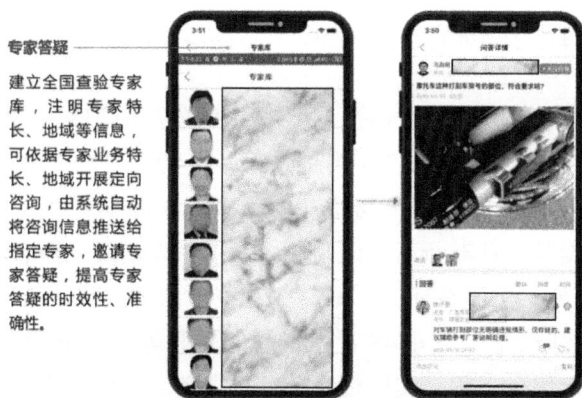

图8-9　机动车查验智库App交流模块功能

图 8-10　机动车查验智库 App 数据库模块功能

第二节　小客车出厂查验改革模式

一、小客车新车上牌制度改革需求

随着社会经济持续快速发展，我国汽车产销需求越来越旺盛。中国汽车市场作为世界第一汽车市场，连续 13 年保持全球汽车产销量第一，特别是个人购买的小型、微型载客汽车（以下简称"小客车"），近 5 年均超 2000 万辆，机动车所有人办理的新车登记上牌业务数量也同比大幅增长。针对新车登记业务量大、手续烦琐、环节多等问题，公安交通管理部门自 2018 年以来，按照减环节、减材料、减时限的要求，推出了系列改革，包括免填表、免拓印等减证措施，汽车 4S 店代办登记服务等就近办措施，以及车辆管理所"通道式""交钥匙"等服务工程，实现机动车查验、登记受理、牌证发放等业务流程流水办理，便利机动车所有人购车上牌。

但是，从实际调研情况看，目前新车登记仍是车辆管理中最为复杂、耗时最长的业务，特别是机动车查验环节，一些地方仍存在流程复杂、排队较长问题，由此滋生的非法中介让群众意见较大。同时，在上述改革措施执行过程中，也出现了新问题，如社会机构利用登记服务变相乱收上牌服务费；车辆管理所由于场地受限，无法做好机动车登记各业务流程衔接，导致群众办事等候时间较长。另外，还有不法分子盗用车辆生产合格证、销售流通等数据，为走私、盗抢骗车辆骗领机动车牌证，导致机动车所有人利益受损，购车无法正常登记。面对汽车产销量持续高位增长态势，为更好满足群众快捷高效办事的需求，亟待从新车登记查验制度上调整优化，进一步简政放权、优化服务，简化登记程序流程，更加便利机动车所有人办理新车登记手续。针对上述新挑战，公安机关交通管理部门持续推进新车登记制度改革，抓住法规修订契机，践行"我为群众办实事"，推出小客车出厂即查验改革新措施：实行非营运小微型载客汽车由生产企业在出厂时进行查验，将车辆查验数据与车辆管理所联网共享，群众在购车后可以在汽车4S店或者网上提交资料，网上进行选号，牌证直接邮寄到家，真正实现"一站式"购车上牌服务。

二、小客车出厂查验管理模式设计

按照新修订《机动车登记规定》（公安部令164号）第十四条规定，车辆管理所实现与机动车制造厂新车出厂查验信息联网的，机动车所有人申请小型、微型非营运载客汽车注册登记时，免予交验机动车（以下简称"小客车出厂即查验"）。该改革措施涉及三方主体，即汽车生产企业、机动车所有人以及车辆管理所，必须实现的效果就是通过数据共享，实现机动车所有人上牌免予交验机动车，其中验车流程主要目的就是确认机动车的合法性、唯一性。因此，总体需要解决三方面问题：数据共享安全性、机动车合法性、机动车唯一性。

考虑到改革"放管并重、放管结合"的要求，模式设计应该遵循3项原则：一是制度衔接原则，机动车除了道路交通工具属性以外，应同时作为动产渐趋成为社会财富的主要形态。根据《中华人民共和国道路交通安全法》及《机动车登记规定》，现有机动车登记包括注册、变更、转让、抵押、注销等5大事项，小客车出厂即查验措施改变的是注册登记模式，但必须与后续登记进行有效衔接，机动车登记信息的统一性、完成性应当保持一致。二是尽职履责原则，在与现有登记制度衔接的基础上，改革应当推动生产企业落实主体责任、工信管理部门落实生产一致性监管职责、公安部门落实机动车唯一性审查职责，共同确保机动车合法性，保障机动车所有人合法权益。三是降本增效原则，应在不影响企业汽车生产效率的基础上，结合汽车产线工作节拍，按照机动车登记、查验相关标准规定要求，合理分解机动车查验项目，有效共享机动车登记数据。基于上述原则，研究提出以下3种改革模式。

1. 属地管理模式

属地管理模式具体办理流程如图8-11所示：①在小客车生产制造环节，生产企业按照相关标准协助开展机动车查验，采集实车车辆识别代号等比例照片、机动车外观标准照片等机动车唯一性数据，共享至所在地车辆管理所，经抽查复核后再次共享至登记地车辆管理所。同时，汽车生产企业共享机动车整车出厂合格证明（以下简称"合格证明"）、五大总成等机动车生产溯源数据，以及机动车流通数据至工信、公安等管理部门部级平台，通过数据碰撞比对方式，联合加强机动车生产一致性和合法性监管。②在小客车销售环节，汽车销售企业提供办理交强险、缴纳车辆购置税等"一站式"服务，共享机动车销售统一发票、合格证明等机动车登记证明、凭证影像数据至登记地车辆管理所审查，并协助登记地车辆管理所发放临行机动车临时行驶车号牌（以下简称"临牌"）交机动车所有人，小客车悬挂临时号牌后可驾车上路行驶。③在小客车注册登记环节，机动车所有人可通过互联网申请注册登记，网上预选机动车号牌号码，免于交验机动车。登记地车辆管理所按规定审核汽车生产企业、汽车销售企业以及机动车所有人提交的数据，比对车辆唯一性，核发机动车登记证书、行驶证、号牌和检验合格标志并邮寄给机动车所有人。整体上，即可按照《机动车登记规定》要求，实现机动车所有人购车后免予交验机动车，直接网上办理注册登记。

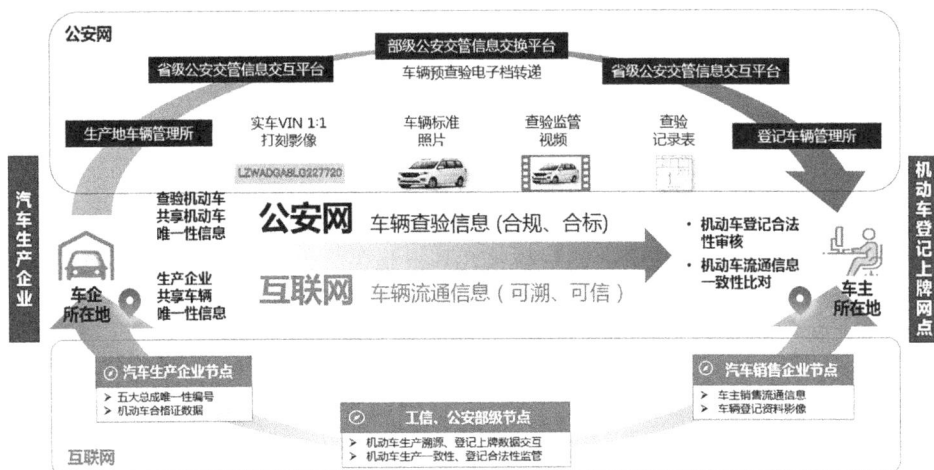

图8-11　小客车出厂查验—属地管理模式

2. 集中管理模式

集中管理模式具体办理流程如图8-12所示：①在汽车生产制造环节，生产企业按照相关标准协助开展机动车查验，采集实车车辆识别代号等比例照片、机动车外观标准照片等机动车唯一性数据，制作查验记录表，并由查验员核对确认，在机动车检测合格出厂前集中上传至工信、公安部级数据交互平台，在部级平台上，机动车唯一性数据生效的前提是，机动车查验结果经生产地车辆管理所抽查复核。车辆检测合格出厂时，汽车生产企业及时上传汽车销售流通数据，以及机动车溯源数据至部级平台，供登记地车辆管理所按需比对核查。②在汽车销售环节，对机动车查验经生产地车辆管理所审核通过的小客车，汽车销售企业上传机动车销售统一发票、合格证明等机动车登记证明、凭证影像数据至公安交管互联网服务平台，供登记地车辆管理所审查，并协助发放临牌，机动车所有人在汽车销售网点，持临牌即可驾驶小客车上路行驶。③在注册登记环节，与属地管理模式基本一致，机动车所有人通过互联网申请注册登记，网上预选机动车号牌号码，免于交验机动车。登记地车辆管理所按规定审核汽车生产企业、汽车销售企业，以及机动车所有人提交的数据，核发机动车登记证书、行驶证、号牌和检验合格标志并邮寄给机动车所有人，如需比对机动车销售流通或者生产溯源数据，可通过部级平台查询。

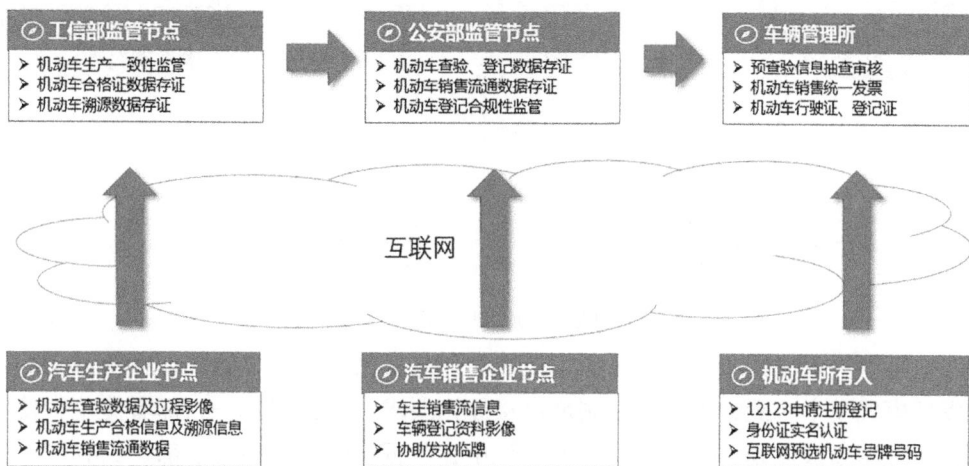

图8-12　小客车出厂查验—集中管理模式

3. 区块链管理模式

区块链管理模式具体办理流程如图8-13所示：①在汽车生产企业节点，汽车生产制造的同时按照相关标准共享实车车辆识别代号等比例照片、机动车外观标准照片等机动车唯一性数据，同步将机动车销售流通数据、机动车溯源数据上链共享。②在汽车销售企业节点，共享机动车销售终端数据，以及小客车交付给机动车所有人的瞬时状态。③在车辆管理所环节，对企业上传的机动车登记及查验数据进行审核，将机动车登记状态反馈上链。④在公安部级环节，对机动车登记数据进行存证，利用大数据，加强机动车上路合法性监管。⑤在工信部级环节，对机动车生产合格、生产溯源等数据进行存证，利用大数据，加强机动车生产一致性监管。⑥在机动车所有人节点，共享机动车所有人身份数据，以及车辆交强险、缴纳车辆购置税数据，选择机动车号牌号码。该模式是基于分布式账簿去中心化，以车辆识别代号为核心关联数据建立机动车生产、销售、登记全流程账本数据，同步还增加了机动车抵押、二手车交易、机动车报废等节点，实现机动车全生命周期管理。

基于改革原则，进一步比较分析3种模式。

（1）属地管理模式沿用了现有机动车登记服务站管理模式，较好地落实了制度衔接原则；同时基于数据属地直接共享的模式，对机动车生产、销售、登记出现的异常情形，汽车生产企业、汽车销售企业和车辆管理所能够实现在同一辖区及时协调处置，从而落实尽责履职的原则；但由于汽车生产企业、汽车销售企业分布范围较广，在跨地域数据共享及时性上必然有所欠缺，即降本增效原则落实相对较差。

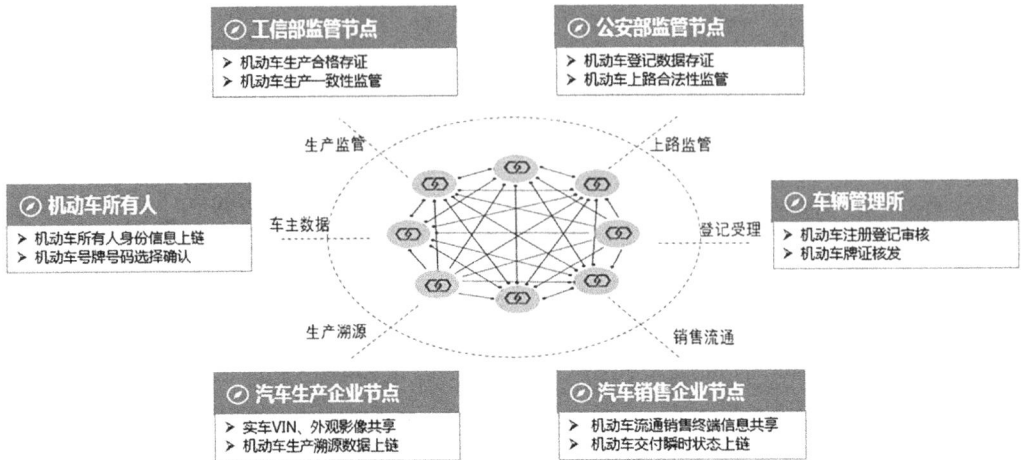

图8-13　小客车出厂查验—区块链管理模式

（2）集中管理模式中，生产企业、销售企业共享的机动车查验数据以及登记数据与属地管理模式基本一致，也能满足制度衔接原则要求，且接口统一，部署简单，使企业能够实现降本增效原则；但在数据交换过程中，数据在管理部门间、部级到省级、省级到地市级单向流动，无法形成多方数据协同共享，并且终端销售流通方向不清晰，会存在大量临时性/过程性数据，导致数据交换及时性较低，且需要重新设计数据管理监管审核保障，可能出现异常情形沟通处置不及时的问题，给落实尽责履职原则增加了风险和困难。

（3）区块链管理模式是国家鼓励发展的技术，由于其共享数据项齐全，在落实制度衔接原则时不会存在明显问题，同时基于区块链技术，能实现车辆制造数据、销售数据、流通数据的可追溯、不可篡改，保障了数据来源真实性，即可落实尽责履职原则。另外由于数据来源扩展，有利于实现机动车生产、销售、登记、交易、报废等全生命周期溯源和监管。降本增效原则方面，由于区块链技术仍处于发展初期，需要参与方数字化程度高，如果不形成统一建设技术要求，各地汽车生产或销售企业选择区块链技术路线不同，将导致数据异构跨链，在提升效率的同时也会增加相关成本，因此需要积极培育引导数字化成熟企业和区域进行试点验证。

三、小客车出厂查验数据需求分析

通过上述小客车新车上牌模式设计，为确保机动车依法依规登记，核心需要3类数据：机动车生产溯源数据、机动车销售流通数据、机动车注册登记唯一性数据。如上所述，改革措施最终目的是机动车所有人在汽车销售企业购车免查验直接注册登记。本文以目标导向做如下分析。

首先，分析机动车登记唯一性数据。依据《机动车登记规定》以及公安行业标准《机动车查验工作规程》（GA801）要求进行整理，相关数据项目名称、需求来源、共享方式见表8-1。

机动车注册登记唯一性数据 表8-1

序号	数据项目名称		数据需求来源	数据共享方式
1	查验	车辆识别代号电子资料	机动车登记规定	生产企业机动车制造产线采集共享
2		车辆类型	机动车登记规定	生产企业机动车生产一致性数据共享
3		载人数	机动车登记规定	生产企业机动车生产一致性数据共享
4		车身颜色	机动车登记规定	生产企业机动车生产一致性数据共享
5		机动车标准照片	机动车登记规定	生产企业机动车生产一致性数据共享；属于根据机动车所有人需求改变外观的，由销售企业采集共享
6		发动机号	GA 801	生产企业机动车生产一致性数据共享
7		车辆品牌和型号	GA 801	生产企业机动车生产一致性数据共享
8		车辆号牌板	GA 801	机动车查验左右45°拍照记录
9		车辆外观形状	GA 801	机动车查验左右45°拍照记录
10		轮胎完好情况	GA 801	机动车查验左右45°拍照记录
11		车用三角警告牌	GA 801	生产企业机动车生产一致性数据共享
12		汽车乘员反光背心	GA 801	生产企业机动车生产一致性数据共享
13		座椅数量	GA 801	生产企业机动车生产一致性数据共享
14		安全带	GA 801	生产企业机动车生产一致性数据共享
15	登记审核	注册登记申请	机动车登记规定	机动车所有人通过公安交管互联网平台提供
16		机动车所有人身份证明	机动车登记规定	机动车所有人通过公安交管互联网平台提供
17		机动车销售统一发票	机动车登记规定	销售企业拍照采集共享
18		机动车出厂合格证明	机动车登记规定	管理部门或者销售企业拍照采集共享
19		机动车交强险凭证	机动车登记规定	管理部门数据共享
20		车辆缴税凭证	机动车登记规定	管理部门数据共享

其次，分析机动车销售流通数据。机动车流通数据共享无强制性法规或者标准依据，分析主要目的是实现登记审核数据碰撞比对，降低机动车登记数据被不法分子套用后，给走私、盗抢车上牌的风险，确保车辆是由销售企业实际交付给机动车所有人，保障改革实施效果（表8-2）。

机动车销售流通数据 表8-2

序号	数据项目名称	备注
1	车辆识别代号号码	用于数据项目之间关联
2	发车单位名称	生产企业共享，实际中可能是承运企业
3	发运日期	生产企业共享

续上表

序号	数据项目名称	备注
4	发运省市	生产企业共享
5	接车单位名称	生产企业共享
6	接车日期	生产企业共享
7	到货省市	生产企业共享
8	终端销售日期	销售企业共享
9	机动车所有人身份数据	销售企业共享
10	车辆识别代号实车打刻影像	销售企业共享，用于确保实车交付
11	车辆地理位置信息	销售企业共享

最后，分析机动车生产溯源数据。与机动车销售登记数据相同，该部分数据共享无强制性法规或者标准依据，主要数据都是机动车五大总成等核心零部件编号数据，共享主要目的是：在机动车登记发现嫌疑情形时，提供核查依据，为公安交通打击违法犯罪、保障机动车所有人权利提供有效支撑（表8-3）。

机动车生产溯源数据 表8-3

序号	数据项目名称	备注
1	车辆识别代号号码	用于数据项目之间关联
2	车辆铭牌特征影像	生产企业机动车生产一致性数据共享
3	转向机总成编号	生产企业机动车生产一致性数据共享
4	变速器控制模块编号	生产企业机动车生产一致性数据共享
5	前悬/后悬架总成、制动部件总成编号	生产企业机动车生产一致性数据共享
6	安全带总成—驾驶员编号	生产企业机动车生产一致性数据共享
7	驾驶员座位气囊模块编号	生产企业机动车生产一致性数据共享
8	副驾驶座乘员气囊模块编号	生产企业机动车生产一致性数据共享
9	ABS控制模块编号	生产企业机动车生产一致性数据共享
10	动力蓄电池系统总成编号	生产企业机动车生产一致性数据共享
11	减速器总成编号	生产企业机动车生产一致性数据共享
12	合格证明证芯编号	生产企业机动车生产一致性数据共享

上述数据删除重复项目，共计40项，涉及汽车生产企业、汽车销售企业、机动车所有人、管理部门等4类主体，涉及机动车生产、运输、销售、登记等4个环节，对本文提出3种小客车新车上牌管理模式均能满足。

小客车上牌生产企业前置查验改革措施，打通了机动车生产、销售、登记等环节，实现了全流程衔接，既能优化服务、提高效率，又能严密机制、规范管理，实现便利群众办事、优化营商环境、规范登记管理的"三赢"效果。

①便利群众办事。群众在汽车销售网点购车后，无须再到车管所提交登记手续、交验机动车，将大大减少排队等候时间。美国等国家群众在购车时，车辆有关数据均由生产厂家提供，车管所一般不需要查验机动车，登记手续较为便利。

②优化营商环境。由生产企业前置查验，既可以减少4S店设立登记服务窗口费用，也可以适应生产企业互联网线上售车、群众订单式生产等售车新模式，更好促进汽车消费流通。

③规范登记管理。通过与生产企业共享车辆查验数据、流通数据，能够实现新车生产、销售、登记全程可追溯，有效加强车辆一致性监管，从源头防范利用虚假资料、盗抢机动车骗领机动车牌证行为，降低业务隐患和风险。另外，实行由生产企业查验，也可以大幅减少查验警力，切实给基层减负，更好地服务汽车产业经济发展。

第三节　通道式查验

一、建设思路

2018年6月，公安部办公厅印发《公安交管部门进一步深化"放管服"改革提升交管服务便利化的措施》（简称"放管服"20项便民利民措施）。其中提到，普通业务一窗通办：整合优化办理流程，推行缴费支付电子化，推行业务办理一窗式、车辆登记通道式、服务导办标准式，实现办理车驾管业务"一次排队、一次办结"。在该文件中，通道式登记、通道式查验正式被提出推行。

1.通道式登记和查验的理解

机动车登记涉及资料审核、车辆查验、照相、缴费、制牌、制证等环节，群众经常多头跑、多排队，是车驾管业务办理的难点堵点。此次提出机动车"通道式"登记和查验，目的是推行受理、审核、查验、照相等通道式、流水化作业，群众只要按照标志和地面标线所指引进，实现只排一次队即可完成验车。同时，推行PDA终端查验车辆，查验结果信息化传送，简化机动车登记程序。总之是围绕"一窗通办"总体要求，推进查验业务受理、信息录入、车辆查验、结果内部转递等流程优化衔接，实现便民高效的目的。

2.通道式查验的推广应用

通道式查验被提出以后，各地即开始着手准备工作，包括成立领导小组，制定计划，整合车管、科技、办公室等人员，筹措资金，赴先进地区考察等工作。2018年底《机动车查验工作规范（试行）》出台，建设、改造车管所，落实通道式查验工作在全国层面有了统一的要求。《机动车查验工作规范（试行）》第五条规定："车辆管理所应当使用符合相关标准和规定的查验场地、查验工具、查验智能终端查验机动车，按规定使用全国统一的机动车查验监管系统。未按规定使用的，不得开展机动车查验工作。"第六条规定："车辆管理所应当按照通道式、一次性办结查验的要求，合理规划建设查验通道、查验区和停车区。车辆管理所应当设置明显告知牌、标志标线，安排导办人员，提示群众备齐相关证明、凭证，引导需查验机动车进入查验通道，依次排队进入查验区。在查验区受理业务、完成查验后，引导机动车进入停车区，并提示群众办理后续业务。车辆管理所应当使用查验智能终端或者在查验区设置服务窗口录入机动车信息，有条件的可以通过互联网预录入机动车登记相关信息，提高查验受理工作效率，避免群众多次往返业务大厅。"第七条规定："车辆管理所应当规范机动车查验区建设，设置'机动车查验'标识，设置查验工位，施划标志标线，安装视频监控系统，配置计算机、打印机、扫描仪等设备。查验区场地面积、硬化条件、防雨设施、照明等应当满足查验工作的实际需要。车辆管理所应当结合本地实际在查验区设置遮阳、保暖、通风等设施设备，保障改善查验工作条件。车辆管理所应当区分车辆类型设置大型车辆、小型车辆等专门查验区。查验区和查验工位的数量应当与查验业务量相适应。"

以上三条对车管所应该改造建设成什么样的场地，怎么准备，目标流程怎样，以及基本配置的物品都做了具体要求，可以说是各地落实通道式查验的指南。同时，公安部在全国高级查验员培训班上对各地工作也做了强调：首先是全面排查整改。对所有车管所登记服务网点按照"通道式"查验要求排查，按照实际情况确定服务模式，对不符合条件的立即整改。其次是完善标志标线。开展"体验式"检查，排查现有引导标识标线，优化提示告知服务。最后是延伸下放业务。要求各地规划城区、县乡登记服务网点布局，加快推进业务延伸下放，方便群众就近办理车辆登记。目前各地均已完成通道式查验的改造建设并投入使用，基本分为以下两种模式。

（1）场地实现通道式。

场地通道式是指各地按照要求利用现有场地或者新建场地建设一个大通道，将负责办理机动车登记业务的业务岗位设置在同一通道内，配齐办理业务用的设施设备，完善办公网络建设，提供必要的工作环境和服务场所。实行流水线作业，办事群众在通道内走完一圈即可办理完结所有业务，形成循环，避免人员排队聚集。以安徽省阜阳市为例，阜阳市车管所是安徽省开展通道式查验的试点所，因现有场地不足，向市里主动汇报，相关部门积极配合，在车管所旁边征地40余亩，筹措资金1000余万元，3个月内完成了土地审批、规划、查验通道建设配套、安装网络调试等工作，同时精简业务流程，将原有新车注册登记需要经过的"初审登记→车辆查验→登记审核→业务受理→收费→领取号牌"等6个岗位缩减至"受理审核→车辆查验→登记选号→牌证发放"4个岗位。该模式的优点：①空间比较大，新场地可以从容规划设计办公、停车、牌照制作点等区域。②岗位设置更流畅，可以不受固有地方限制设置最流畅的岗位办理业务。③车辆人员流动更便捷有序，能有效避免人员车辆排队聚集，防范安全问题。

（2）流程实现通道式。

流程通道式是指利用现有场地条件，通过梳理既有流程，优化环节，深挖潜力，最大化提高办事效率，达到便民利民的目的。在这方面，浙江宁波的交钥匙服务，四川自贡的移动查验车办理，都是做得比较好的样板。

交钥匙服务的内容是：机动车所有人到车管所以后停车扫码取号，将资料交由查验登记窗口，窗口不仅审查查验资料，也将登记审核岗需要的资料提前审核，随后预录入系统，交接车钥匙，车主即可去休息区等候；由车管所工作人员领取资料、驾驶车辆进入查验区查验、免费拓印，完成后资料交由后台办理，车辆停放至停车场；车主收到完成信息后去领牌证。

移动查验车办理的内容是：机动车所有人将车停放至登记区停车位，扫码登记后原地等候；查验员收到信息后，驾驶登记查验车至停车位收集资料、采集信息、登记查验，数据会传至后台；号牌安装人员根据完成信息，到停车位安装号牌、发放证件。

该模式的优点是：①资金投入小，通过不投入或少投入资金即可达到通道式查验的要求；②调整灵活，后期可根据法律法规、部令等要求的变化，以及技术的发展等，调整布局、流程，适应新形势。

3. 通道式查验的核心

通道式查验在各地实践以来实实在在地解决了以往车辆登记的问题，如过程烦琐、等候时间长、非法中介扰民、内部监管缺失等各种弊端，受到了广大人民群众的肯定、欢迎，取得了良好的社会效果。但是我们应该对通道式查验再研究、再思考，以努力适应人民群众对"放管服"改革的期盼。

通道式查验的两种模式各有千秋，各地可根据本地实际因地制宜。但是值得我们注意的是无论是场地通道式还是流程通道式，都会有一些制约、限制，都会有一些只靠车管所本身无法解决的问题。场地通道式模式开展中面临的主要问题有：①建设牵涉部门多，流程繁琐、耗时较长。②资金需求较大，各个环节资金无法确保及时保障。流程通道式模式开展中面临的主要问题有：①场地有限，车辆登记高峰时期易造成排队、业务积压。②对设备依赖度高，各地因需自行开发软硬件，但软硬件质量参差不齐，对办理业务效率也是一大挑战。因此，应该紧紧抓住通道式查验的核心，养成通道式思维，用"通道式思维"解决遇到的问题。对于如何养成通道式思维有以下几点建议。

（1）抓住现阶段我国社会的主要矛盾。

党的十九大报告指出，中国特色社会主义进入新时代，我国社会主要矛盾已经转化为人民日益增长的美好生活需要和不平衡不充分的发展之间的矛盾。这是关于我国社会主要矛盾的新论断。对于车管工作来说，最早群众到车管所办理业务的需求是"能办"，后来群众的需求是"快办"，而新时代群众对于办理车管工作的需求已经转化为"有好体验的办"。车管人要认真学习领会新时代新思想，站位高思索远，善用习近平新时代中国特色社会主义思想武装头脑。

（2）深入理解公安部相关"放管服"精神。

党的十八大以来，公安交管部门坚持以人民为中心的发展思想，聚焦民意民声，主动回应群众关切，在深化"放管服"改革方面推出了一系列新举措。2018年6月，公安部交管局组织专门力量进行专题调研。在充分梳理群众和企业需求、总结各地成熟做法基础上，集中推出20项公安交管"放管服"改革新措施；2019年上半年，又相继推出10项新措施，全面推行交管服务一证办、一窗办、异地办、就近办、网上办；下半年9月，又公布公安交管6项新措施，较好地解决了群众异地往返奔波、窗口长时间排队等烦心事。措施不断推出，改革不会止步，车管人应清醒地看到处在新时代的浪潮上，我们要应势而谋、因势而动、顺势而为，才能让人民群众真正感受到更快捷、更方便、更实在的服务。

（3）熟悉业务。

登记查验工作不仅需要熟悉相关法律法规、部令、规定，而且查验工作涉及车辆工程、计算机技术、公安管理等多门学科，在交管系统中技术标准多、层级高，涉及查验工作的技术标准共有38个，更有相关的政策文件等需要学习贯彻落实。作为工作人员，首先要熟悉应知应会的业务知识，然后要具有与时俱进的学习能力，只有自己熟悉了业务和知识才能避免发生因为自己不懂、不会、知识没更新而导致的群众来回跑、排长队、办不了等问题，才能更好地为人民服务。

（4）换位思考。

我们推广通道式查验的目的就是为了解决群众办理机动车登记的难点、痛点，最大限度简化流程，减少群众往返次数、缩短等候时长。那么如何得知这些问题得到了解决呢？这就需要我们切身从群众角度出发进行换位思考。体验式办公模式应运而生，该模式要求各级机关负责人作为群众去体验一次查验流程。这种工作模式有助于我们经常换位思考、从群众的角度感受，才会更有助于我们做出最适合的调整。

（5）善于"弹钢琴"。

车管所工作人员特别是负责人每天事务繁杂，更应学会抓住关键点来统筹规划工作。通道式查验是"放管服"改革的重要举措，放得下去，管得起来，才能做好服务。部局以不断深化"放管服"改革的举措，制定了《机动车登记服务站管理规定》《机动车转籍电子化档案》等指导性文件。我们应以此为契机，加快推进登记业务延伸下放，认识到如果业务不延伸、不下放、不分流，高度集中在地市车管所，人多、车多、排队长，"通道式"查验、一窗通办等改革效果就很难显现。同时，依托查验监管系统，应抓住时代变革、科技革命的新机遇，以互联网+、云计算、大数据、人工智能、5G等新技术为手段，提高管人、管车、管事的水平，用放、管并举，来夯实服务。

通道式思维是与时俱进的思考模式，只要我们每一位车管人从负责人到具办人都能用通道式思维来指导我们的车管工作，那么我们不仅能解决好现在的问题，还能预见到长远我们可以做的工作，更好地服务于经济社会发展。

二、济南模式

按照《中华人民共和国道路交通安全法》及其实施条例、《机动车登记规定》等法律法规和规章，机动车查验是指公安机关交通管理部门车辆管理所办理机动车登记等业务时，依据道路交通安全法律法规和相关标准确认机动车相关信息，是机动车登记的重要环节，同时也是道路交通管理的重要基础。按照传统的机动车查验程序设置，机动车查验在查验区进行，而机动车登记业务的其他环节通常在登记业务大厅办理，多数群众因不了解机动车登记业务流程，到了车辆管理所后需要停车询问从哪里开始办理第一步业务；另外查验过程中要录入机动车信息、核对机动车被盗抢、机动车公告或者机动车登记系统信息，在完成查验后需要将机动车查验记录表等查验结果传递到登记业务大厅的其他岗位，这就需要群众多次往返查验场地和登记业务大厅，导致群众办理机动车登记业务等待时间长、跑路环节多，随着近年来我国机动车保有量的高速增长，这一不便民、效率低的矛盾也越来越突出。

为了解决这一难题，济南交警支队车辆管理所按照科学规划、合理布局、流水化作业、全程无交叉的原则，重新规划设计车辆管理所总体布局，采取"引鸟入林"的方式，在车辆管理所入口处多方式进行引导，将需要机动车查验的车辆直接引导进入物理隔离的查验专用通道，顺着通道依次进入查验区，通过单循环"通道式"管理，解决群众进入车辆管理所找不到路、问不对人、车辆乱插队、非法中介钻空子等突出问题；同时自主开发机动车查验监管系统，实现数据查验网络查询、比对、传递，在查验场地"一站式"完成机动车查验全部工作，有效减少了群众跑路环节，提高了机动车查验效率。

同时济南交警支队车辆管理所又以落实公安部交通管理局"放管服"二十项改革措施为契机，进一步优化设置"通道式"查验，增设机动车预登记岗位，规范查验区建设，不断完善细节，有力提高了群众办理机动车登记业务的满意度（图8-14）。

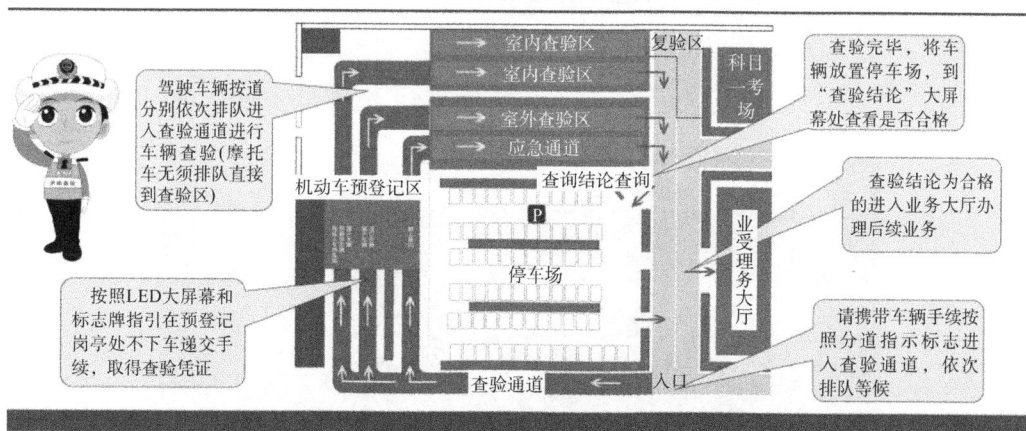

图8-14 通道式、单循环查验流程图

1.科学合理引导群众到查验场地办理查验业务

为了让办事群众来到车辆管理所后尽快获知办事流程和办事渠道，济南交警支队车辆管理所广泛学习借鉴地铁、机场、高铁站的标志标识指引方式，采取广而告之和递进式引导相结合的方式，通过让保安人员做兼职挂牌引导员、在显著位置设置清晰醒目的标志牌、在路面施划标线和标志、用扩音器循环广播业务办理流程和注意事项等措施，让群众进入车辆管理所后尽快获知办理业务流程、找到查验通道入口，同时也提醒群众不要被非法中介欺骗（图8-15）。

a)   b)

图8-15 专用查验通道将需查验车辆引导至查验区

2.增设登记信息预录入岗位提高查验工作效率

为了进一步提高机动车查验效率，济南交警支队车辆管理所积极争取全国统一版机动车查验监管系统的试点应用，同时因地制宜再造流程，将原来在查验通道上的纵向办公室改为横向预登记岗亭岗位，使原来需群众停车进入办公室提交机动车证明凭证改为不下车直接向通道内岗亭递交，同时设置了国产、进口以及网上预约车辆专用查验通道，形成两排串联式六岗位机动车预登记区，每个专用查验车道加装物理隔离设备，防止车辆加塞和"非法中介"随车进入查验区，形成流水作业的查验模式（图8-16）。

图8-16 机动车预登记两排串联式六岗位

办理业务的车主驾车驶入车辆管理所后即可按照清晰醒目的分道行驶标志驶入专门的查验通道依次排队等候，进入机动车预登记区时根据车辆类型、是否经过网上预约等分别驶入国产、进口或者网上预约车辆相应查验通道，车主在车内向第一排岗亭工作人员递交机动车证明凭证、录入机动车信息、领取查验凭证（在用车出示行驶证），然后在第二排岗亭处做好免费拓印实车打刻的车辆识别代号、OBD检测等查验前准备工作（图8-17）。

a)　　　　　　　　　　　　　　b)

图8-17　在车内向第一排岗亭递交凭证

3. 标准建设查验场地提高查验工作规范化

为推动机动车查验工作规范化建设，济南交警支队车辆管理所进一步完善查验场地，在室内查验区配置汽车尾气强排通风系统、空调系统，改善查验工作条件，保障查验员的身心健康；升级查验场地网络设备设施，将原有的百兆专网升级为千兆专网，将普通路由器升为工业级路由器，保证查验视频、图片传输速度更快、更稳定；增设查验工具，为查验员增加配置补光灯、LED手持灯等专业查验工具，便于查验员更专业地查验机动车；加强视频监控，在查验区所有查验工位上的左前、右后部位分别安装视频监控装置，实现查验过程360°监控视频全覆盖（图8-18、图8-19）。

图8-18　标准化规范化建设的专门查验区

a)　　　　　　　　　　　　　　　　b)

图8-19　查验场地内图片配置的工具、视频监控、显示屏等

在此基础上，创新研发了机动车查验终端（PDA）与执法记录仪智能交互系统，在查验员查验机动车时，查验员手持的机动车查验终端会自动检测佩戴的执法记录仪是否正常工作，若正常则执法记录仪会根据机动车查验终端发送的起止信号录取查验过程音视频；若执法记录仪不在开机状态（或是没电），则机动车查验终端无法正常工作；同时在机动车查验终端开始查验时，还会激活查验区固定工位摄像装置，从第三视角录取查验全过程，弥补执法记录仪第二视角视频资料的不足，从而全方位、多维度地真实还原查验过程。查验完毕，两段视频资料和机动车查验终端查验资料会一同上传监管平台并与所查验车辆信息自动关联匹配，便于查验远程监管中心进行事中或事后监督。机动车查验终端与执法记录仪的实时交互、同步联动，解决了基层车管部门在机动车查验过程中不规范使用执法记录仪的问题，规范了机动车查验工作，为加强机动车查验业务监管，推进社会化机动车登记服务站建设提供了技术保障（图8-20）。

a)待机状态　　　　　　　　　b)连接中　　　　　　　　　c)录像状态

图8-20　执法记录仪与机动车查验终端交互

4.公开查验结果科学引导群众办理下步业务

查验完毕，车主驾车通过感应式道闸驶出查验区，在停车场入口处显示屏即可获取查验监管系统复核反馈的查验合格/不合格的查验结论，查验不合格的可开车到复验区进行复检；查验合格的，到业务受理大厅的排队系统领取排队号后到相应的窗口，登记审核岗通过查验凭证上的条码即可打印出查验表和标准照片顺序，完成下一步业务（图8-21）。

a)   b)

图8-21　公开查验结果

三、天津模式

1.天津市机动车查验工作创新服务举措情况

天津车管所持续深化公安部"放管服"改革，大力推进社会化服务新举措，着力通过调整岗位设置、改造场地设施、优化业务流程，推行、实施"通道式"查验新模式，探索实践车管改革服务新举措，在规范秩序、提升效率、便民服务等方面取得了各级领导和社会各界的广泛认可。

（1）传统方式拉长查验环节。

按照《中华人民共和国道路交通安全法》及其实施条例、《机动车登记规定》等法律法规和部令规定，机动车查验是指公安机关交通管理部门车辆管理所办理机动车登记等业务时，依据道路交通安全法律法规和相关标准确认机动车，是机动车登记的重要环节，同时也是道路交通管理的重要基础。按照传统的机动车查验程序设置，机动车查验在查验区进行，而机动车登记业务的其他环节通常在车务大厅办理，多数办事群众因不了解机动车登记业务流程，到了车管所后需要停车询问从哪里开始办理第一步业务，然后再询问，再办理下一步；在办理查询业务过程中还要录入机动车信息、核对机动车被盗抢、机动车公告、机动车登记系统信息等，在完成查验后需要办事群众将机动车查验记录表等查验结果传递到登记业务大厅的其他岗位，这就需要群众多次往返查验场地和车务大厅，导致群众办理机动车登记业务等待时间长、跑路环节多。近年来，随着天津市机动车保有量的高速增长，这一不便民、效率低的登记查验工作模式矛盾凸显。

（2）创新模式提高查验效率。

在公安部公安交通管理"放管服"改革现场推进会后，天津车管所迅速行动，在短短不到一个月的时间内，对各单位、部门进行改造升级，全面推广实施"通道式"查验模式，切实将"立即办、马上办"和"四个减免"的工作要求落实落地，并融入各项业务环节当中，实现了"一进一出、一窗办结"的工作目标，使天津的机动车查验工作水平得到了一次"质"的提升，同时更重要的是让广大人民群众切身感受到公安部"放管服"带来的便捷和实惠。

天津市车管所按照因地制宜、规划建设、建立机制、理顺流程的原则，在车辆管理所入口及"通道"全程施划地面标志标线（图8-22）、设置硬隔离设施，通过在显著位置设置清晰的"通道式查验工作示意图"（图8-23）、"服务引导指示图"和电子显示屏，明示群众在进入车管所后的办事流程和方位，帮助群众找到查验通道入口（图8-24），逐项办理业务；同时，在通道内设置车辆信息录入岗亭和免费拓号（图8-25）、拆装牌照岗亭等，提高工作效率，方便群众办理机动车登记查验业务。

图8-22　改造后的查验通道标志线

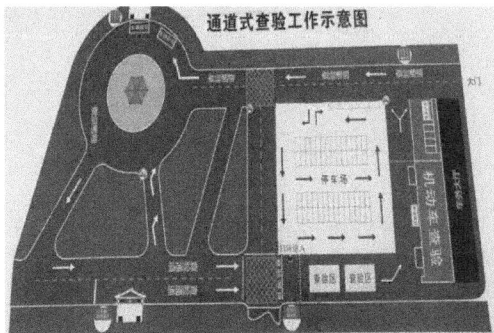

图8-23　通道式查验工作示意图

图8-24　机动车查验通道

图8-25　免费拓号区

（3）智能科技规范查验工作。

天津市车管所严格规范查验装备的配置和使用，确保每个查验区都至少配有一个查验工作箱，每名查验员随身配备查验工具包、执法记录仪、PDA智能查验终端，并严格按照机动车查验工作规程和标准，开展查验工作。特别是近年来，天津市车管所进一步加大了查验装备的科技投入，通过自主科技研发、智能设备引进等措施，逐步自行增配了查验智能门禁系统、车辆信息采集系统、PDA人脸识别登录系统，并研发应用了PDA终端的拓膜自动比对功能。同时，结合工作实际，天津市车管所将OBD智能诊断系统、蛇臂探测仪以及多功能高拍仪、智能叫号系统等一系列科技装备，作为标配、必配装备，应用于"通道式"查验的各业务环节当中，进一步严格查验标准，规范操作流程，提升工作效率，确保"通道式"查验整体工作更加规范有序。图8-26所示为停车机器人。

图8-26　停车机器人

在探索实践过程中，天津市车管所通过"通道式"查验模式的实施，还在队伍日常管理和业务实时监管方面实现突破，即通过各岗位、区域等候车辆和人员的数量，直观分析出业务积压情况和出现异常状况的问题所在，便于及时"对症下药"，促进警务效能最大限度发挥。比如，如果查验区入口车辆积压较多而查验通道内车辆较少，便可基本确定在资料初审核岗位出现了问题。如果查验通道入口和查验通道内车辆较少，而查验登记大厅等候人数较多，只要通过叫号系统便可直观分析出问题所在；如果叫号系统积压的号数多，则表明窗口警务效能低；如果叫号系统积压的号数少或没有，那一定是制证环节出现了问题。以此类推，通过直观效果的监督，就能推动"通道式"查验模式的整体效能发挥。

（4）通道式查验实施效果。

天津市车管所通过实施"通道式"查验，效果明显，主要实现了以下"四大转变"。

①人工操作向智能应用转变，实现各环节业务办理的精准高效，达到了节省警力成本的目的。

②通过流程的设置、制度的完善，特别是直观效果监督机制的建立，实现了各岗民警由被动工作向主动服务的切实转变；最终达到了以流程、制度来制约人为主观随意的效果。

③通过科技应用、岗位整合、内部流转等措施，切实实现了档案内部流转、数据网络推送，达到了网络多跑路、群众少跑路的目的。

④通过科技设置范围的不断扩大，在车辆查验等各个环节实现了主观评判向客观校验的转变，达到了设备智能校验和办理过程全记录的目的，规范和约束了民警的行政执法行为。

同时，天津市车管所通过实施"通道式"查验，实现了车辆排队数量大幅减少，群众等候时长明显减少，群众的满意度显著提升和民警的风险点明显降低这"四个方面的效应"。总体来说，日常查验区的待查车辆少了、查验登记大厅里的等候人数少了，面带笑容、满意而归的人多了，民警心理压力明显下降了，而且通过智能设备查验车辆，使得查验工作更加客观，出现问题的风险下降了；窗口通过人脸识别系统验证申请人的身份、读取车辆所有人的身份证明，有效避免了使用伪造假证骗取登记业务的发生，这也降低了窗口民警的行政执法风险。同时，这种通道式查验的查验模式与改造经验，给一些查验场区较小的车管服务单位，提供了可参考、借鉴的蓝本。

（5）通道式查验应用推广。

目前，分布于天津全市各区域的二手车交易市场、机动车登记服务站等社会化一站式登记服务机构，现均已按照"通道式"查验模式进行了规划、改造。此外，结合天津市中心城区中重型货车限行政策，天津市车管所在环城地区按照合理布局的原则设立了6处机动车登记服务站，主要为上线检测后的中重型货车提供一站式登记服务。目前，天津市近200家社会化服务网点，分流了天津市70%左右的车管业务，切实满足了广大群众"一次办、就近办"的服务需求，也使车管所的业务工作达到了有效分流的效果。

随着预录采集系统、人脸识别设备、智能查验终端、智能诊断系统、外廓尺寸自动测量设备等应用与完善，登记岗与查验岗将无缝衔接，工作效率将不断提高，实现了数据与车辆同步流转、高度契合的查验新模式。据2020年的数据统计分析，天津车管所、各分所日均需要进行车辆查验的业务量在100辆次左右，通过"通道式"查验模式的实施，完全能够做到"随来随验、随来随办"的需求。同时，还实现了对原车务大厅业务进行分流，办公秩序、大厅环境得到了极大的改善，取得一举双赢的效果。

2. 新时代下推进机动车查验工作新模式探索

中国特色社会主义进入了新时代，车辆查验工作面临着交通要素数量激增和结构变化并行的新形势，面临着人民群众要求便捷服务和品质服务并重的新需要，随着互联网大数据的应用和推广，传统的机动车查验工作模式亟待转型升级，应从优化机动车查验工作流程、探索机动车查验工作新模式、提升查验员队伍整体水平这几方面着手，打造查验工作新模式。

（1）优化机动车查验工作流程。

①设置预登记岗。

机动车查验通道内增设机动车查验预登记岗，目的是对预办理业务的车辆进行初步登记（材料审核及车辆信息查询），然后直接进行查验。如此操作，预计可以将以前一笔受理时间为30min的业务缩短至15min左右，大大地节约了群众办理业务时间。

②精简办理流程。

对于材料不齐全的群众，可视情况而定，进行容缺办理，例如有些群众未缴纳机动车购置税，可以先办理，后补齐材料，这样既可以避免排队靠后且已办结的车辆无法驶离通道现象发生，又节约了办事群众的排队时间，只需将材料补齐，直接交至受理窗口。

③健全完善科技办理机制。

应坚持科技强警，健全监督管理机制。可充分利用移动互联网平台，大胆创新，建立网上机动车登记服务站，实现网上机动车查验，将现实中的登记服务站虚拟化、网络化。可以尝试小型非营运汽车的注册登记业务，线上查验，线上办理，由机动车所有人将所需查验项目照片、视频及相关资料上传至查验系统，由监管平台后台审核复核，审核判定合格后进行办理选号，让群众不出家门即可办理车辆注册登记业务。

（2）探索机动车查验工作新模式。

①加大科技投入，提高查验质量。

运用电子设备对照车辆生产企业及产品公告、机动车整车合格证自动采集车辆关键信息生成对比结果。新车上牌前，只需将车辆开入查验工位，查验系统会自动探寻采集车架号、标牌、轮胎规格、左前右后照片等关键信息，通过将连接数据库中的资料进行核对，能实现车辆的真实性、唯一性的确认，并产生永久性记录，形成从"摇篮"到"坟墓"，覆盖车辆交易过户直到报废解体的终身"电子身份证"。自动化查验不但可以大幅度提高查验工作效率，而且对于防止查验环节的人为失误和最大限度地挤压人工查验的自由裁量空间具有决定性作用。

②配置红外线自动测量装置。

配置红外线车辆外廓尺寸自动检测仪，能实现车辆外廓尺寸数据的自动采集、精确测量；将目前通过手工拓印采集车辆识别代号拓印膜方式转变为电子扫描采集方式。通过大量启用科技手段，利用电子扫描、计算机自动比对等远程查验方法，在增强查验准确性的同时，能简化查验流程、提高查验工作效率，节省宝贵的警力资源。

③5G技术的应用。

5G网络是第五代移动通信网络的简称，其峰值理论传输速度可达每秒数十吉字节，相比4G网络的传输速度快数百倍，发展潜力大。如果我们将此项技术引入到查验工作中，就可以让查验终端始终处于联网状态，也可通过其强大的传输能力随时查阅后台关联性数据。另外，5G技术可以延长蓄电池的使用寿命达50%以上，那么就可以解决执法记录仪和PDA由于使用时间过长经常出现关机的问题。

（3）提升查验员队伍整体水平。

①加大对非民警查验员的培养，释放一部分查验权限，不但能解决查验警力不足与机动车保有量和业务量剧增带来的矛盾，同时能有效解放查验民警警力，使民警查验员将精力放在重点车辆查验、嫌疑车辆调查、业务培训指导、违规产品上报等，更大限度发挥民警查验员的作用，使查验工作更加严格规范，真正起到源头管控作用。

②定期组织业务培训及考试，可以借助论坛、交警网校、查验微信群等媒介，与传统手段相结合，在法律标准特别是新的法律政策标准的出台后，组织查验员集中学习讨论，

统一标准，避免因理解不同导致查验标准不同。

③在市车管所及各车管分所设立综合性的监管平台。有效的监督管理，是持续推进查验工作规范化运行的有力保障。可以通过安装在专属查验区的音（视）频监控系统，配合执法记录仪、PDA等查验设备，对从受理查验业务到出具查验结论的环节进行监督，并实时向监管中心上传、存储相关数据信息资料。应每日设置专门人员对信息、资料进行检查、整合，便于分所领导随时掌握工作动态，实现对机动车查验全维度、全过程、全项目的监督管理。

第四节　点线面查验法

机动车查验主要是查验员对前来车辆管理所办理机动车注册登记、转移登记、变更登记和变更备案等的机动车进行查验的一项重要工作。它主要分为3个步骤：查验准备、查验实施和查验结论。本节在基于前期"一查，二看，三听，四量，五试，六宜"六字查验法的基础上，结合一线查验的工作实际，探索总结了"点、线、面"车辆查验技战法。

一、"点、线、面"查验技战法

1. "点、线、面"查验技战法方法介绍

"点、线、面"车辆查验技战法是指查验员在进行机动车查验过程中，按照顺时针的方向围绕被查验的车辆，在一个"面"内对不同"线"上的多个"点"进行的车辆合格性查验的过程。"点"是指按照道路交通法律法规和相关技术标准，结合实际的工作情况，针对具体的机动车查验项目进一步细化的过程；"线"是指多个机动车查验项目"点"相互连接形成的"线"；"面"则是指查验员在进行机动车查验过程中围绕机动车顺时针移动的过程中，随站位和视角变换而形成的"面"。

2. "点、线、面"查验技战法步骤

（1）厘清、细化查验项目"点"。通过梳理《机动车安全运行技术条件》（GB 7258）、《机动车查验工作规程》（GA 801）等技术标准，以及相关部委出台的规范性文件中与机动车查验相关的具体要求、表述，按照进口机动车、校车、载客汽车等不同的机动车类型，注册登记、转移登记等不同的机动车查验业务，可以分门别类地将查验内容要求和规范罗列出来，细化成"查验规范要求和查验项目点"一一对应的查验项目列表。

（2）将查验项目按车型归类成"线"与"面"。在实际的机动车查验工作中，面临机动车查验车型种类、查验项目繁多的情况，建议按客车、货车划分大项，客车再按公路客运、旅游客车、校车等，货车按重型货车、危险品运输车等进一步细分为小项，在细化成"查验规范要求和查验项目点"一一对应的查验项目列表的基础上，按照机动车查验项目

所处在车辆具体方位的不同，准确归类到具体车辆的"面"与"线"内，并根据每种具体的车型进行相应的"点、线、面"查验技战法固化，例如：后号牌板架查验项目应归类在车辆正后面等。

（3）加强"点、线、面"查验技战法的实战练习。在将对应的"点"准确归类到具体车辆的"面"与"线"内后，建议查验员在日常的工作过程中有针对性地对不同的机动车型"点、线、面"查验技战法实战进行常态化练习，尤其是对于刚从事机动车查验的人员，应不断加强实战训练，从而做到面对具体的不同机动车型时，能迅速根据不同的查验项目讲解出相应的查验规定、要求、方法，准确高效地完成一辆机动车的查验（图8-27、图8-28）。

图8-27　"点、线、面"查验工作法（车辆左前方）

二、"点、线、面"查验技战法的优势及效果

1. 能够有效提升机动车查验工作的质效

"点、线、面"机动车查验技战法将车辆查验变得精细化、模块化，量化了机动车查验的先后顺序、具体车型的查验项目。面对当前查验工作量大、车型多的工作实际，运用"点、线、面"机动车查验技战法查验车辆能有效减少查验员不必要的查验动作和工作量，减少机动车查验的时间，大幅提升机动车查验的工作质效。

2. 全面提高查验员业务能力

"点、线、面"机动车查验技战法的实战应用过程中需汇总不同机动车型的具体查验项目，这需要查验员具备一定的查验理论基础，从而倒逼查验员系统学习查验理论知识，督促查验员规范查验流程、查验动作。结合工作实际来看，新手查验员刚开始查验车辆时，若能运用"点、线、面"车辆查验法进行查验，能迅速帮助新手查验员打好机动车查验理论基础。

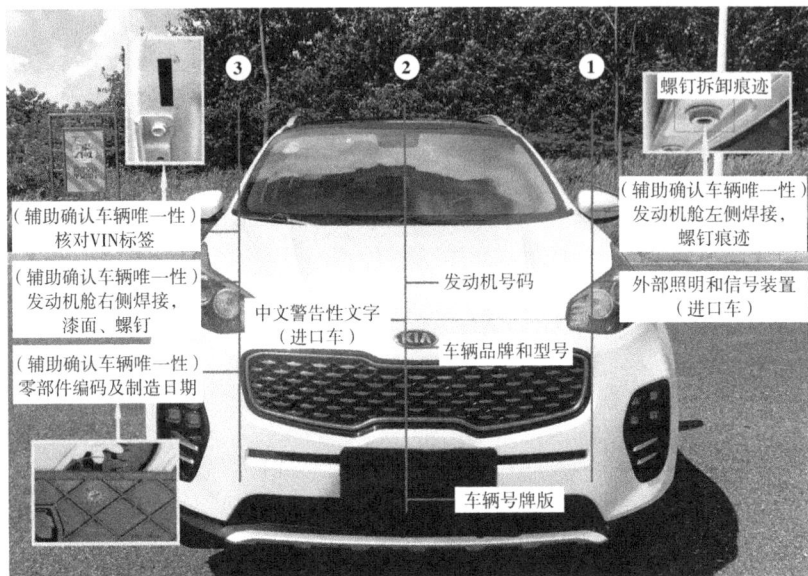

图 8-28   "点、线、面"查验工作法（车辆正前方）

3. 健全查验业务监管机制

"点、线、面"车辆查验法需列举需要查验的项目，若严格按方法查验，则不应出现缺项、漏项情形。按规定，查验员查验车辆时应开启执法记录仪全程录像。在后台监管时，监管人员可抽查查验员的执法记录仪视频录像，对具体车辆查验行为进行复核，查看查验员是否按步骤查验车辆，从而进一步强化查验业务监管（图 8-29~图 8-31）。

图 8-29   "点、线、面"查验工作法（车辆左侧）

图 8-30 "点、线、面"查验工作法（车辆正后方）

图 8-31 "点、线、面"查验工作法（车辆右侧）

三、"点、线、面"查验技战法面临的挑战及改进方向

1. 注意查验项目的范围

机动车查验工作涉及的技术标准较多，在实际的机动车查验工作中应当如何应用好众多的技术标准和规定是一个很大的挑战。结合在开展机动车查验过程中的实际工作经验，建议应以《机动车查验工作规程》（GA 801）为中心，在《机动车运行安全技术条件》（GB 7258）框架范围内，准确把握相关机动车的查验项目。

2.对查验不合格车辆要注意及时取证并告知

在机动车查验工作中，依据法规标准确认的不符合标准的情形，建议查验员先行记录，待全车查验工作结束后，再对所有不合格情形进行取证，并一次性告知机动车所有人。

第五节　唯一性无损检测

车辆识别代号（VIN）是为了识别某一辆车，由车辆制造厂为该车辆指定的一组字码。一辆车的车辆识别代号就像一个人的身份证号码一样，是确认车辆唯一性的重要参数。公安交通管理部门办理机动车登记时，就是通过查验车辆识别代号等项目确认车辆。一些不法分子受利益驱动，采取种种手段更改走私车、盗抢车等非法机动车的车辆识别代号，套用合法机动车的凭证资料到公安交通管理部门办理登记业务，给机动车查验工作带来了极大的困扰。近年来，不法分子造假水平也越来越高，几乎可以以假乱真，查验员仅凭肉眼很难发现车辆识别代号是否被改动过。面对机动车查验工作的新形势，常规的"看""摸""刮""敲""洗"五字工作法已不能满足机动车查验的需要，公安交通管理部门陆续应用了一些新装备、新技术，取得了较好的成效，无损检测技术是其中最实用的新技术之一，其在违规嫌疑车调查工作中发挥了良好的效用。

一、改动车辆识别代号的常见手段

近年来，一些不法分子通过凿改打磨车辆识别代号等手段，为走私、盗抢、拼装等不法车辆办理登记，对社会治安、人民生命财产安全和市场公平、国家财税收入等造成严重威胁或损失。其中，凿改字码、重新打刻、整体挖补、焊接号码等改动车辆识别代号的手段较为常见。

1.凿改字码

该手段一般只凿改1至2位字码。根据我国的技术标准，车辆识别代号由17位字码组成，其中第9位为校验位，第10位为年份位。而部分欧版进口车的车辆识别代号编码规则与我国的不同，不法分子就对第9位、第10位的字码进行凿改，使之符合我国标准。有的按照已登记的同型号事故全损车的车辆识别代号进行局部凿改，套牌办理转移登记，使非法车获得合法身份。

2.重新打刻

重新打刻车辆识别代号有3种情形：
①打磨原车辆识别代号打刻位置，在同一位置重新打刻新的车辆识别代号。
②打磨原车辆识别代号打刻位置后重新喷漆，再在其他位置重新打刻新的车辆识别代号。

③在原打刻车辆识别代号位置进行打磨，用"腻子"抹平，在未干时打刻新的车辆识别代号，等晾干后再喷漆；或者是用加热稀释后的软金属液进行填充，待软金属形成固态后，进行打刻。

3. 整体挖补

挖补号码通常是先将因发生交通事故或者失火等原因报废的机动车上打刻车辆识别代号的部件整体切割下来，然后粘贴或者补焊到非法机动车的车辆识别代号位置上，用"腻子"抹平，重新喷漆。

4. 焊接号码

焊接号码通常是先在金属片上打刻合法机动车的车辆识别代号，再将金属片焊接到非法机动车打刻车辆识别代号的位置。

二、常用查验方法

目前查验员常用的机动车查验方法是以"看""摸""刮""敲""洗"为基础的五字工作法：

（1）"看"。查验员观察打刻车辆识别代号部件背面钢板是否有焊接、凿改痕迹；查看车辆识别代号的字体、间距、位数、样式是否与该车型原码或档案中留存的拓印膜相符。

（2）"摸"。查验员用手摸车辆识别代号正面或者背面钢板是否平整，以及打刻车辆识别代号的钢板与车身的连接部位是否存在整体焊接等情况。

（3）"刮"。利用辅助工具刻划车辆识别代号打刻周围区域，判断有无凿改打磨线索。

（4）"敲"。查验员用橡皮锤敲击车辆识别代号位置，查看是否有松动、出现裂缝等现象。

（5）"洗"。用脱漆剂喷洗车辆识别代号位置，查看漆面是否很容易被清洗掉，也可借此发现隐藏的凿改线索。

五字工作法是基层民警在日常查验工作中总结出的一套行之有效的查验方法，一些资深查验员往往通过综合应用此方法，能更加有效地发现车辆识别代号、发动机号码改动的线索，为进一步的违规和嫌疑调查奠定良好的工作基础。另外，五字工作法也是有效发挥其他车辆识别代号查验方法功能的基础，尤其是能为应用车辆识别代号信息读取仪、紫外荧光灯、油漆层微量厚度检验仪和金属探伤仪等无损检测方法提供指引，提高进一步查验的指向性，提高应用先进仪器和设备查验时的工作效能。

三、无损检测技术的概念和常见设备应用

无损检测是指在不破坏被检测对象的前提下，利用物质的声、光、磁、电等特性，借助先进技术和设备器材，对被检测对象的表面或内部是否存在缺陷进行检测的方法。无损

检测方法包括：涡流检测（ECT）、射线照相检验（RT）、超声检测（UT）、磁粉检测（MT）和液体渗透检测（PT）5种。在对车辆识别代号进行查验时，只要不对机动车进行破坏性操作而采取的查验方法均属于无损检测范畴。公安交通管理部门用于查验车辆识别代号的常见无损检测设备有VIN信息读取仪、紫外荧光灯、油漆层微量厚度检验仪和金属探伤仪。这些无损检测设备的推广应用，大大地提高了机动车查验的质量和效率，使得查验员不损伤机动车就能快速、精准地判断车辆识别代号是否改动，使机动车查验更加便捷、高效。

1. VIN信息读取仪

根据《机动车运行安全技术条件》（GB 7258—2017）的规定，2014年3月1日起出厂的具有发动机电子控制单元的乘用车、2018年1月1日起出厂的具有电子控制单元的纯电动乘用车，应至少有一个ECU记载有车辆识别代号等特征信息。一些机动车尤其是乘用车通常在多个ECU中记载了车辆识别代号，VIN信息读取仪可以用于读取机动车ECU所记载的车辆识别代号等特征信息。目前市场上销售的VIN信息读取仪器种类较多，主要有元征、道通、朗仁、美国实耐宝RED-BOX、车e通V301等，价格为200~9000元，市场上绝大多数车型的电子车辆识别代号都可以通过VIN信息读取仪读取。公安交通管理部门可以应用VIN信息读取仪对机动车实际车辆识别代号进行读取，核对车身打刻、标识的车辆识别代号是否与ECU以及与各零部件模块中记载的车辆识别代号一致。

2. 紫外荧光灯

车辆制造厂通常在机动车车身不同部位粘贴有若干车辆识别代号标识，同时很多机动车的整车标牌也是柔性标签，粘贴这些标识标签的黏合胶中含有荧光颗粒。使用紫外荧光灯照射车身相应部位，很容易识别原厂标识、标签粘贴痕迹或伪造的标识、标签。目前市场上销售的紫外荧光灯种类很多，价格为20~200元。在进行车辆识别代号查验时，公安交通管理部门可以用紫外荧光灯对车身各个部位进行仔细照射，确定标志标签是否重新粘贴或清除。

3. 油漆层微量厚度检验仪

常用的油漆层微量厚度检验仪有2种测厚方法。

（1）磁性测厚法，其原理是在测定各种导磁材料的磁阻时，其测定值会因其表面非导磁覆盖层厚度的不同而发生变化，利用这种变化即可测知覆盖层厚度值，适用于导磁材料上的非导磁层厚度测量。

（2）涡流测厚法，其原理是当载有高频电流的探头线圈置于被测金属表面时，由于高频磁场的作用而使金属体内产生涡流，此涡流产生的磁场又反作用于探头线圈，使其阻抗发生变化，此变化量与探头线圈离金属表面的距离（即覆盖层的厚度）有关，因而根据探头线圈阻抗的变化可间接测量金属表面覆盖层的厚度，此方法适用导电金属上的非导电层厚度测量，适用于测量油漆涂层的厚度。

常见的油漆层微量厚度检测仪大多是磁性测厚仪或具有磁性测厚和涡流测厚两种功能。目前市场上销售的油漆层微量厚度检测仪种类较多，主要有宇问 EC770、ELECALL EM220、果欧涂层测厚仪、德国 QNix4500 等，价格为 1000~5000 元。车辆制造厂原厂喷漆工艺具有稳定性的特点，若车辆识别代号为原厂打刻，车辆识别代号打刻区域油漆厚度应与周边区域油漆厚度一致。公安交通管理部门只要用油漆层微量厚度检验仪分别检测车辆识别代号打刻区域和周边区域的油漆层厚度，就可以快速检查出车辆识别代号打刻区域油漆层是否存在重新涂漆等情形，再配合使用其他查验工具和方法，即可确定车辆识别代号是否改动。

4. 金属探伤仪

金属探伤仪是一种便携式工业无损探伤仪器，它能够快速、便捷、无损伤、精确地进行工件内部多种缺陷的检测、定位、评估和诊断。常见的金属探伤仪大多是超声波探伤仪，其中脉冲反射式超声波探伤仪应用得最为广泛。脉冲反射式超声波探伤仪的原理是：在均匀的材料中，缺陷的存在造成声阻抗的不一致，而超声波在两种不同声阻抗的介质的交界面上将会发生反射，可以根据反射回来的能量的大小确定缺陷的形状、大小。目前国内外市场上销售的便携式金属探伤仪主要有匈牙利 μESCAN、里博510、祥瑞得TAKK—5880、奥林巴斯EPOCH 600 等，价格为1万~3万。公安交通管理部门应用金属探伤仪探测机动车车辆识别代号打刻区域，能够在不损伤车身车架的情况下诊断出打刻车辆识别代号的区域是否存在焊接、打磨等情形，从而可以判定车辆识别代号是否改动。

四、综合应用无损检测设备查验车辆识别代号的优点

查验员在查验车辆识别代号时，先使用VIN信息读取仪读取机动车ECU中记载的车辆识别代号，再使用紫外荧光灯检查车身是否有标识、标签被清除的痕迹，检查标识、标签是否属于重新粘贴，可以发现一些机动车车辆识别代号改动的端倪。但有些机动车车辆识别代号改动得比较好，光靠VIN信息读取仪和紫外荧光灯不一定能发现异常。此时，油漆层微量厚度检验仪和金属探伤仪就有用武之地了。查验员使用油漆层微量厚度检验仪对打刻车辆识别代号部位和车身某些有重新喷漆嫌疑的部位进行检查，能排查出重新喷漆的部位；再使用金属探伤仪重点检查打刻车辆识别代号部位周边和重新喷漆的部位，能找出是否存在焊接和打磨等痕迹。通过上述综合应用VIN信息读取仪、紫外荧光灯、油漆层微量厚度检验仪、金属探伤仪等无损检测设备的方法，可以快速、便捷、准确地确定车辆识别代号是否改动。

对比传统的查验方法，使用无损检测设备进行查验有以下优点。

（1）对查验员查验技能要求不高。传统的查验方法对查验员要求较高，没有2~3年从事查验工作的经验，很难发现问题。而使用无损检测设备，只要会使用设备，刚从事查验工作的查验员都可以发现车辆识别代号是否改动。

（2）查验效率大大提高。从基层查验工作实践情况看，传统查验方法要找专业工人清理车辆识别代号打刻部位，进行脱漆、打磨操作，通常耗时较长，有的要1~2天的时间才能确定车辆识别代号是否改动。使用上述无损检测设备，一般不到1h就能确定。

（3）不会对机动车造成损坏。传统的查验方法，通常要脱漆、打磨，才能发现车辆识别代号是否有凿改、焊接、挖补等痕迹。综合应用无损检测设备，不需要对车辆识别代号打刻位置进行打磨，就能发现车辆识别代号是否异常。

第六节　查验智能终端

随着科学的发展和技术的进步，科技强警已经成为公安交通管理部门打击道路交通违法行为和涉车犯罪必不可少的手段。如何充分利用科技设备，为车管工作服务，提升机动车管理及查验水平，已成为各级公安交警车管部门面临的共同课题。为进一步加强车管工作，淄博交警支队自2019年起，对全市所有机动车查验区进行了标准化建设、对监管系统及查验智能终端系统的使用进行了检查验收，特别是以科技强警为抓手，在机动车查验区积极推进应用便携式查验智能终端（PDA查验系统）和车载ECU读取设备（OBD诊断系统），进一步增强了查验工作执法公信力，提升了机动车查验工作规范化、标准化、统一化水平。下面本节通过介绍PDA查验智能终端、OBD车载诊断系统在实际工作中的应用，探讨两台设备的使用方法，强调其对提升机动车查验工作水平所起到的重要作用。

一、机动车PDA、OBD系统简介

PDA（Personal Digital Assistant），又称为"掌上电脑"，可以帮助人们完成在移动中的工作、学习、娱乐等。按使用来分类，分为工作PDA和消费品PDA。工作PDA主要应用在工作领域，常见的有条码扫描器、RFID读写器、POS机等，它们都可以称作PDA；消费品PDA比较多，包括智能手机、平板电脑、手持的游戏机等。

OBD（On Board Diagnostics）是为汽车故障诊断而延伸出来的一种检测系统，即车载诊断系统。OBD通过在线接入车载ECU接口，可以记录车辆发动机、排放后处理装置、有关故障代码等信息。通过OBD读取的VIN等一系列车载信息，人们可以快速对车辆的唯一性进行判定。

1. PDA系统的应用

机动车查验监管及查验终端系统是严格按照《机动车查验工作规程》（GA 801）标准，基于查验工作流程所设计的一个针对机动车注册登记、转移、变更等查验业务的信息化管理应用平台与查验程序。系统包括：查验PDA、查验业务办理系统、数据采集设备、查验监管系统。PDA通过扫描查验系统受理凭证，获取公告数据及基本信息，进行现场车辆查验，完成查验后，PDA将查验数据、照片及录像上传至系统后台监管中心，监管中心对查验员提交的查验数据进行复核。复核合格后可打印查验记录表并办理车管业务。查验监管系统在专用局域网上的服务器通过公安边界网络，与"全国公安交通管理综合应用平台"（以下简称"六合一平台"）进行数据交换，并将查验数据写入六合一平台。

机动车查验监管系统根据实际需要，增设了功能模块，实现了公安网信息系统与查验智能终端（PDA）的信息共享、数据互换。该系统具有以下7个功能和特点。

（1）扫描业务受理凭证二维码，能实现准确、高效、规范地采集和录入车辆信息。

（2）能远程核对公告，自动比对技术参数，以及对违规产品或其他不符合标准的情形进行日志记录。

（3）能精确定位查验人员。PDA内置的GPS定位模块及Wi-Fi设定范围，能准确获取查验员工作时的地理坐标、时间、环境和人员身份认证信息，能限定查验员只能在规定区域内查验车辆，否则查验数据无法上传存储，杜绝了机动车不到现场的"无车查验""替包查验""飞行查验"。

（4）按级配置用户权限。根据查验民警准许办理业务等级，分别配置各查验员电子签名、PDA绑定、查验的车辆类别、业务类别等权限信息。

（5）PDA图像照片与执法记录仪音视频同步记录。对于原来只上传照片的模式，部分情形难以确认查验结果，淄博支队进行科技更新，实现了PDA图像照片与执法记录仪音视频同步上传，保障了查验质量和查验结果的真实性。

（6）规范细化查验动作。PDA查验系统根据车辆类型、使用性质和业务种类自动选择查验项目，指导查验员完成外观项目查验、技术参数确定、查验结果判定。为查验项目拍照提供智能提示，增加了车辆外观框和VIN框，规范照片取景设置，使用PDA拍摄车辆照片，对车辆识别代号的照片及必检项目照片进行提示，系统操作简单明了，杜绝了漏拍和错拍的情况。

（7）实时上传查验结果。查验完毕后，通过PDA将查验结果和车辆照片实时上传，查验合格的通过内部电子传递，打印查验记录表，实现执法标准、检验流程与监督管理"三效合一"。

2. OBD系统的应用

目前，汽车都装配有标准的16针OBD诊断接口，大部分车型的OBD接口在仪表板左边下方或转向盘下方右侧300mm附近，可以射频蓝牙形式或数据线方式与OBD读取设备通信。通过OBD接口可快速读取整车控制器、发动机ECU、ABS等多个ECU记载的车辆信息，其中包括车辆识别代号（VIN）、发动机号、行驶里程数等（图8-32）。

淄博市公安交管部门为机动车办理登记业务时，通过使用OBD读取VIN及其他数据信息并做一致性校验，有效支撑了车辆唯一性查验工作，并将读取出的数据作为嫌疑车辆调查的重要证据，协助公安刑侦部门深入调查（图8-33）。目前为止，已利用该方法查验嫌疑车辆56辆，对有效预防和打击盗抢、套牌、抢注、走私、拼装、组装等车辆的违法行为，起到了极其重要的作用（表8-4）。

1　厦门金龙　德尔福491QE

2　欧宝　大众　奥迪　上海大众

3　厦门金龙　德尔福JM49s　哈飞

4　本田　厦门金龙

5　上海大众

6　欧宝　大众　上海大众　雪铁龙

7　长安(长安之星)

8　绅宝

9　现代　大宇　起亚　丰田　本田　日产　三菱　雷诺　欧宝　宝马　奔驰　马自达　大众　奥迪　通用　克莱斯勒　标致　富豪　北京吉普　北京现代　北京新天地　北汽福田　昌河　长安　铃木　长城　长丰猎豹　成都新天地　东风汽车　东风风行　大迪　丹东曙光　东南汽车　江淮瑞风　金杯汽车　京安云豹　南京菲亚特　南京依维柯　秦川福莱尔　海南马自达　庆玲汽车　上海大众　上海通用　上汽奇瑞　雪铁龙　石家庄双环　天津汽车　田野汽车　万丰奥特　武汉万通　扬子集团汽车　一汽吉轻　悦达起亚　郑州日产　吉利美日　中华　中兴汽车　哈飞　路虎

各类车型OBD接口位置一览表

车型	诊断座位置	车型	诊断座位置
OBDII	诊断座一般位于仪表板下方,具体位置因车型不同而有所不同	青岛颐中	位于发动机舱内
现代	现代车诊断座一般位于仪表板下驾驶员侧	黑豹汽车	发动机舱蓄电池附近
大宇	诊断座一般位于仪表板下方	江淮瑞风	位于仪表板下驾驶员侧
起亚	一般位于仪表板下方	江铃汽车	一般位于发动机舱右侧
本田	仪表板左下侧,仪表板下储物箱内	金杯汽车	位于驾驶室仪表板下方

图8-32　部分车辆OBD接口一览

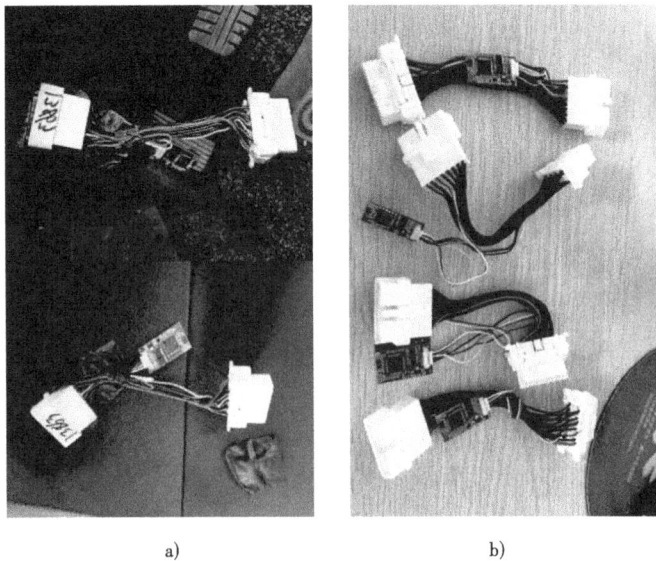

a)　　　　b)

图8-33　查获的篡改车载ECU信息的OBD外挂

部分嫌疑车辆查处情况 表8-4

车辆品牌	违规情形	后期查处手段
奥迪A6	篡改ECU信息，涉嫌盗抢	移交公安刑侦部门
起亚智跑	篡改ECU信息，涉嫌盗抢	移交公安刑侦部门
丰田卡罗拉	OBD信息不一致，涉嫌抢注	移交公安刑侦部门
五菱荣光	粘贴发动机号	罚款
大众帕萨特	打磨车架号，涉嫌拼装	制作行政强制措施凭证，扣留车辆

二、查验智能终端应用所取得的成效

1.有效规范机动车查验工作

查验员使用统一授权的智能移动查验终端，突破了以往车辆分散查验、查验记录表手工填写的勤务模式局限，具有在固定的工作区域内完成机动车查验、实现查验记录表电子打印、查验行为更加规范、车辆档案管理逐步提档升级、查验民警的工作风险有效降低等优点。

2.显著提高机动车查验效率

通过使用PDA提高查验工作效率，小车由人工查验的平均5min/台缩短至2min/台，重点车辆查验平均用时由人工查验的10min/台缩短至5min/台，支队车管所4个查验区最多每天可查验车辆1500余台，既节省了群众排队等候时间，又降低了查验民警的劳动强度。

三、PDA、OBD系统应用中存在的问题和不足

长期以来，违法套牌、抢注、拼装、组装车辆和涉车犯罪屡禁不绝，这些犯罪团伙技术刁钻、复杂，作案隐蔽，人工查验很难发现其篡改的真相，而PDA、OBD系统的应用无疑成为解决这一困扰的利器。我们在机动车查验设备的大力推广和应用工作中取得了明显成效，但同时也存在一些问题和不足。

1.查验员意识能力不足

当前科技强警在机动车查验工作中起到了事半功倍的效果，但有的民警查验员和部分社会辅助查验员查验专业技术基础薄弱，对使用两项设备重要性认识不足，不能熟练应用PDA系统及配合使用OBD系统设备，目前大部分人员仅局限于基本功能的应用和操作上，没有做深入的探讨和钻研，不能做到精益求精。

2.设备网络支撑不足

查验工作中，常出现设备采录数据丢包、延时，甚至不能用等问题，难以全面满足高强度的查验工作需求；PDA与执法记录仪的匹配技术还需要进一步改进，有时出现查验视

频上传速度慢和数据丢失的问题，导致群众多跑路。

3.软件功能便利性不足

查验数据上传后，在PDA上无法获取监管中心审核结果回复信息，不便于快速得知结果、及时答复群众。

当前，涉嫌违法机动车、套牌、盗抢、拼装、组装等机动车违法现象依然存在，并且违法犯罪分子盗抢车辆后篡改车架号、发动机号和车载ECU信息的手段不断翻新，增大了车辆唯一性查验难度。PDA、OBD等科技手段能够有效提高查验精准度，但还需提高技术设备和程序软件的稳定性、便利性，更需不断提高查验员的业务素质和技术水平（图8-34）。

图8-34　运用OBD查验车辆

四、改进智能终端系统应用的对策建议

1.提高科技强警意识

我们的思想不能停留在传统人工判定的层面，要向科技要警力，充分利用科技装备做好车辆查验工作，对PDA、OBD设备要不断升级，提高涉车犯罪打击能力和行政管理服务水平。例如，开发PDA车辆信息采集1:1功能，实现车辆识别代号图片与实物的等比例比对，提高机动车查验的效率和准确度，为全国机动车转籍档案资料电子化改革措施提供技术支撑。

2.提高技能与素质

应确保每位民警、辅警和社会辅助查验员都能熟练掌握PDA、OBD设备，会日常运用维护，确保硬件设备高效运行。同时，应结合机动车查验工作实际，定期邀请专家传授查验技术，讲解法律法规、规定规范，特别是对汽车构造、维修、查验技术要领等方面的知识进行详细指导。

3.及时更新科技设备

应解决设备老化、图像模糊、数据丢包、延迟问题，规范查验装备配置使用。应为所有查验区配置OBD解码仪、查验工具箱、计算机和打印机等设备，鼓励有条件的地方配备金属探伤仪、轮胎深度测量仪、车辆信息自动采集、图像智能审核比对等新装备、新技术，提高发现查缉走私、盗抢、非法改装等嫌疑车辆的能力。

4. 推行工作绩效考核制度

绩效考核制度的实行，有助于总结查验技术案例、使用效果和成果收获的情况。将机动车查验工作纳入绩效考核，能避免系统应用陷入空转，提高民警应用系统的积极性，促进科技、警力的密切配合。

5. 加大技术设备信息共享及应用

利用现有的OBD系统资源，能真正实现一个接头全覆盖，无缝对接机动车查验系统，实现从PDA上可直接读取VIN等一系列信息，并做一致性校验，及时录入机动车登记系统，从源头上最大限度地完成车辆信息采集、唯一性认定。

第七节　非机动车关键安全参数确定探析

一、非机动车设计最高时速

1. 与碰撞伤亡的关系

根据世卫组织《世界道路交通伤害预防报告》，当碰撞速度低于30km/h时，行人和非机动车驾乘人员等易受伤害的交通参与者的生存概率为90%，当碰撞速度在45km/h时，则只有50%的生存概率，当碰撞速度高于80km/h时，则几乎无生存的可能。因此，各国普遍以30km/h的碰撞速度，作为设定非机动车最高速度的依据。美国和加拿大由于国土和城市空间辽阔，非机动车和行人混行较少，行人和非机动车正面相撞概率较低，因此以32km/h作为机动车和非机动车区别的最关键指标。欧盟、日本和我国，由于非机动车和行人混行情况多见，考虑到行人（速度约为5km/h）与非机动车正面相撞的可能，将非机动车的最高速度限定为25km/h（日本为24km/h）（图8-35）。

2. 与事故发生概率的关系

欧盟交通部发布的报告显示，若行驶速度高于车流平均速度，则伤亡事故风险会急剧上升。城市道路由于速度较低，交通量较大，因此上升的风险更大。从图8-36中可以看出，若行驶速度高于车流平均速度5km/h，则碰撞风险会增加5%。美国联邦公路局（FHWA）报告，与零速度差时事故的发生概率相比，速度差为8km/h时，事故概率变为2倍；速度差为16km/h时，事故概率变为4倍；速度差为24km/h时，事故概率变为8倍；速度差为32km/h时，事故概率变为16倍。目前我国电动自行车设计最高速度为25km/h，这是考虑我国混行交通情况突出后确定的非机动车"最合理"的速度限值。

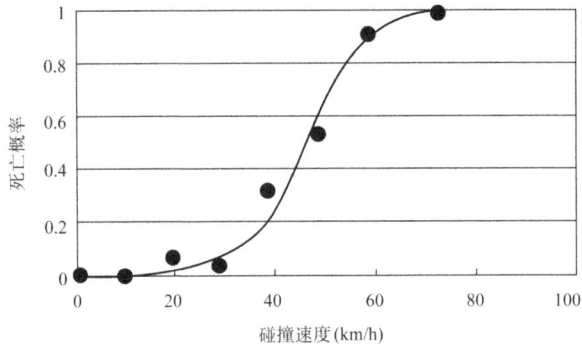

图8-35 非机动车与行人死亡概率与碰撞速度的关系

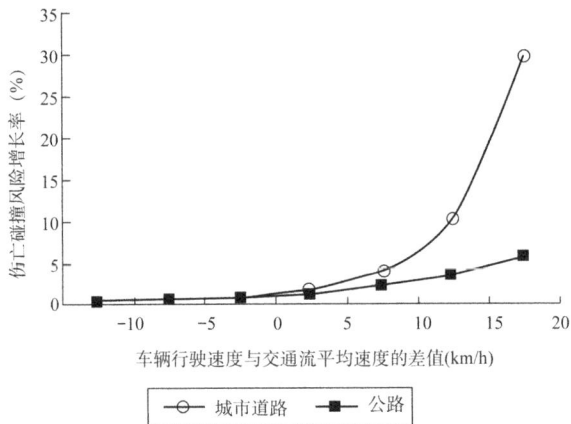

图8-36 行车速度差异与事故风险的关系

3. 与车辆运行稳定性及行驶道路的关系

从车辆设计制造的角度看，当设计速度超过25km/h，则需要关注车辆操控性、稳定性，驾驶人也需要经过特别的培训和考试。《城市道路工程设计规范（2016年版）》（CJJ 37—2012）规定："非机动车道的设计速度为15~20km/h。"《中华人民共和国道路交通安全法》第五十八条规定："残疾人机动轮椅车、电动自行车在非机动车道内行驶时，最高时速不得超过15km。"

二、非机动车空车质量

以现有非机动车中，空车质量较大的残疾人机动轮椅车为例来进行说明。以残疾人机动轮椅车与电动自行车（空车质量按照标准规定的55kg计算）各乘坐1人（乘坐人员按75kg计算），以25km/h速度正面相撞为例，根据动量守恒定律，则当残疾人机动轮椅车空车质量为156kg时，电动自行车碰撞速度变化量为32km/h（相当于以32km/h的速度碰撞固定障壁），伤亡风险开始明显加大；若残疾人机动轮椅车最大设计速度为20km/h，则当其空车质量为245kg时，电动自行车速度变化量才达到32km/h。

三、非机动车外形尺寸

非机动车长度主要影响通行效率、转弯等时的通过性和对其他交通参与者的干扰等方面。另外，非机动车长度影响其辨识性，因此应当与机动车长度有所区别。

非机动车宽度主要影响通行效率和安全，《城市道路工程设计规范（2016年版）》（CJJ 37—2012）规定，供三轮车行走的单条非机动车道宽度为2m，残疾人机动轮椅车等非机动车宽度较大，超过1m，会占据过大的行驶空间，影响其他非机动车正常行驶。

非机动车高度一方面影响其行驶稳定性，另一方面，应当考虑其倒地等情况时，对其他交通参与者的影响。

四、境外典型非机动车和机动车关键参数

以下列举境外部分典型类型的机动车和非机动车的关键参数。

1. 境外典型非机动车关键参数

英国电动代步车。英国电动代步车是供不能正常行走的人使用的医疗器械，其主要有两种规格：第一种在人行道使用，最大行驶速度为4mile/h（约6.44km/h）；第二种在非人行道的其他道路上使用，最大行驶速度为8mile/h（约12.87km/h），可切换模式，即可转换为人行道使用模式。该类车只能供残疾人士使用，但非残疾人士可以申请购买二手代步车，并且第二种电动代步车使用者的年龄必须大于14岁。在交通管理方面，该电动车的主管部门为交通部门，规定电动代步车骑行者不需要驾驶证，但必须登记（纳税使用）；在道路上使用的电动代步车只限一人骑行，严禁乘载儿童。

2. 境外典型机动车关键参数

（1）美国低速车。美国高尔夫球车频繁上道路行驶，导致事故频发，为解决此问题，美国规定了道路型低速车，属于机动车，主要供短途行驶使用，如供购物、休闲娱乐使用。低速机动车驾驶人需要有效驾驶证件，低速机动车上道路行驶需要登记，尾部需要安装号牌，车辆需购买基本保险（各州法律有所不同）。除非高速公路的限速在35mile/h（约56.33km/h）以下，否则严禁低速机动车上高速行驶。其主要技术指标如下：①最大设计速度必须高于高尔夫球车20mile/h（约32.19km/h），小于25mile/h（约40.23km/h）；②车辆设有车辆识别代号；③必须装置安全设备，包括安全带、后视镜、风窗玻璃、喇叭、安全标识、有效制动系统以及驻车制动系统等；④需通过强制性正面碰撞测试。

（2）欧洲Quadricycles。其属于轻型机动车范畴，按照功率的大小又被分为两类：Light quadricycles（分类编号Le6，小型四轮机动车）和Heavy quadricycles（分类编号Le7，大型四轮机动车）。驾驶人年龄不能小于16岁，需要持有四轮机动车驾驶证（B1类，欧盟可选驾驶证，部分国家并未设置该类驾驶证，如法国，驾驶四轮机动车不需要驾驶证）。

非机动车有迥然不同于机动车的通行条件和驾驶条件，其设计最高时速、空车质量、外形尺寸等关键参数是通过严格的交通安全分析后，在尽可能满足使用者需求的基础上确定的。随意改变甚至扩大非机动车关键安全参数限值，不仅违反了《中华人民共和国道路交通安全法》的规定，也造成严重的交通安全隐患。因此，非动车生产企业、销售企业、维修企业、使用者，应该牢记法律和安全两根红线，不能随意触碰或跨越，共同筑牢道路交通安全和秩序防线。

第八节 汽车事件数据记录系统功能和应用

一、汽车数据记录系统及其功能

汽车数据记录系统（Event Data Recorder，EDR）是装备在汽车上的一种功能或装置，用于记录碰撞事故发生前、发生过程中和发生后的车辆和乘员技术状况信息，上述信息记录事件时间一般为几秒钟，记录的信息主要用于监测和评估汽车安全系统的功能表现。一般的，EDR会记录如下信息：①碰撞发生前汽车的动力学数据和系统的状态信息；②驾驶人输入信息；③碰撞发生信息；④乘员约束装置使用/展开状态信息；⑤碰撞后数据，如碰撞自动求助系统（Automatic Collision Notification，ACN）启用及工作情况的信息。

EDR的装备归功于安全气囊的使用。为了让安全气囊在碰撞中正确有效发挥作用，汽车厂家开发了气囊控制单元，用于探测碰撞发生的时间，并据此决策气囊展开的时间。逐渐地，气囊控制单元变得越来越复杂，研发人员意识到有必要利用气囊控制单元中的数据来改进今后气囊的控制。为了获取上述数据，研发人员扩展了气囊控制单元的功能，允许其在碰撞后存储相关数据，利于进一步的下载和分析。因此，在多数情况下，EDR功能是集成在气囊控制单元中的。

绝大多数EDR在车辆前部受到撞击时（特别是当碰撞或损坏痕迹肉眼可见时）开始触发。当撞击程度达到使安全气囊弹出的程度时，均会记录数据。EDR与"黑匣子"不同，黑匣子是更为复杂的数据记录系统，一般应用在飞机、货车、轮船或商用车上，它在运载工具的整个使用周期都会记录数据，记录的数据项也远多于EDR，有的甚至可以记录声音、图像、视频数据。另外，碰撞自动求助系统（ACN）与EDR也完全不同。ACN是当车辆卷入事故时，自动向第三方（如警方、第三方呼叫中心等）发送消息的系统。部分车辆装备了该系统，如通用的安吉星（OnStar™ system）系统。部分ACN系统使用了EDR中的数据来评判碰撞的严重性，进而评判对应急救援和急救的需求情况。

二、汽车数据记录系统的安装位置

汽车数据记录系统一般还包括遍布全车的传感系统，这些传感系统采集不同的车辆信息。EDR的"大脑"是存储系统单元，通常只有一个，一般布设在车身不容易被撞击的部位，如驾驶人座椅下或集成在中央仪表板中。EDR的具体位置由汽车制造商决定，其价格并不高昂，一般包含在基础车价中。

三、汽车数据记录系统的标准情况

1. 中国标准情况

《机动车运行安全技术条件》（GB 7258—2017）8.6.6条规定：乘用车应配备事件数据记录系统（EDR）或符合标准规定的车载视频行驶记录装置。《汽车事件数据记录系统》（GB 39732—2020）已发布并于2022年1月1日起实施。

该标准规定，配备EDR系统必须记录的车辆数据有：速度变化量、最大纵向速度变化量及达到的时间、车辆速度、行车制动使用情况、驾驶员安全带状态、加速踏板开度、发动机转数、本次事件距离上次事件的时间间隔等数据。配备EDR系统必须记录的装置相关数据有：纵向加速度、横向加速度、横向速度变化量、最大横向速度变化量及达到的时间、最大记录合量速度变化量的平方及达到的时间、横摆角速度、转向角度、挡位、制动踏板位置、驻车系统状态、转向信号开关状态、驾驶员正面气囊展开时间、驾驶员侧面气囊展开时间、驾驶员侧面气帘展开时间、轮胎压力监测系统报警状态、制动系统报警状态、定速巡航系统状态、自适应巡航系统状态、防抱死制动系统状态、自动紧急制动系统状态、电子稳定性控制系统状态、牵引力控制系统状态等。另外，还应记录车辆识别代号，记录EDR数据的ECU硬件编号、序列号、软件标号等数据。《道路交通事故车辆速度鉴定》（GB/T 33195—2016）5.7条规定"如事故车辆安装有车载事件数据记录仪…可根据读取的数据分析和计算事故车辆速度"。

2. 美国标准情况

美国不强制要求车辆安装EDR，但对于装备EDR的车辆，2006年8月28日，NHTSA发布49号美国联邦法规563章（49 CFR part 563），对EDR采集和存储的数据提出了标准化的要求，其目的是增强其在车辆安全记录、评估、改进方面的效用，最终目的是减少事故伤亡和财产损失，因为研究人员和事故调查人员可以利用EDR记录的数据更好地了解车辆在真实事故中的表现，利用这些数据，可以更好地改进乘员保护系统，并制订保障车辆安全相关的计划。针对2010年以后出厂且配备EDR的车辆，美国高速公路交通安全管理局（NHTSA）对其收集的最小数据项，以及数据的取值范围和精度提出了要求。具体数据元素及其要求见表8-5。除了以上数据要求外，美国法规还对EDR做出了以下规定：①按照联邦既定的正面和侧面碰撞标准，在碰撞过程中和碰撞后，EDR还应能保持相应的功能，并具有数据防护功能；②要求车企应确保在市场上存在EDR数据读取工具，方便事故调查人员读取相关数据；③要求车企在用户产品使用说明书中用标准化语言描述车辆配备了EDR设备及其目的。

美国法规规定的EDR最小记录数据要求 表8-5

数据元素	记录范围/时间	每秒数据采样率
纵向速度变化量	0~250ms	100
最大纵向速度变化量	0~300ms	—
达到最大纵向速度变化量的时间	0~300ms	—
车辆速度	−5~0s	2
节气门开度	−5~0s	2
行车制动踏板状态	−5~0s	2
碰撞时的点火周期	1s	—
读取数据时的点火周期	读取数据时	—
驾驶员安全带使用与否	1s	—
前部气囊指示灯是否开启	1s	—
驾驶员位前部气囊展开时间	根据事件确定	—
副驾驶位前部气囊展开时间	根据事件确定	—
多次事件的事件数	根据事件确定	—
第一次事件和第二次事件之间的时间间隔	根据需要确定	—
数据记录完整与否	根据数据情况确定	—

3. 欧盟标准情况

联合国欧洲经济委员会第160号法规"关于装备汽车事件记录系统的车辆的统一型式认证的规定"中，规定了EDR最小记录、存储数据的要求，以及在碰撞中相关数据的保护要求，但并未规定数据读取工具和读取方法，将其留给各国或各地区自行规范细化。欧盟委员会EU 2022/545号指令规定了欧盟层面对装备EDR汽车的型式认定要求，以及将EDR视作独立系统时的型式认证要求。

4. 相关国际组织标准情况

电气与电子工程师协会（IEEE）制定了《机动车辆事故数据记录仪通用标准（MVE-DRs）》（IEEE 1616），该标准规定了汽车事件记录系统输出数据兼容性协议和数据输出协议，还规定了防止车辆识别代号（VIN）修改和里程表欺诈等数据篡改的锁定功能。同时罗列了EDR可能记录的86个数据元素，但未界定EDR应该记录的数据元素，而是定义了6个"使用案例"群体可以使用到的EDR数据元素。这些群体分别是美国国家运输安全委员会（NTSB）、碰撞研究调查机构、汽车行业、紧急应对小组、道路基础设施设计群体、保险行业。

美国汽车工程师学会（Society of Automotive Engineers，SAE）发布了EDR相关的指南，主要内容：①为其所包含的通用数据提供了相关定义和输出格式，以便统一管理；②确定了车辆诊断接口为EDR的通用物理接口，定义了必要的数据检索协议，指定了使用检索工具进行EDR数据成像、翻译和记录的方式，以便于EDR检索工具的开发；③规定可直接连接到电子控制单元进行数据检索，但需要使用专门的适配系统；④规定了EDR

记录数据的验证程序，用来评估 EDR 记录的数据是否符合必要的规定和要求，以确保 EDR 数据在行业内的一致性。

四、汽车事件数据记录系统数据应用

汽车厂商装备 EDR 的主要目的是收集碰撞信息，进而研究车辆在碰撞中安全提升的策略，并应用在下代车辆开发中。EDR 记录的数据对于评估碰撞严重程度、评估气囊的安全表现、评估气囊的控制策略均具有重要价值。这些数据还可帮助车企决策车辆在碰撞中是否表现适当，并协助识别预期外的不安全表现，有利于企业通过召回等手段消除安全隐患。

EDR 不会记录任何有关个人的信息，但当读取 EDR 记录的任何数据时，则会同时显示车辆识别代号（VIN）信息。执法人员在事故调查时，可以将读取的 EDR 数据与驾驶员等个人信息整合，获得更全面的结论。在美国，EDR 数据的归属由各州法律规定，而各州规定各不相同。NHTSA 的意见是数据所有权归属于车主，因此其在下载使用 EDR 数据时，事先会征询车主的同意。法院或部分有立法支撑的州可发布命令，下载或调取 EDR 数据，目前美国法院将 EDR 数据作为证据的情况越来越普遍。另外，部分保险公司会以与车主签订合同的方式，约定下载或调取 EDR 数据的时间和方式。

五、展望

国内外标准制定了丰富的 EDR 标准，这些标准重点从数据项记录、存储、读取协议和安全防护等方面作出规定，应用方面的标准和规范目前还较为少见。EDR 记录了丰富的车辆状态、动力学和运动学特性，以及驾驶员操作方面的数据，随着读取工具和相关标准规范的逐步完善，其在车辆安全性能调查、嫌疑车调查、事故调查、保险理赔调查等方面的应用将越来越广泛。

第九节　"僵尸车"治理

一、我国"僵尸车"治理存在问题

随着机动化水平的日益发展，"僵尸车"问题也日渐突出，它们不仅占用公共空间、妨碍生产生活、妨碍交通出行，也存在一定的安全和环保风险。与此相对应的，目前我国在"僵尸车"认定、处置方面的法律规范还不健全，也未形成长期有效的治理工作机制，具体问题如下。

1. "僵尸车"认定标准缺乏

我国道路交通法律法规对机动车在道路上的违停作出了部分规定。《中华人民共和国道路交通安全法》第五十六条规定，机动车应当在规定地点停放，禁止在人行道上停放机

动车。各地多数根据限时停车标志、标线标明的时间规范管理路内停车泊位车辆停放时间。太原、南宁等地提出了路内停车泊位最长停车时间限值。上述规定，还难以支撑对停放在停车场、人行道、小区、背街小巷等位置"僵尸车"的认定和进一步的治理。

2."僵尸车"管理主体不明确

现有法律法规未对"僵尸车"的管理主体进行明确，各地往往根据执法部门的职责范围确定管理主体，对于在道路上长期停放的，由公安机关交通管理部门按照违法停放机动车或者超过法定时限停放机动车统一处理；对于在人行道上停放的，部分地方由城管部门负责处置；对于在居民小区内停放的，部分由所在小区物业负责联系车主，劝导其尽快挪走；同时，"僵尸车"的回收报废环节，还涉及商务、财政、环境等部门职责。由于缺乏统筹管理，再加上职责划分不清，实际工作中难以形成有效治理。

3.缺乏操作性强的处置规定和机制

执法管理部门在发现车辆违停并将其拖至停车场后，会告知当事人停放地点。若无法有效告知或当事人拒不配合，经过1年公示，可以按照《中华人民共和国民法典》和有关行政法规的规定，收归国家所有。但由于"僵尸车"的处置往往涉及多方、复杂利益，目前还缺乏具体可操作性的规定，再加上缺乏有效的统筹协调，导致对"僵尸车"的处置举步维艰。比如，"僵尸车"资产处置部门和车辆登记部门，由于担忧可能产生的财产纠纷，往往在车辆处置时存在畏难情绪（表8-6）；又比如，根据《机动车强制报废标准规定》，机动车只有在以下条件下才能达到强制报废标准：①达到本规定第五条规定使用年限的；②经修理和调整仍不符合机动车安全技术国家标准对在用车有关要求的；③经修理和调整或者采用控制技术后，向大气排放污染物或者噪声仍不符合国家标准对在用车有关要求的；④在检验有效期届满后连续3个机动车检验周期内未取得机动车检验合格标志的。实践中，要证明达到上述强制标准，需要车主配合修理、调整或检验，这显然难以适应对达到报废标准的"僵尸车"的治理需求。

我国机动车报废标准与美国废弃车认定对比　　　　　　　　　表8-6

中国	美国
达到《机动车强制报废标准规定》第五条规定的使用年限	车辆严重损坏、关键部件缺失的，如车轮、发动机丢失等
经修理和调整仍不符合机动车安全技术国家标准对在用车有关要求	车龄超过3年
经修理和调整或者采用控制技术后，向大气排放污染物或者噪声仍不符合国家标准对在用车有关要求	明显无法开动
检验有效期届满后连续3个机动车检验周期内未取得机动车检验合格标志	车辆价值较低，价值等同报废车

4.尚未形成运行有效的报废汽车回收利用机制

我国现行《报废机动车回收管理办法》（国务院第715号令），以及配套的《报废机动车回收管理办法实施细则》(商务部令2020年第2号)侧重于报废,兼顾了部分再利用要求。总体而言,我国现行制度对报废汽车回收涉及还较少,汽车报废、再利用等方面的政策目标还未传导到回收环节,回收市场发展还很不充分,突出表现在缺乏有竞争力的、规模较大的回收企业,回收价格也过低,甚至低于将车辆作为废品处置的价格,这些成为导致报废"僵尸车"大量存在的重要原因。

二、境外"僵尸车"执法管理情况

美国将"僵尸车"视为公共侵扰(Public Nuisance),包括占用公私土地、干扰交通秩序、污染环境、存在安全风险等方面,因此"僵尸车"执法管理的目标及具体举措,均是围绕减少上述公共侵扰展开。美国各州均将"僵尸车"分为遗弃车(Abandoned Vehicle)和废弃车(Junked Vehicle)两类,并采取不同的执法管理措施,各州具体做法差异较小。以下主要以得克萨斯州(简称得州)为例,具体说明"僵尸车"的执法管理办法(图8-37)。

1. 及时发现"僵尸车"

主要通过两种渠道及时发现"僵尸车":一种是执法巡查发现。美国得克萨斯州"僵尸车"执法部门包括城市综合执法部门、警察、土地综合管理部门等。另一种是民众举报。除了普通民众举报,公私业主为了获取应得的停车费用,也会积极举报。

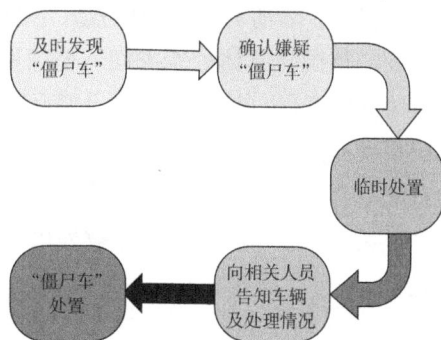

图8-37 美国得克萨斯州"僵尸车"管理策略

2. 确认嫌疑"僵尸车"

执法部门在接到群众举报后,会立即开展调查取证,并根据以下要件确定嫌疑"僵尸车",符合以下条件之一的机动车,即被认定为嫌疑遗弃车:①无法行驶,且车龄超过5年,放置在公共土地超过48h无人看护;②非法停放在公共土地超过48h;③未经私人业主同意,在私人土地放置车辆超过48h;④违规停放在道路上超过24h。

符合以下条件中3个的机动车,即被认定为嫌疑废弃车:①车辆严重损坏、关键部件缺失的,如车窗破碎,车轮、发动机、变速器丢失等;②车龄超过3年;③明显无法开动;④车辆价值较低,基本与报废车价值等同。需要说明的是,若车主主动向执法部门说明车辆违停有关情况,则不列入嫌疑"僵尸车"调查。

3. 临时处置嫌疑"僵尸车"

车辆被拖走保管后,执法部门会在10日内,向最新的登记车主和车辆的每一位担保权人发送告知书,告知以下内容:①车辆基本情况描述(车辆年份、品牌、型号、车辆识别代号);②若想重新拥有车辆,需要缴纳的费用种类和数额(主要是占用公私土地的停车费用、临时处置停车和保管费用、违法停车罚款等)；③车辆目前存放位置(停车场全称、详细地址、联系电话)；④告知车主和担保权人在缴纳各类费用后，具有重新拥有车辆所有权和担保权的权利；⑤放弃所有权和担保权的后果。

4."僵尸车"处置

车主和担保权人若在收到告知书20日内，缴清各项费用，则可以重新拥有车辆所有权和担保权。对于"遗弃车"，若车主和担保权人放弃以上权利，或不作回应，则执法部门会委托拍卖行公开拍卖"遗弃车"，拍卖所得在缴清上述各项费用后，收回国家所有。成功竞拍者可凭执法部门开具的拍卖收据，重新对车辆登记上牌。另外，执法部门也可将上述车辆收缴，分发各有关政府部门使用。对于"废弃车"，若车主和担保权人放弃以上权利，或不作回应，则执法部门会将车辆交至报废厂强制报废。"废弃车"不得维修、重整，其零部件也不得回收利用。

另据调研，英国、新加坡、中国香港"僵尸车"的处置办法，均与美国类似，即执法部门在履行一定的告知程序之后，若所有人或担保权人及时处置，则将车辆交还所有人或担保权人，若所有人或担保权人不配合，则将车辆拍卖，用于重新登记使用、出口或强制报废。英国在具体处置方面与美国做法略有差异：一方面是对"僵尸车"的轻微处罚，由执法部门开展，较重的处罚，则由执法部门以诉讼方式执行。另一方面是若车辆被执法部门拍卖或强制报废，车主可在1年之内向执法部门提出返还扣除拖车、保管、处罚、处置费用后剩余款项的要求。另外，值得一提的是，在日本，若随意遗弃废弃车辆，可能涉嫌"乱丢弃废弃物"，最多可被处以5年有期徒刑并处罚金1000万日元(约合人民币55万元)。

三、相关工作建议

"僵尸车"占用公共资源、妨碍正常的生产生活和交通出行，也具有安全和环保方面的隐患，治理过程中，又涉及行政执法、资产重新处置、车辆登记、报废回收等工作，因此需要构建以地方政府为主体，各部门协同配合的公共治理格局。具体工作建议如下。

1.完善立法，为"僵尸车"分级分类治理提供法律支撑

建议参照美国做法，在《中华人民共和国循环经济促进法》《中华人民共和国固体废物污染环境防治法》《中华人民共和国道路交通安全法》等法律中，将"僵尸车"分为可以继续使用的"遗弃车"和需要强制报废的"废弃车"两个级别，据此分别明确"僵尸车"车主责任和处置措施，并根据"僵尸车"放置位置的不同，制定不同的处罚方式。

2. 细化"僵尸车"处置规范和流程

制定针对性较强、更加规范细致、可操作性强的"遗弃车"和"废弃车"处置规范和流程，包括发现、取证、认定、临时处置、告知当事人、资产处置、重新登记、强制报废、罚款和欠费偿还等各个环节的规范。

3. 夯实地方政府主体责任，建立常态化治理机制

在"僵尸车"立法完善和规范处置的基础上，由地方政府出台具体的治理办法，统筹和协调城市执法、市政、土地、公安、环保、财政、公共资产处置等部门，建立起持久有效的治理机制。

4. 激活报废汽车回收、报废、再利用市场机制

明确汽车产品生产者在报废汽车处置方面的责任，据此优化和培育报废汽车回收、报废、再利用市场机制，重点破解报废车回收价格过低的问题，通过经济手段加速废弃车的回收再利用，进一步疏通废弃"僵尸车"治理的最后一个环节。

四、结语

由于"僵尸车"长期占用公共停车资源，影响道路通行秩序，给交通增加压力、造成拥堵，妨碍车辆管理。部分车辆车胎泄气、车身生锈、无人问津，停滞过久造成的燃油泄漏，挥发后会污染环境、危害行人身体健康，同时随着车辆零部件老化，在高温天气下还有可能发生汽车自燃，因此对于"僵尸车"的治理十分必要。本文首先分析了我国的"僵尸车"治理情况，主要指出在"僵尸车"认定标准、管理主体、处理规定和机制以及回收利用机制上存在不足，其次介绍了美国、英国、新加坡和我国香港等地区"僵尸车"治理策略，最后结合我国实际情况和基本国情，提出了完善立法，为"僵尸车"分级分类治理提供法律支撑；细化"僵尸车"处置规范和流程；夯实地方政府主体责任，建立常态化治理机制；激活报废汽车回收、报废、再利用市场机制等治理建议，希望能为我国治理"僵尸车"、改善市容市貌、保障人民生命财产安全、提高交通治理水平提供借鉴。

RESEARCH ON MOTOR
VEHICLE REGISTRATION INSPECTION
机动车
登记查验研究

第九章
境 外 概 览

第一节　美　　国

一、机动车登记制度

1.机动车登记概要情况

在购买机动车30日之内，或成为得州居民30日之内，机动车、挂车或半挂车的所有人必须对车辆进行登记。登记包括新车注册登记、更新登记、过户相关登记等。此处的所有人，既包括车辆财产的法定所有人，也包括车辆的法定拥有人或控制人。举个例子，由于美国有较多的人通过融资租赁方式购买汽车，在融资租赁费用结清前，融资租赁企业（lienholder）属于该车的法定所有人（legal owner），上述费用结清后，融资租赁承租人才能成为法定所有人。对租赁汽车来说，出租人和承租人均可以申请车辆的更新登记，因此在车辆登记申请表中，两者的名称和地址均应填写，便于接收相关登记文件。

需要注意的是，美国车辆管理部门主要侧重于对车辆"上路"的登记，车辆所有人信息核实、车辆财产属性登记等工作，则主要由各县的税务评估和收集官（County Assessor — collector）承担。因此，申请人可单独申请对车辆的财产登记（Vehicle Title），此类登记中，所有人无须购买强制保险，也无须获得车辆技术检验报告，但车辆不得上路。对于事故车或不可修复的车辆，也可申请财产登记，并且此类车辆修复后可继续注册登记并上道路行驶，但会在车辆产权证书上标注"修复车"字样。2003年9月1日之后，美国不再允许获得财产登记的事故车或不可修复车辆上道路行驶。

2. 机动车登记申请

登记时，申请人需要填写完整的申请表，提交申请人身份证明，车辆需要获得检验报告，并事先通过财产登记（Vehicle Title）。得州对商用车的登记作出了更严格的限定，具有以下情况的，则不允许车辆登记：申请人相关业务受到关联人员的操作、管理、控制等，且该人员不具备设定的登记条件；申请人名下有车辆因安全原因被限制运营；申请人不能按规定向税务评估和收集官提交拟登记车辆的整备质量、最大允许载质量、总质量等证明材料的。

车管部门会保存车辆财产登记和上路登记的原始档案。根据档案的记载，管理部门会提前6~8周向车辆所有人邮寄更新登记（Registration Renewal）通知书。车辆所有人可在更新登记截止日期前3个月内办理更新登记。如果申请人提供了电子邮件地址，则在更新登记截止日期前3周、前1周，管理部门会分别发送电子邮件，再次提醒申请人及时办理更新登记。

对于车管部门认为不安全的车辆、安全配置不全的车辆，或因其他原因不再适宜在道路上行驶的车辆，车管部门可拒绝登记，或取消、暂停、撤回对该车的登记。

值得一提的是，为了确保所有人地址准确，美国每月会抽取160万份车辆登记地址，与美国邮政公司实时地址数据库（包含约1.6亿个地址数据）进行比对，该项工作委托具备资质的地址更新公司开展。若两者地址信息不一致，车辆登记地址将会更新为邮政公司数据库提供的所有人地址。另外，为了防止性侵和尾随抢劫犯罪，美国实施了"地址保密计划"，参加该计划的车辆所有人，可使用指定的邮箱投递地址作为车辆登记地址。

3. 注册登记

注册登记可在得州的车辆所有人居住地或车辆购买地进行。登记前，申请人要提供车辆税费缴纳证明。美国对车辆所有人的居住地作出了非常详细的规定，一般为所有人晚上睡觉的地址。法人地址一般为总部地址，若所属车辆在某地长期使用，也可使用在该地的分部地址。共同所有人地址为任意所有人的地址。建筑公司地址为在登记年份有效期间，建筑公司的施工地址。

车辆所有人若未按法定地址要求登记，即违规在其他地方开展登记，则最高会被处罚200美元，并被要求立即在符合要求的地方重新登记，重新登记时，会加收总登记费用的20%。

4. 过户相关登记

车辆所有权发生转移时，车辆的登记标识等需要移除。

5. 车牌和登记标识

符合登记条件，并支付登记费用后，所有人会收到车牌和登记标识。登记标识起到标明车辆登记有效性、检验有效性和车牌有效性的重要作用，它一般粘贴在前风窗玻璃左下角不影响驾驶人视野的地方。部分没有前风窗玻璃的车辆（如摩托车、钻井车辆），则将登记标识粘贴在后车牌上。2015年3月1日之后，得州的登记标识同时起到检验合格标志的作用。登记标识上包含车辆号牌号码、登记所在县、VIN后8位、登记失效年月等信息（图9-1）。

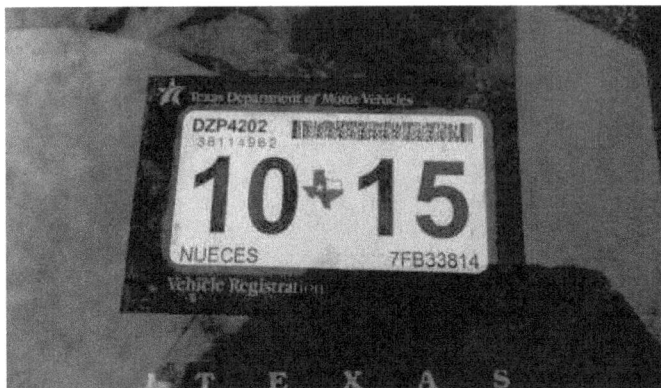

图9-1 粘贴在前风窗玻璃上的登记标识

车牌或登记标识丢失、损坏后，应及时更新，更新时，要交回损坏后的部分。车牌在7年后，需要强制更新。

6. 拒绝接受特定人员的登记申请

登记部门拒绝接受以下特定人员的登记申请：①拖欠县级政府的罚款、税费；②刑事案件庭审时，不按要求出庭；③习惯性拖欠过路通行费用（1年时间内，未缴纳费用次数在100次以上）；④拖欠镇一级政府交通罚款；⑤拖欠地方政府非现场交通处罚罚款；⑥有抚养儿童方面的不良记录。开展以上工作前，地方政府、交通通行费收费公司需要与车管部门或承担部分登记职能的财税部门签订合同，并按合同要求及时向后者提供费用拖欠、缴纳、庭审和上诉结果等情况。上述特定人员在补缴费用时，往往需要再增缴一定的附加费。上述附加费需要按照合同约定，由地方政府或通行费收费公司转交登记部门，用于登记部门开展上述相关服务工作。

二、机动车登记申请表

1. 机动车登记申请表概要

美国机动车登记有两种属性，对应着两种登记体系，一种是财产登记，另一种是上路登记。在申请登记时，申请人需要填写申请表，并根据申请的实际情况，提交各类证明文件、凭证。为了操作便利，得州将两种登记的申请浓缩在一张表上，申请人可以合并申请两种登记，也可以分别申请。得州机动车登记申请表共一张，分正反两面（翻译见图9-2、图9-3），主要包括登记申请事项、车辆信息、所有人或使用人信息、经销商信息、税费信息、登记部门信息、财税部门信息、填表说明、法律告知等信息，适用于各类车型的登记。

得州机动车财产登记和/或上路登记申请表

申请目的(请任选以下一种): □财产登记和上路登记 □只做财产登记 □只做上路登记 □无财产登记的上路登记					税务部门填写 县:
若为更正财产登记或上路登记,请选择原因: □车辆描述 □增加/移除留置权人 □其他:_____					文件编号:_____ □标准推定价 □车辆估值

1.车辆识别代号		2.车型年份	3.品牌	4.车身种类	5.车辆型号	6.主要颜色	7.次要颜色
8.得州车牌号码		9.里程表读数(保留整数)	10.这是实际读数。除非里程表: □不准确 □超出里程表读数限值 □免除			11.空车质量	12.装载能力(如果有的话)
13.申请人类型 □个人 □公司 □政府机构 □信托机构 □非盈利机构						14.申请人带有照片的证件号码或联邦税号	

15.证件种类	□美国驾照/身份证明卡(颁发机构:_____) □护照(颁发机构:_____) □移民局/司法部身份证明	□北大西洋公约组织身份证明 □美国国务院身份证明 □美国军人证明 □美国国土保卫队身份证明 □其他军人性质的身份证明

16.申请人的名(或机构名)	中间名	姓	后缀(若有)		
17.其他申请人的名(或机构名)	中间名	姓	后缀(若有)		
18.申请人邮寄地址	城市	州	邮编		19.申请人居住的县
20.前所有人名(或机构名)	城市	州		21.经销商通用识别码(如果适用)	22.联合码(如果适用)
23.上路年度更新登记人名(或机构名)(若与申请人不一致)	中间名	姓	后缀(若有)		
24.上路年度更新登记人邮寄地址(若与申请人邮寄地址不一致)	城市	州	邮编		
25.申请人电话号码(选填)	26.电子邮箱(选填)	27.上路年度更新登记电子化提醒 □是(需要填写#26)		28.有沟通障碍? □是(需附VTR-216表格)
29.车辆停放地址(若与24不同)	城市	州		邮编	
30.多个(增加)留置权 □是(需附VTR-267表格)	31.请求财产登记电子化 □是(不得填写#30)	32.经过认定的/电子化财产登记留置权持有人身份证明号码(若有)		33.首次留置权生效日期(若有)
34.第一留置权持有人名(若有)	邮寄地址	城市	州	邮编	

车辆纳税申明

35.只勾选条件符合的:
□我持有车辆零售(出租)许可,号码为_____,我将承担最低的税务责任(得州税法152.046[c])
□我是车辆零售商或租赁人,有资格开展公平市价减免工作(德州税法152.002[c])。经销商通用识别码或租赁代码为_____

36.车辆以旧换新(若有) □是(完整填写)	车型年份	制造厂	车辆识别代号	37.还有其他以旧换新车辆 □是

销售和使用税计算

38.只勾选条件符合的:

□(a)销售价格(_____美元返现已经被扣除)	_____美元	□90美元新居民税(原居住州)
(b)依照#36的描述,减去的车辆以旧换新金额	(_____)美元	□等价换车,需缴纳5美元税款
(c)依照#36的描述。只须销售商/租赁人填写—公平市价减免	(_____)美元	□10美元赠与税—需附审计表格14-317
(d)应税价格(需要减去b或c的金额)	_____美元	□事故车重整费,65美元
(e)应税价格6.25%的税款(d中的应税价格乘以0.0625)	_____美元	□2.5%的排放费(1996年之前总重量大于1.4万磅的柴油车)
(f)延期纳税罚款额 □5%或□10%	_____美元	□1%的排放费(1997年之后总重量大于1.4万磅的柴油车)
(g)需要缴税给_____州	_____美元	□根据《机动车辆销售和使用税法》,排放费免除。具体原因为:_____
(h)应缴纳的税款和罚款(e加f减g)	_____美元	□28或33美元财产登记申请费(具体费用,请联系县税务评估—征稽官)

申明——根据州法律的规定,提供虚假信息构成第三级犯罪

在此,尽我本人最大的意愿和认知,我进一步确认了所有在本文件中的表述是真实、准确的,并且我是符合财产登记和/或上路登记条件要求的。

销售商或捐赠者、交易商签名	姓名打印(与签名相同)	日期
申请人或所有人签名	姓名打印(与签名相同)	日期
其他申请人或所有人签名	姓名打印(与签名相同)	日期

图9-2 得州机动车财产登记和/或上路登记申请表(正面)

总体指南
除了个别例外，得州车辆管理部收集的有关您的信息，将被依法向您告知。得州《政府法》保障您有接收和复查有关信息的权利，您发现车辆管理部收集的有关您的信息有错误的话，该法也保障您有申请更正有关信息的权利。欲知详情，请联系得州车辆管理部，电话18883684689或5124653000。 　　必须完整填写本申请表并提交给您所在县的税务评估—征稽官，还需按要求支付申请费，相关支撑文件、上路登记费用（若有）和其他车辆应支付税款应一并提交或支付。该申请表可复制或传真。填写完整的申请表必须包括购车人的原始签名。销售商的签名可使用复制或传真方式。所有申请人必须按照本申请表第15项表格中列明的要求，提交政府颁发的带有照片的身份证明。

可用到的帮助
● 若在填写本申请表时需要帮助，请联系您所在县的税务评估—征稽官。 ● 关于车辆销售和使用税或排放费的问题，请联系得州公共账户审计局税务支持科，电话18002521382（全国免费）或5124634600。 ● 咨询车辆财产登记或上路登记信息，请联系您所在县的税务评估—征稽官或得州车辆管理部，电话18883684689或5124653000。

附加详细说明
只做财产登记：根据《得州交通法规》第501.0275条，之前向该车发放的车辆号牌和登记标识若有，则必须交回。属于州与军队有关协议约定的，车辆号牌可不交回。以下种类的车辆不得"只做财产登记"：建筑设备（非常规车辆）、钻井单元、只用作钻井的设备、设计上不用于装载人员或货物的建筑设备、农业用具、农场设备或设备组、高尔夫车、缓慢移动的车辆，或财产登记暂停或撤销的任何车辆。
只做上路登记：不得提交其他州该车财产登记证书的原件。若只做上路登记，不得出具得州财产登记证书。根据本申请出具的收据，属于上路登记收据，也是只做上路登记申请的证明。 　　境外车辆：申请只做上路登记的境外车辆，证明该车①车龄超过25年；或②符合联邦机动车辆安全标准；或③属于非美国公民或其他国家派驻美国军队的成员临时进口至美国的车辆，不符合联邦机动车辆安全标准并且不得在美国出售。
无财产登记的上路登记：主要指，特定的挂车、建筑机械、油井作业机械、钻井单元等或免除财产登记或达不到财产登记的"车辆"，但是具备上路行驶条件，并且提出上路行驶登记或上路行驶特别号牌的车辆。只有适用该登记时，申请人才可以勾选"无财产登记的上路登记"前的方框。注意：在申请此类登记时，不得记录有关"留置权"的有关内容。
外州车辆：若申请人证明车辆目前还在其他州，在不能提供得州授权的安全检测站出具的车辆识别代号确认表的情况下，车辆识别代号自我确认也是允许的。

注意事项
● 车辆销售和使用税，必须在购买车辆或车辆进入得州境内30天之内向县税务评估—征稽官缴纳。 ● 若车辆上路登记转移至新的所有人，则需要缴纳2.5美元的上路登记费用，以及财产登记费和其他申请费。若上路登记不是当期的，则需要缴纳全部的上路登记费，只申请财产登记的情况除外。 ● 对于在得州购买使用，或由得州居民在外州购买带入得州、在得州使用的车辆，需要缴纳车辆销售价格（减去返现金额）6.25%的车辆销售和使用税。 ● 标准推定价（SPV）适用于以"私人对私人"方式在本州购买或在外州购买带入本州的绝大多数二手车。比较销售价格或标准推定价的80%，取价高者作为纳税基准价格。 ● 得州居民之前在外州或外国购买带入本州的车辆，需要缴纳90美元的车辆使用税。缴纳该税的，则无须缴纳得州居民应缴纳的6.25%的车辆销售和使用税。

图　9-3

● 当某人以礼物方式从直系家属成员、监护人或亡者接受了一辆车，则需要缴纳10美元赠与税。向具备"国内税法"第501（c）（3）条件的非盈利机构捐赠车辆，或接受该类机构捐赠车辆，也适用于上述赠与税。捐赠方和接受方均需签署"审计官联合宣誓"，即"关于以礼物方式转移车辆所有权的宣誓"（表14—317）。宣誓书和财产登记申请表必须由捐赠方或接受方当面提交。

● 对于交易价格不合理的车辆所有权转移，以及对于不适用上述赠与税的行为，会被认定为销售，且按照标准推定价格的方式计算税价。

● 若税款或其他费用延迟1至30个日历日缴纳，则需要处罚应缴税款的5%作为滞纳罚款。若延迟至30个以上日历日，则需要处罚应缴税款的10%作为滞纳罚款。最低处罚款为1美元。

● 除了上述税款滞纳金外，得州交通法规规定，当原车辆所有人在车辆产权证书上签署所有权转移事项后，现所有人未按规定在30日之内申请车辆财产登记，则面临最高250美元的罚款。申请时，需要提交本申请表，以及适宜的所有权证明和适宜的法定经济责任证明，如第三者责任保险证明。

● 所有拟在得州申请车辆财产登记和上路登记的得州新居民，必须在30日之内向居住地所在县一级的税务评估—征稽官递交申请材料。得州法律要求所有之前在外州或外国进行财产登记和上路登记的车辆，在本州登记前，必须进行车辆安全检验和车辆识别代号确认。上述检验必须在具备资质、可出具得州车辆检验报告的安全检验机构进行。检验结果报告必须连同本登记申请表一并向税务评估—征稽官提交。

图9-3 得州机动车财产登记和/或上路登记申请表（反面）

2.各项目详细填写要求

为了方便申请人填表，得州车辆管理部在网上公布了可直接填写的"得州机动车财产登记和/或上路登记申请表"，并发布了详细的填写指南，具体填写说明和要求如下。

申请目的（请任选一种）：若两种登记均申请，选择"财产登记和上路登记"；若只申请财产登记，不申请上路登记，选择"只做财产登记"；若只申请上路登记，选择"只做上路登记"或"无财产登记的上路登记"。具体参看"得州机动车财产登记和/或上路登记申请表"反面的"附加详细说明"部分。

若为更正财产登记或上路登记：适用于递交更正财产登记或上路登记的记录的申请，选择适当的原因（车辆描述，增加/移除留置权人或其他）。若选择"其他"，则需要简要说明。

（1）车辆识别代号：可在车辆产权证书上找到，该号码同时刻印或粘贴在车辆上［一般在驾驶人侧车门框架、仪表板（前风窗玻璃）或对于部分1955年以前生产的车辆，在发动机组件附近］。需要说明的是，根据交通法的要求，销售商需要在销售时填写车辆所有权文件交予消费者，上面包含有关车辆信息或车辆描述信息，填表时可参考。

（2）车型年份：车辆的车型年份（如2004、2011、2013等）。

（3）品牌：制造厂分配给车辆的品牌（如雪佛兰、福特、丰田、宝马等）。

（4）车身种类：对车辆的描述（如2D表示两门轿车，CP表示固定顶棚的跑车，PK表示皮卡等）。欲获知更多车身种类简写代码，可参阅车辆品牌和车身种类标准简写代码。

（5）车辆型号：由制造厂指定的车辆型号（如索罗德、F—150、普锐斯、328i等）。

（6）主要颜色：如果车辆只有一种颜色，填写这种颜色。若有两种以上颜色，则填写覆盖绝大多数车身表面的颜色。

（7）次要颜色：若有两种以上颜色，除主要颜色以外的占据第二大车身表面的颜色即为次要颜色（如标准的双颜色车辆、个性化喷涂颜色等）。

（8）得州车牌号码：得州颁发的车辆号牌号码，若有该号码，则需填写。

（9）里程表读数（保留整数）：里程表显示的完整读数—保留整数（针对10年以内车型年份的车辆）。根据法律规定，销售商/人在销售时，需要公开里程表读数。以下车辆无须填写里程表读数：车型年份10年以内的车辆；总质量在1.6万lb（lb≈0.45kg）以上的车辆；由制造商直接售卖给美国联邦政府的车辆；不能自行驱动的车辆；向零售商交付之前的新车。

（10）这是实际读数，除非里程表：如果（9）中记录的里程表不能反映车辆实际里程，选择"不准确"（损坏或被替换过的里程表）；对于"超出里程表读数限值"或"免除"的情况，销售商/人在财产登记证书上也须标明，此处填写应与其一致。在车辆涉及司法程序（法院判令、重新收回所有权、涉案抓获车辆等）时，财产登记申请人需要填写里程表读数和品牌。

（11）空车质量：空车（未装载）时的质量，单位：lb，数值取整到100。

（12）装载能力：制造厂设定的最大法定允许装载质量，以lb为单位。

（13）申请人类型：申请人种类包括个人、公司、政府机构、信托机构、非营利机构。

（14）申请人带有照片的证件号码或联邦税号：个人带有照片的身份证号码或者公司、政府机构、信托机构、非营利机构的联邦税号。若无法提供联邦税号，则需要记录提交申请的个人的带有照片的证件号码。

（15）身份证明种类：根据个人带有照片的证件种类选择相应的方框，并且有可能的话，记录颁发身份证明的州、领地或国家。

（16）申请人的姓名（或机构名）：若申请人/所有人是个人，需要填写法定姓名（名、中间名、姓以及后缀，如果有的话）。如果申请人/所有人是企业、政府机构、信托机构或非营利机构，填写法定名称。需要注意的是，车辆出租人的信息一定要写在此栏，并在"名"后面增加"（出租人）"字样，便于其接收车辆财产登记证书。承租人的信息写在（23）和（24），便于其接收车辆更新登记通知。

（17）其他申请人的姓名：任何附加申请人/所有人的法定姓名（名、中间名、姓以及后缀，如果有的话）。

（18）申请人邮寄地址：申请人/所有人邮寄的地址。

（19）申请人居住的县：个人、公司、政府机构、信托机构或非营利机构法定居住地所在的县。

（20）所有人姓名（或机构名）：车辆财产登记证书上写明的销售人的姓名、所在城市、州。

（21）经销商通用识别码：由州政府分配给经销商的通用识别码。

（22）联合码：适用于批量车队方式购买的车辆。

（23）上路年度更新登记人姓名（或机构名）：若上路年度更新登记人与申请人/所有

人不同，则需要填写法定姓名（名、中间名、姓以及后缀，如果有的话，或者机构法定姓名）。

（24）上路年度更新登记人邮寄地址：若上路年度更新登记人与申请人/所有人不同，则需要填写上路年度更新登记人邮寄地址。

（25）申请人电话号码：申请人/所有人的电话号码。

（26）电子邮箱：申请人/所有人或上路年度更新登记人的电子邮箱。

（27）上路年度更新登记电子化提醒：若选中，则会接收到更新登记电子化提醒。若选中此项，则必须在申请表中列明电子邮箱。

（28）沟通障碍：若选中，则表明申请人/所有人具有身体和健康方面的障碍，与治安官不能顺畅沟通，需要贴附"沟通障碍证明"。

（29）车辆停放地址：若与（24）地址不同，则需要填写车辆实际物理地址。

（30）多个（增加）留置权：若选中，则表明车辆设定有1个以上的留置权，需要贴附"多个留置权申明"。

（31）请求财产登记电子化：若选中，则表明（34）中载明的留置权持有人请求获得电子化财产登记证书，需要在（32）中填写经过认定的留置权持有人身份证号码［若勾选（30），则不得勾选（31）］。

（32）经过认定的/电子化财产登记留置权持有人身份证号码：填写11位经过认定的留置权持有人身份证号码［必须勾选（31）］。

（33）首次留置权生效日期：若有，则填写担保协议签订的日期。该担保协议是为了保障该车的财产权而与财产机构或个人签署的。

（34）第一留置权持有人姓名和邮寄地址：填写第一留置权持有人的姓名和邮寄地址。若无留置权，填写"无"。

（35）车辆纳税申明：供出租公司、销售商和/或租赁企业使用。对于出租公司，必须包含出租许可证号码。对于经销商，必须包含通用识别码。租赁出租人必须包含租赁企业代码。

（36）车辆以旧换新：对以旧换新车辆进行描述（若有的话）。

（37）还有其他以旧换新车辆：除了（36）外，还有其他车辆参与以旧换新，则需勾选本项目。

（38）销售和使用税计算：销售和使用税必须缴纳。需要说明的是，此处增加与车辆登记无关的由买卖双方共同签署的"车辆税款计算"联合申明，是为了减少材料，即在申请登记时，无须再提交纳税材料。

（39）销售商或捐赠者、交易商签名：车辆产权证书或其他所有权文件上列明的销售商、捐赠者或交易商必须签名、打印姓名、填写日期。

（40）申请人或所有人签名：车辆产权证书或其他所有权文件上列明的申请人或所有人必须签名、打印姓名、填写日期。

（41）其他申请人或所有人签名：车辆产权证书或其他所有权文件上列明的其他申请

人或所有人必须签名、打印姓名、填写日期。

必须在车辆购买后的30日内，向销售发生地或留置权持有人所在地或申请人居住地的县级机构递交申请文件，包括：填写完整的"得州机动车财产登记和/或上路登记申请表"、适宜的签注所有权转移的车辆财产证书、第三者责任保险（申请上路行驶时需要）。财产登记费、上路登记费和税费应当同时提交。

可在"得州机动车财产登记和/或上路登记申请表"的背面查询到关于费用、税款和罚款的更进一步资料和咨询电话。

3. 结语

从得州机动车登记申请表的内容和填写来看，美国机动车登记和管理的制度体系非常庞杂，但美国尽可能将车辆登记管理的内容和要素浓缩在一张表中，方便了群众。仔细探究登记申请表的内容，可以看出美国车辆财产登记管理、上路登记管理、交易管理、财税管理等涉及在用车的管理是较为规范、全面、细致的，并且有机地将各种管理结合在一起，增强了管理的效能。另外，由于得州法制发展比较成熟，对于登记中的弄虚作假等行为，得州在登记申请表中专门做了告知，即主要通过刑法等手段规制，因此得州在机动车登记中，一般只需关注与"登记"直接相关的内容即可，制度设计较为规范和简单，管理中也无须借助复杂的技术手段。

三、关于机动车安检制度

1. 概况

美国联邦法律对商用车检验作出了原则性的指导，各州依据本州实际情况出台更严格的行政法律予以落实（表9-1）。美国商用车安全检验制度主要涉及4个方面：①联邦的强制定期安全检验；②运输公司的不定期检验；③驾驶员的日常检验（驾驶员每天停运后要对车辆进行检查，填写随车携带的检查记录表，记载车辆制动、转向、灯光、轮胎等基本安全状况。发现车辆安全隐患，要及时修理，保证车辆良好的安全性能）；④政府部门组织的路检路查。联邦层面对非商用车安全检验没做强制规定，各州根据需要，通过州立法、颁布行政法规等方式规定机动车安全检验。另外，联邦政府、州政府经常制定各类交通安全行动计划（如 U.S.C.402—HIGHWAY SAFETY PROGRAMS），车检是其中的重要内容，作为推动开展机动车检验的指导性意见。

美国各州非商用车年检情况 表9-1

行政区域	检验周期	免检情况
缅因州、马萨诸塞州、密西西比州、纽约州、北卡罗来纳州、宾夕法尼亚州、新罕布什尔州、得克萨斯州、西弗吉尼亚州、佛蒙特州、弗吉尼亚州，共11个州	每年一次	无
罗得岛州	每两年一次	无

行政区域	检验周期	免检情况
犹他州	八年内：两年一次 八年后：每年一次	无
新泽西州	每年一次	2010年1月起，私家轿车免检
哥伦比亚特区	每两年一次	2009年10月起，私家轿车免检
特拉华州	每年一次	新车五年之内没有过户，免检
夏威夷州	每年一次	私家车新车两年之内免检
路易斯安那州	每年一次	2012年9月起，车主可以选择通过支付双倍费用，获得一个两年有效期的检验合格标志
密苏里州	每两年一次	1.车牌号为奇数的在奇数年检验，偶数的在偶数年检验； 2.按照新车第一个检验周期内免检的规定与上述规则，新车可能在三年或四年后进行第一次强制检验； 3.收藏用途的车辆免检
其他州	无车辆安全定期检验制度	

2. 商用车年检

（1）法律依据。商用车年检的适用车型主要有在美国注册或使用的商用车：挂车、半挂车、普通货车、大客车等，主要法律依据有：①美国联邦法规第49篇570章（CFR49.570），详细规定了在用车的最低运行安全技术条件，在用车的检验要满足上面规定的技术要求；②美国联邦法规第49篇396章（CFR49.396，2008年12月17日修订）：对商用车定期检验周期、检验员要求、检验记录等作出规定；③美国法典第49篇521章（USC49.521），明确了各交通参与实体的职责关系，重点规定了对商用车检验机构违法处罚；④各州颁布的车检相关法律、行政法规，细化规定了检测站和检验员的准入与监管、检验项目、检验流程、检验费用等内容。

（2）主管机构及职责。联邦层面由运输部主管，州层面由州运输部或公共安全部等部门负责。美国法典第49篇521章（USC49.521）中，规定了运输部对检测站和检验员有监管的职责，可检查检验报告和检测设备，对检测站及检验员违法行为进行处罚等。

（3）检验机构。联邦层面只对商用车检验机构作出规定：即以车辆所属运输公司内设检验机构为主，也可委托检验机构，对商用汽车站、汽车租赁公司、货车停车场等开展检验。

（4）检验员。联邦层面只对商用车检验员资质提出如下要求：①熟悉相关法律法规和车辆安全标准；②掌握检验项目及方法、熟练使用检验工具及设备；③具有一年以上相关工作或培训经历；④经过州政府机构组织的培训，并通过考试；⑤商用车制动性能的检验，由具有商用车制动性能检验专业资质的制动检验员进行。

（5）检验周期。联邦层面只对商用车检验周期作出规定：①定期检验规定是每年至少一次；②对于大客车推出式车窗、紧急逃生门、紧急逃生指示灯，至少90天检查一次。

（6）检验项目与判定标准。联邦层面只对商用车检验项目和方法提出具体要求：①联邦法律列出13个基本检验项目：制动系统、转向系统、悬架、灯光、燃油系统、排气系统、轮胎、玻璃等；②判定标准：检验结果符合联邦法规第49篇570章（CFR49.570）规定的在用车最低运行安全技术条件。另外，联邦法规第49篇570章（CFR49.570），详细规定了所有在用车的最低运行安全技术条件，采用定期检验制度的州，其检验和判定标准应不低于CFR49.570的具体要求。

（7）检验流程。联邦层面列明了商用车3种检验方式：①运输公司雇佣的有资质的检验员进行检验（以此方式为主）；②运输公司委托的检验机构进行检验；③联邦公路运输安全管理局、州政府、运输公司等组织开展的路检路查，如果检查项目及结果符合要求，视为通过年检。

（8）质量管理与检验监管。联邦层面法律法规没有详细规定，美国法典第49篇521章（USC49.521）中，规定了运输部对商用车检测站和检验员有监管的职责，可检查检验报告和检测设备，对检测站及检验员违法行为进行处罚等。

（9）违法处罚。联邦法典第49篇521章（USC49.521）对商用车检测站和检验员违法处罚作出如下规定：①对检测站违法行为，由运输部处以不超过10000美元的民事罚款，并由法院裁决检测站负责人或质量经理是否构成犯罪；②对检验员违法行为，由运输部处以不超过2500美元的民事罚款，并由法院裁决其是否构成犯罪；③对检验报告、检测设备、基础设施等不符合规定的情形，由运输部处以不超过1000美元的罚款，或暂停其检验资质；④如果运输部认为经检验的车辆对公众安全构成威胁，可责令部分或全部经该检测站或检验员检验的车辆停运，重新进行检验，并对违法行为作出相应处罚。

（10）路检路查。联邦公路运输安全管理局、州政府、运输公司等组织开展路检路查，检查随车携带的检验记录，并进行有针对性的安全检验，如果检查项目及结果符合要求，视为通过年检。

3. 私家车年检——以夏威夷州为例

在夏威夷州，除执行美国联邦相关法律标准外，还要执行夏威夷州一级的法律法规。法律规定州政府发起的定期检验、路检路查以及交通安全行动计划等活动与联邦政府发起的具有等效性，两者均需要执行。需要说明的是，本节所述的规定具有以下3个特点：①只包括夏威夷州一级的相关法律、行政法规，并未包含下属县、市的有关规定；②适用于夏威夷州注册或者使用的机动车的年检要求（包括细化的商用车有关规定，但不适用于政府用车、军用车、农用车）。

（1）法律依据。

①夏威夷州法律第286章（Hawaii Statutes—Chapter 286:HIGHWAY SAFETY）：对检测

站申请及批准条件、检测站与检验员职责、检验证明、检验合格标志、商用车检验费用等作出详细规定；②夏威夷州交通运输行政法规第19章133.2节（Hawaii Administrative Rules Chapter19—133.2，2011年5月11日修订）：对检测站与检验员准入及职责、检验流程、检验监管、检验费用等进行规定，对主管部门职责、检测资质审批文件材料、检验项目及合格标准等进行细化说明；③夏威夷州交通运输行政法规第19章133.5节（Hawaii Administrative Rules Chapter 19—133.5）：对检测站与检验员违法行为的处罚作出规定，对检测站和检验员违法行为、处罚标准，以及处罚程序等进行详细说明；④夏威夷州交通运输行政法规第19章135节（Hawaii Administrative Rules Chapter 19—135）：对电动自行车的检验作出规定，对检测站、检验员、检验流程、检验项目及标准、检验费用等进行详细说明。

（2）主管机构及职责。总体工作由州运输部主管，其中检测站、检验员资质审批、吊销或撤销由州运输部负责；监督、执法、管理等具体事务由县一级的、与州运输通部签订有合同关系的办事机构负责。州一级交通部门主管职责为：①审批、吊销或撤销检测站以及检验员的资质；②负责检测站以及检验员的日常监管，检查标定设备，评估检验程序和设施设备，调查检验行为；③分析、评估及保管检验记录及报告；④制作检验手册以及相关表格，并负责更新（该项可向检测站收费）；⑤每季度提供总结报告，公布新批准的、仍有效的以及被吊销资质的检测站以及检验员的名单，供社会知晓。

（3）检验机构。夏威夷州未限定检测机构投资主体，只要经过认证，都可以从事检验，包括：经过认证的加油站、汽车租赁公司、汽车修理厂、汽车销售公司等。该州对检验机构实施分类管理，即依据检验能力授予不同车型的检验资质。法律要求检测站硬件设施应符合标准，如对地面硬度、坡度等都有明确要求，同时，检测站环境应良好，不能有破旧车辆摆放。对检测站透明度有特别要求：①明确规定检测站必须将检测站资格证书、不同车型检验资质证明文件在明显地方进行公示；②明确规定检测站要将检验员名单及其值班表在明显的地方进行公示。

（4）检验员。

①检验资质统一由交通部门考核、认证或撤销。②基本要求：a.持有与检验车型相当的驾照；b.具有一年以上的机械自动化等相关专业知识的培训经历；c.具有两年以上的汽车维修保养相关工作经历；d.通过运输部的考试，该考试分为笔试和实际操作测试，两者均须达到80分（满分100分）。③分类管理：不同检验人员具有不同车型的检验资质，并在资格证背面注明，随身佩戴。④具有资质的检验员方可从事检验，并且负责填表、签字。没有资质的人员只能在同一时间、同一辆车上配合检验。⑤每名检验员检验资格有效期是4年，到期后需重新认证。

（5）检验周期。

①私家车：新车注册前检验，两年后每年检一次。②商用车、出租车等：新车注册前检验，之后每年检一次。③救护车、校车等：新车注册前要检验，之后每半年检验一次。

（6）检验项目及判定标准。检验项目包括以下12大项：转向及悬架系统；轮胎和车轮定位；车轮定位；轮胎；制动器；灯光及反射器；喇叭；风窗玻璃及窗户；排气系统；进气和燃料系统；车速表和里程计；传动系统。判定标准：每一大项后规定最低要求，列明若干不合格情形，如有相关情形，则判定为不合格。

（7）检验流程。车主可以提前15天进行预约。在安全检验之前要检验注册登记参数，检测站要对车辆保险进行把关。对于改装车辆，需要先到专门机构对改装部件进行认证后，再检验。

（8）检验证明或检验合格标志。检验记录由检验员填写，一式多联，检验完成后，一份交州运输部，一份由检测站保存一年，两份交车主供办手续用和长久收档保存。若检验合格，直接由该车检验员核发并粘贴检验合格标志；若检验不合格，车主会领到一份带有检验员编号的蓝色记录表，根据记录情况在30日内进行维修，然后携带表格回原检测站复检，复检由原检验员进行，如果是其他检验员，需明确标记其编号。复检不收费，检验合格后，直接由该车检验员核发并粘贴。

（9）质量管理与检验监管。州运输部在批准检测站许可前，应检查其检验设备，对结果备案。检测站负责人或质量经理必须具有检验员资质，负责保证检验过程及结果公正，要确保检验报告无误，并负责每个月向交通运输局提交检验总结报告，说明当月检验情况，即便是没检测，也要提交。州运输部应检查并保留检验记录、分析检验报告、掌握并评估检测仪器及设备的状态及使用情况、评估检验过程。另外，相关法律法规对检验监管手段与监管技术并无明文规定。

（10）违法处罚。夏威夷州分级界定检测站和检验员的违法检验行为，量化处罚标准。如果检测站涉嫌违法，则暂停或吊销检测站资质；如果检验员涉嫌违法，则暂停或吊销检验员资质。违法行为划分标准如下。

①轻微违法行为：a.雇佣检验员有变更未告知州运输部；b.未正确完成检验记录；c.检验时未在明显地方公示检测站许可证书或检验员资格证书；d.未保持检验区域安全及卫生；e.未按时提交月检验工作报告；f.未安全妥善保存检验合格标志；g.未在地面布设指示灯等。

②较重违法行为：a.检验设备技术状态不良；b.检测站迁址未告知州运输部；c.检测站变更所有人或经理未告知州运输部；d.未正确装备或保养检验设备而从事检验；e.允许没有资质的人员进行检验、核发或粘贴检验合格标志；f.没有雇佣有资质的检验员；g.检验完毕，没有保存检验记录副本一年；h.检验员在空白检验记录及报告单上签名等。

③严重违法行为：a.未经允许，将本检测站的检验合格标志挪至其他检测站使用；b.未购买公众责任保险；c.购买的公众责任保险超过保期；d.检测站搬迁未能及时安全保存检验合格标志；e.未按照法律规定检验；f.未经授权核发检验合格标志等。

处罚标准如下：a.半年之内发生两起轻微违法行为，暂停资质30天；b.发生一起较重违法行为，暂停资质30天；c.半年之内发生三起轻微违法行为，暂停资质60天；d.一年之内发生两起较重违法行为，暂停资质90天；e.半年之内发生四起轻微违法行为，暂停资质90天；f.两年之内发生三起较重违法行为，暂停资质180天；g.发生一起严重违法行为，暂停资质1年；h.发生两起以上严重违法行为，吊销资质。

（11）路检路查。警察路面执法中发现某机动车存在安全隐患，可要求车主进行安全检验，并在5日内提供新的检验报告，如果认为该车威胁公众安全，可当场撕下检验合格标志，要求车主立即办理车辆注销登记。另外，警察根据联邦要求或本州需要，可开展集中的路检路查专项行动。

4.启示和建议

从美国车辆安全检验情况的简要介绍中，可归纳出以下几个特点：①政府职能部门与安检机构的关系比较清晰，便于监管。②各类检验机构、修理厂等各类检验主体并存。③建立了分车型检验制度。④注重发挥检验人员的作用。调研国家和地区普遍建立了严格的检验人员资质认定、考核与退出机制，显著提高了机动车安全技术检验水平。⑤在严格检验的同时，更加注重服务群众。如美国各州均建立了覆盖全地区的网上和电话预约系统。⑥违法处罚相对严格，更加重视路检路查等事后监管。

通过国内外分析和对比，对完善我国机动车安全技术检验制度提出以下建议。

（1）向保险公司、二手车交易市场试点开放机动车检验报告查询，在提供服务的同时，形成机动车安全技术检验多方参与、多方监督的格局。

（2）推出服务群众新举措，探索建立汽车4S店检验模式。以试点方式，逐步放开具备一类维修资质（按运输部规定，可开展维修竣工检验业务，具备安全技术检验的软硬件基础）的4S店对所经营品牌车辆进行安全技术检验，并且限制只能对注册年限不超过6年的车辆进行检验。另外，建议改变单纯用数字呈现检测结果的做法，加入更多易于解读的内容，增加群众对检测的关注。

（3）针对不同车型建立分类检验制度。不同类型车辆技术水平、安全标准以及对道路交通安全的影响并不一致，并且这种差距在日益扩大，建议参照国外做法，建立针对不同车型的分类检验制度。

（4）重视和加强对检验人员的管理。机动车检验很大一部分是由人工检验完成的，建议市场监管部门，从国家层面制定统一、规范、严格的准入、日常监管和退出制度。

四、关于生产销售企业责任

1.美国推动车辆企业落实安全主体责任的行政制度

根据《美国联邦机动车安全法典》的规定，美国车辆安全行政管理包括产品认证、产品质量监督、缺陷产品召回3方面内容。

（1）企业自我认证车辆产品质量。车辆企业对拟销售车型作安全符合性认证，并在车外粘贴认证合格标志，未经认证车辆不得销售。符合性认证试验可由企业自行开展，但为增强认证可信度,多数企业会委托国家公路交通安全管理局(NHTSA)认可的第三方认证机构开展试验认证,并详细记录试验情况备查。

(2)监控和调查车辆安全隐患。NHTSA通过分析厂家、民众和其他组织反映的车辆安全隐患信息,对车辆安全质量进行监控和调查。具体工作步骤如下。

①厂家主动上报车辆安全隐患信息。企业每季度向NHTSA上报获取的本厂汽车在国内外涉及的产品质量信息,包括交通伤亡、财产损失、保险理赔、消费者投诉、消费者建议、消费者满意度评价等信息,其中车辆安全性能相关的信息要重点报告。另外,若厂家或外国政府决定召回安全隐患车辆,则企业应在5个工作日内,将相关信息向NHTSA报告。

②回应民众和其他组织反映的车辆安全隐患问题。民众或其他组织可向NHTSA提出书面请求,反映车辆安全隐患,提出治理诉求。NHTSA根据线索进一步调查或召开听证会,决定是否启动召回程序,若认为无须启动召回程序,则会将理由公开发布。

③多种手段调查安全隐患嫌疑车辆。为便于调查和治理,法律要求厂家保存车辆设计、试验、认证、生产、上下游合作伙伴往来文件等资料,并记录每辆新车车主的姓名、地址等信息。为在后续的调查、听证、陪审和审判中取得有利地位,厂家均会主动如实记录上述信息。安全隐患车辆调查的主要手段有:现场调查,突击检查车辆生产、销售和停放场地,调查事故车辆,及时查扣相关证据。资料调查,要求生产、销售和配套企业无条件提供车辆设计、试验、认证、生产资料,以及与上下游合作伙伴往来的相关文件。相关人员陈述,要求生产、销售厂家提交报告,详细说明隐患嫌疑车辆是否符合相关标准或存在缺陷,必要时,也会要求其他组织或个人提交相关文件或作出说明。

(3)治理和消除车辆安全隐患。美国车辆安全隐患治理分为发布隐患信息、开展隐患治理、公布治理结果3个阶段,治理过程公开透明,增强了治理实效,具体如下。

①及时发布车辆安全隐患信息。NHTSA经过初步调查,认为车辆存在安全缺陷或不符合标准的情况时,会公开发布相关信息。企业若能提供相关资料和数据,证明车辆不存在安全隐患,则NHTSA会公开发布不要求厂家召回的通告,反之,则要求厂家发布车辆召回公告。

②厂家免费维修、更换安全隐患车辆或退款。厂家发布的召回公告包括安全隐患和危害描述、更换维修或退款的操作办法、消费者补偿金金额和领取办法、防止隐患零部件再次流入市场的措施,以及相关维权和投诉等信息。NHTSA会密切关注召回实施过程,必要时要求厂家增大投入,缩短召回时间,并禁止拟召回车辆进行交易、租赁等活动。必要时,NHTSA还会召开听证会,听取民众对召回公告内容以及召回结果的意见,敦促厂家做相应调整或完善。

③公布隐患信息促进共同治理。NHTSA会将获取的相关信息及时向财政部等部门、检察机关、科研单位共享。对于车辆安全隐患执法进程、相关证据报告、试验等数据,只要不涉及商业秘密,均会及时向社会公布。另外,NHTSA每年会向总统和国会提交车辆

安全管理工作制式报告，内容包括：车辆标准制修订和执行情况、车辆安全执法情况、车辆安全信息公开情况、提供给科研单位的技术资料情况、车辆安全科研项目情况、车辆安全存在的问题及下步工作建议等。

（4）违法处罚措施。对于违规行为，每辆车最高罚款5000美元，每个厂家最高可处罚1500万美元；对于不主动将车辆安全隐患造成的严重伤亡事故上报NHTSA的，将面临巨额刑事罚款或15年以下监禁；对于不执行NHTSA的召回指令等违法行为，将以藐视法庭罪进行刑事处罚。

（5）案例：NHTSA对特斯拉自动驾驶事故的调查。2016年5月7日，佛罗里达州一辆在高速公路行驶的特斯拉，垂直撞向一辆横穿路口的货车，致使特斯拉驾驶员当场死亡。事发时，特斯拉轿车开启了自动驾驶功能，但驾驶员和车辆均未采取任何措施。事发后，特斯拉按规定及时向NHTSA报告了事故信息。2016年7月8日，NHTSA致信特斯拉，要求在当年8月26日前，分两个阶段提交以下协助事故调查的材料。

①车辆信息。包括车辆基本信息，投诉信息，掌握的其他类似事故信息，车辆研究、设计、仿真、测试等资料，车辆传感器和控制算法资料，车辆软件升级情况等。

②事发时车辆驾驶模式及其控制策略信息。

③要求特斯拉对事发时场景和车辆性能、功能等情况进行事故重建。

信中还称，若特斯拉未按期提交材料，则每逾期1天罚款2.1万美元，罚款上限为1.05亿美元。与此同时，死者家属也在等待NHTSA的调查结果，若调查认为特斯拉产品存在缺陷，将按照侵权法起诉特斯拉公司。

2.美国推动车辆企业落实安全主体责任的民事制度

美国涉及车辆产品责任的规定，主要体现在各州自行制定的产品责任法规中。各州法规在基本理念、证据认定、损害赔偿、诉讼程序等方面均大同小异。主要介绍如下。

（1）汽车产品责任理论。在汽车产品责任诉讼中，原告只要证明以下3点，即可认定制造商和销售商存在法律责任，并负有赔偿责任：①汽车产品存在缺陷。②缺陷在产品提交给消费者时就存在。③缺陷导致原告受到人身和财产伤害。

（2）缺陷的类型和认定。缺陷主要分为以下3类：①制造缺陷，指没有按照工艺等的规定生产而导致的缺陷。②设计缺陷，指在设计时没有给予合理的关注而导致的缺陷。③警示或说明缺陷，指产品的手册、说明书、包装、标签或公告未能就与产品相关的可能危险或安全使用提供充分的警示或说明。

缺陷的认定办法主要有：①专家意见，主要由原告聘用技术专家出庭对产品缺陷作证。②制造商相关记录和员工证言。③国家和行业标准，若有证据证明产品违反了国家和行业标准，则大多数州直接认定产品存在缺陷。④类似事件对比，若能证明相同型号的产品还造成了其他的类似事故，则会成为认定该产品存在缺陷的强有力证据。⑤事故后产品的改变，若制造商在造成伤害后对产品设计或警示进行了改进，则相当多的陪审团或法庭会认为原先的设计或警示存在缺陷。

（3）损害赔偿。损害赔偿主要有以下3类。

①财产和人身伤害赔偿，赔偿范围包括收入损失、医疗费、家务雇佣费、财产损失等。

②精神损失赔偿，自由裁量较大，包括对当事人精神和身体受到的疼痛、折磨、不便、悲伤和耻辱的赔偿，即使当事人在很短的时间内死亡，也要赔偿，也包括对当事人配偶、近亲属的"配偶丧失""社会性和陪伴丧失"等的赔偿。

③惩罚性赔偿，当制造或销售商存在特别恶劣、欺骗、肆意、故意或对其后果不顾一切的冷漠的行为时，会被处以惩罚性赔偿，且多数州只许企业用自有资金支付，不得由保险支付。制造商明知产品存在缺陷却没有采取必要措施，或因为人身伤亡赔偿数额较少、但改进产品的投入太大而不愿改进缺陷的，均会被处以惩罚性赔偿。惩罚性赔偿的主要目的是防止类似事故的再次发生，因此赔偿数额主要根据不当行为的性质、制造商的资产净值和收入等确定，美国最高法庭原则建议"惩罚性赔偿的数额不得高于其他赔偿总和的9倍"。由于美国产品责任赔偿金较高，且总赔偿金的30%～40%需要支付给律师，因此美国律师非常热衷于寻找各类产品的安全缺陷案例，鼓动当事人展开诉讼，或组织全国范围内的类似案例当事人展开集体诉讼。

（4）诉讼程序。美国产品质量诉讼程序，主要包括申诉、应诉、审前取证、开庭审理、上诉等5个阶段。

①原告申诉。原告发起诉讼书中，均会列明被告、事故简要情况、受到的伤害，并说明产品存在的缺陷与受到伤害的关系。申诉状及传票同时通过寄送等方式正式向所有被告送达。

②被告应诉。被告需要在20～60天内对申诉作出应答，传票中会详细说明应答要求。一般需要对原告的指控作逐条申辩，申辩结果应明确，分为承认、否认和不确定三种，后两种还要详细列出理由。若不按规定应答，法庭会进行缺席审判，按照美国证据认定规则，缺席审判对被告非常不利，因此被告一般会积极应答申诉。

③审前取证。审前取证的一种是书面质询，原告提出的问题主要有：产品设计和生产情况、警示情况、产品功能和工作原理、产品相关的文件及其内容、制造商对事故及其他类似事故的了解情况、了解产品的员工的身份信息等；制造商提出的问题主要有：事故事实情况、证人信息、伤亡程度、其他损失情况等。许多法庭会对质询问题的数量作出限制。质询一般需要在20～30天内书面答复。答复前还需要宣誓，经宣誓后的答复，如果被证明不真实，则需要负刑事责任。第二种是提供书证物证（包括电子证据）。原告要求提供的书证物证主要有：事故调查报告、设计或生产图纸、产品规格说明、会议记录、类似事故或先前产品问题的报告等。制造商要求提供的书证物证主要有：事故照片或其他文件、伤亡医疗记录、收入证明等。书证物证一般需要在20～30天内提交。若可以合理获得的书证物证遭毁灭、篡改或丢失，法庭会在证据认定方面对其进行惩罚，或允许以疏忽保存证据、故意毁灭或篡改证据为由发起针对制造商的单独诉讼。第三种是要求承认指控。

任何一方可向另一方送达要求承认特定指控的书面要求，另一方必须承认、否认指控或详细说明不确定的理由。该阶段对指控的应答具有法律效力。若一方未能在法庭规则要求的期限内（一般为20~30天）应答指控，将被视为承认指控。第四种是证人作证。为便于双方知悉证人，法庭要求双方将掌握的相关证人信息全部公开。原告要求作证的典型证人包括：熟悉产品设计、生产或测试的人员，对事故进行调查或有类似事故调查经验的人员等。被告要求作证的典型证人包括：目击者和专家证人。

④开庭审理。开庭审理包括开庭陈述、证据展示、询问证人、法庭辩论、法官或陪审团判决等程序，最大限度解决各方之间关于事实和法律的争议。

⑤上诉。美国涉及产品质量纠纷的上诉案件较少。上诉法庭只有认为审判庭在法律裁决中犯下重大错误或在几乎没有证据支持的情况下进行裁决才会推翻之前的判决。更高一级的上诉更少，通常只接受那些解决未决法律事项或在某个领域改变法律的案件。

（5）案例：洛杉矶高级法院对通用雪佛兰迈锐宝车辆事故的审判。1993年，一辆1979年款雪佛兰迈锐宝正常行驶时，被一辆醉驾车辆追尾，雪佛兰轿车油箱随后爆炸起火，造成驾驶员、驾驶员的4个孩子及驾驶员的朋友严重烧伤。原告指控雪佛兰油箱位置设置存在缺陷。1999年7月，加州洛杉矶高级法院陪审团判决通用汽车公司向受伤人员赔付49.07亿美元，包括1.07亿美元伤残、精神损失赔偿和48亿美元惩罚性赔偿。

巨额赔偿主要是为惩罚通用公司的"傲慢和长期对消费者生命的冷漠"，关键证据是通用集团一名工程师在1973年写就的一份公司内部备忘录，该备忘录显示：改进雪佛兰汽车油箱位置的成本为每辆车8.59美元，但应对因油箱位置不当引起的诉讼和赔偿费用为每辆车2.40美元。另一份公司内部备忘录显示：该款雪佛兰油箱与车辆后端的合理距离应为38cm以上，实车为28cm。通用公司宣称管理层并不知晓上述"成本—效益"分析备忘录，产品设计时也未采纳该备忘录的内容，因此该备忘录一直不被法庭作为证据接受。随后的两份辅助证据促使法庭最终接受了该证据：一是记录上述"成本—效益"分析备忘录的工程师20世纪80年代在一次法庭宣誓后曾表示"通用公司并未意识到其车辆燃油系统的问题"；二是1981年通用公司曾向代理律师表示："成本—效益分析备忘录是为通用公司某部门的管理层准备的"。通用公司律师随后辩称：雪佛兰车被醉驾车辆追尾，不应承担事故责任，且该车型符合美国法规标准，不应认为车辆有缺陷。但通用公司一位工程师证实：在公司内部的碰撞测试中，车辆燃油系统曾出现漏油现象，虽然符合国家法规标准，但也可能存在安全隐患。因此，法官和陪审团并未接受通用公司的辩护。陪审团成员在审判后表达了愤慨："通用公司无视车内人员的生命，保障使用者的安全本应是他们的责任""通用公司在对话时，将我们视为无知的人。像我这样的众多普通人在买他们的车，这是不能够允许的""我不知道通用公司有多强大，但我感觉，在他们眼里，我们消费者仅仅只是一些数字""我们想告诉通用公司，当产品可能危害人身安全时，花更多的钱提升车辆安全水平远比其他事情更重要"。陪审团作出巨额惩罚性赔偿的另外一个重要原因是通用公司斥巨资开展广告宣传，并聘请专家证人为其产品质量进行辩护，有证据显示：

通用公司每年广告费用为40亿美元，并在过去4年中，曾为一位专家证人支付350万美元薪水。汽车厂商和众多媒体纷纷表达对判决的不理解，请求法庭重新审视审判，减少赔偿额："陪审团是不理性的""巨额罚金会给美国第一大汽车公司声誉带来不好影响""其他国家也可能效仿，影响美国汽车的出口和竞争力""法庭重新分配大公司财富，整个社会将付出沉重代价""每个公司都使用成本—收益分析方法决策企业发展的方向，况且无论怎么做，每个产品都可能存在风险"。法庭最终抵制住各方压力，维持了原判。

3.美国推动车辆企业落实安全主体责任的刑事制度

美国联邦和各州刑法对汽车产品质量问题规定得较少，一般在出现以下情况时，才会对企业管理人员和直接责任人员处以刑罚：①生产和销售的汽车产品不符合国家法规和标准规定。②在涉及产品质量问题时，有明显故意或漠视生命情节。③不按规定或不如实向主管部门报告产品质量问题。④不执行主管部门发出的行政管理指令。

4.美国推动车辆企业落实安全主体责任的媒体力量

美国法律保障新闻自由，新闻媒体对于通过各种手段获得的信息（包括部分国家秘密信息）一般均有自主发表权。另外，《信息自由法》规定，政府的所有记录和档案原则上都向社会开放。因此，媒体能够获取大量涉及车辆质量的行政管理和庭审信息。媒体的广泛深挖和报道，使得车辆安全监管公开化、透明化，对维护各方利益、促进车辆安全监管制度规范科学运行起到了重要作用。

5.美国车辆安全管理制度对我国的启示

我国车辆质量安全管理在法律制订和执法层面均很不成熟，建议加快推进行政管理内部各项制度，促进行政、民事和刑事制度相互衔接、支撑和有机统一，补齐我国车辆质量安全管理方面存在的短板：行政管理方面，首先不仅要重视样车检测，更要重视对生产过程、产品一致性保障水平和检测机构的监督；其次要改变目前《公告》和型式认证制度与产品安全隐患预警和产品召回等行政管理制度分离的现状，形成管理合力；再次是要改变目前车辆产品行政管理制度"重结果、轻程序"的问题，更加重视监管程序的设计和完善，规范监管过程，增强制度执行效能；然后是推进监管和执法公开，促进社会监督，形成监管合力；最后还要加大对违法违规企业经济和资质方面的处罚力度。民事制度方面，首先是在事故处理中，遇有汽车质量问题时，应加强维权告知提醒，引导受害者通过司法途径维护自身正当利益，倒逼企业提升产品安全水平；其次是引导消费者协会、交通安全协会等公益性组织开展涉及车辆质量问题的公益诉讼，改变目前车辆质量诉讼较少、惩罚性赔偿鲜见的局面；另外在相关法律修改时，建议加大对产品质量类侵权案件的惩罚性赔偿金额。刑事制度方面，公开资料显示，目前尚无汽车产品质量方面的刑事判例，建议推动各方力争破冰；另一方面，目前我国企业和行政部门不认真履行车辆质量行政管理制度的情况较为突出，从国外经验看，刑事处罚可以加大对上述行为的震慑力。

第二节 欧 盟

一、关于行驶记录仪

1. 行驶记录仪使用规定

欧盟理事会第2135/98号法规对数字式行驶记录仪使用作出了规定，具体包括在实际使用过程中对驾驶员、承运人、维修校准中心和检查员的有关规定。

（1）驾驶员有关规定。欧盟法律要求驾驶配备数字式行驶记录仪车辆的驾驶员必须持有驾驶员智能卡。在驾驶员智能卡没有插入的情况下发动汽车，系统不会阻止车辆的行驶，但数字式行驶记录仪（VU）会记录下未插入驾驶员智能卡而行车这一事实。驾驶员只能持有一张智能卡，不能使用其他驾驶员的智能卡或允许其他驾驶员使用本人的智能卡。

正常工作期间，驾驶员要确保行驶记录仪以自动记录和手动录入的方式，在行驶记录仪和驾驶员智能卡中完整记录车辆运行信息和自身活动信息，具体规定如下。

①检查并校准行驶记录仪。

②确保驾驶员智能卡插入正确的插口。

③随车携带足够的经过类型检验的打印卷纸。

④取出驾驶员智能卡之前，利用手动录入设备将所有活动信息录入行驶记录仪和驾驶人智能卡。

⑤正确使用模式按钮，确保行驶记录仪能够记录其他工作、等待时间、休息和中断工作等活动。

⑥除非经过授权，否则不许在工作日将智能卡从行驶记录仪中取出，以下情况例外：a.更换驾驶车辆；b.在中断或休息期间，其他驾驶员使用本车。

⑦多人驾驶时，确保各驾驶员将智能卡插入正确的插孔（驾驶人智能卡插入插孔1，副驾驶人智能卡插入插孔2）。

⑧雇主能够从智能卡中获取有关驾驶信息。

⑨能够及时提供当天和前28天的记录纸和手动录入信息。

当出现驾驶员智能卡不可用的情况时（例如丢失、被盗、损坏或者出现故障），驾驶人最多可无卡驾驶15个日历日，无卡驾驶期间需提供包含以下内容的打印材料。

a.驾驶员姓名，驾驶员智能卡或驾驶证号码。

b.驾驶中断时间（等待时间、休息时间、路程行驶中断时间等）信息录入。

c.驾驶员签名。

英国要求驾驶员应该立即将智能卡出现的问题向驾驶员和车辆证照局（DVLA）报告，

并在7个日历日内申请新的智能卡。

上面所述的手动录入主要是通过行驶记录仪手动录入设备进行录入，录入内容被存储在行驶记录仪中。但当出现以下情况时，必须在行驶记录仪打印纸背面用笔填写备注情况。

a. 行驶记录仪出现故障。

b. 驾驶员因为不可抗力量而违法。

c. 更正记录。

车辆运行过程中，数字式行驶记录仪自动将第二驾驶员的驾驶记录以"等待模式"记录，不允许将模式按钮切换为"中断模式"或"其他工作模式"。

（2）承运人有关规定。承运人主要工作是对职业驾驶员和车辆进行管理，并在需要时配合检察机关对行驶记录仪的使用与记录情况进行检查，具体规定如下。

①依法制定工作计划和向驾驶员安排工作。

②不可将驾驶员薪酬与行驶里程或运输货物量等可能鼓励触犯法律的行为挂钩。

③定期从行驶记录仪和驾驶员智能卡下载数据。在英国，从行驶记录仪下载数据的时间间隔应小于56日，从驾驶员智能卡下载数据时间间隔应小于28日。

④定期检查行驶记录仪有关记录，确保驾驶行为符合规定。

⑤向检查机构提交12个月内的记录数据。

⑥管理并在需要时向检察机关提交驾驶员休假、驾驶其他车辆等活动的纸质证明文件。

（3）维修校验有关规定。欧盟规定，所有行驶记录仪均须正确安装、校准和密封。这项工作要么由汽车制造厂商完成，要么由具有资质的行驶记录仪校准中心完成。数字式行驶记录仪校准时间如下。

①每两年。

②车辆修理后。

③车辆注册号码发生变更时。

④时间协调时出现20min以上误差。

⑤车辆轮胎周长或特征系数变更时。

欧盟法律要求，当设备损坏或出现误操作时，必须尽快修复。如果车辆无法在1周之内返回，必须在旅程中进行修复。若数字式行驶记录仪发生误操作或损坏，承运人应该要求维修中心将所有数据下载。如果无法下载，维修中心应当向承运人出具"无法下载证明"，承运人应当将其至少保存12个月。

（4）行驶记录仪检查。根据欧盟理事会和欧洲议会第2006/22号指令的规定，欧盟关于行驶记录仪使用的检查主要包括。

①12个月一次的固定检查（由承运人上报有关材料和数据）。

②路检路查。

③运营场地检查。

检查的内容主要集中于驾驶时间、行驶速度、对行驶记录仪的操作等几个方面。开展检查时，检查人员应该配备以下仪器或设备。

①满足以下需求的设备：能从数据记录设备和驾驶员智能卡中下载数据、读取数据、分析数据，并能将有关数据传送回数据中心进行分析。

②电子签名分析设备。

③车辆速度图像绘制设备。

路检路查主要是耗时较短的检查，主要包括以下内容。

①日或周驾驶时间、中断时间和休息时间及对上述内容的最近检查记录。

②车辆超速：对于 N_3 车辆来说，是指在大于1min的持续时间段里，行驶速度高于90 km/h；对于 M_3 车辆来说，是指在大于1min的持续时间段里，行驶速度高于105 km/h。

③检查前24h内车辆使用的瞬时速度记录。

④行驶记录设备的功能情况（可能出现的对记录设备、驾驶人智能卡的误用）。

⑤行驶记录仪监控设备运行情况。

⑥行驶记录仪破坏、封装、数据操纵和数据改变情况。

⑦与其他电子设备数据交互情况等。

运营场地检查除了路检路查的内容外，还包括以下内容。

①周休息时间及其之间的驾驶时间。

②两周驾驶时间。

③行驶记录仪存储器、驾驶人智能卡和行驶记录仪打印卷纸记录。

欧盟还在每年检查的次数、信息的共享与上报等方面对成员国作出了以下具体规定。

①从2010年1月1日起，对在行驶记录仪使用规定框架下的驾驶员进行抽查，抽查的次数不少于其工作天数的3%。从2012年1月1日起，若数字式行驶记录仪装配率达到90%以上，上述百分比应不少于4%。

②在上述总抽查次数中，不少于30%的抽查次数应该以路检路查的方式进行，不少于50%的抽查次数应该在运营场地进行。

③各成员国应该至少每年6次开展联合专项检查：同步检查、参与成员国不少于2个，各成员国在各自国内开展检查。

④各成员国检查信息交换至少每6个月进行一次，同时应根据个案需求，向其他成员国提供需要信息。

⑤成员国应每2年一次向欧盟委员会提交检查信息，内容主要包括：路边检查驾驶员的数量、运营场地检查驾驶员的数量、抽查的次数、违反规定的数量和种类、抽查车辆的种类（货运车辆或客运车辆）。

（5）惩罚规定。由于行驶记录仪使用的执法工作是由欧盟成员国有关机构执行的，因此，惩罚规定一般由成员国制定。

惩罚主要针对违反驾驶时间、违反速度限制和违反行驶记录仪操作规定等几个方面，一般说来，欧盟成员国均对篡改数据和故意破坏设备处以重罚，甚至可判处监禁。以下是经过修订的英国1968运输法案第6部分对触犯者的最大惩罚规定。

①未遵守驾驶时间、中断时间和休息时间：最高罚款2500英镑。

②未按英国法律规定记录驾驶行为：最高罚款2500英镑。

③未安装行驶记录仪：最高罚款5000英镑。

④未使用行驶记录仪：最高罚款5000英镑。

⑤不能按照检察官要求提交驾驶记录：最高罚款5000英镑。

⑥为了欺骗而输入错误数据或改变数据：起诉监禁2年，最高并罚5000英镑。

⑦为了欺骗而改变或伪造行驶记录仪密封：起诉监禁2年，最高并罚5000英镑。

⑧未采取一切有效措施保证契约中符合欧盟规定的驾驶时间表得到执行：最高罚款2500英镑。

此外，英国引入了承运人保证金制度，这一举措有效地减少了法庭诉讼。

2. 行驶记录仪技术规定

对数字式行驶记录仪使用作出规范的主要是欧盟委员会第1360/2002号法规。主要在以下几个方面对行驶记录仪作出了具体的规定。

（1）行驶记录仪总体技术特征。

（2）行驶记录仪总体功能要求。

（3）行驶记录仪结构及技术指标。

（4）行驶记录仪卡结构及技术指标。

（5）行驶记录仪的安装与封装。

（6）行驶记录仪的检查、检验与维修。

（7）行驶记录仪卡的发行。

（8）行驶记录仪及行驶记录仪卡的型式认证。

3. 欧盟行驶记录仪卡的发行

行驶记录仪卡的生产、认证和发行是行驶记录仪系统管理的重要内容之一，主要工作程序分为6个步骤（具体内容如图9-4所示）。

以下用列表的方式分别说明各工作步骤的主要工作内容、承担机构等。

（1）出台法规。欧盟（EC）和欧洲国际道路运输从业人员协定国家（AETR）根据实际立法需求和各成员国主管部门使用情况反馈，制定或修订欧盟和AETR层面的法律规定；成员国在欧盟和AETR法律框架下制定本国的实施细则（表9-2）。

（2）指定具体工作机构。欧盟指定检验认证机构（JRC/ERCA）承担安全管理、兼容性认证和行驶记录仪卡合格证书签发等工作；成员国指定本国的行驶记录仪卡发行机构（CIA）（表9-3）。

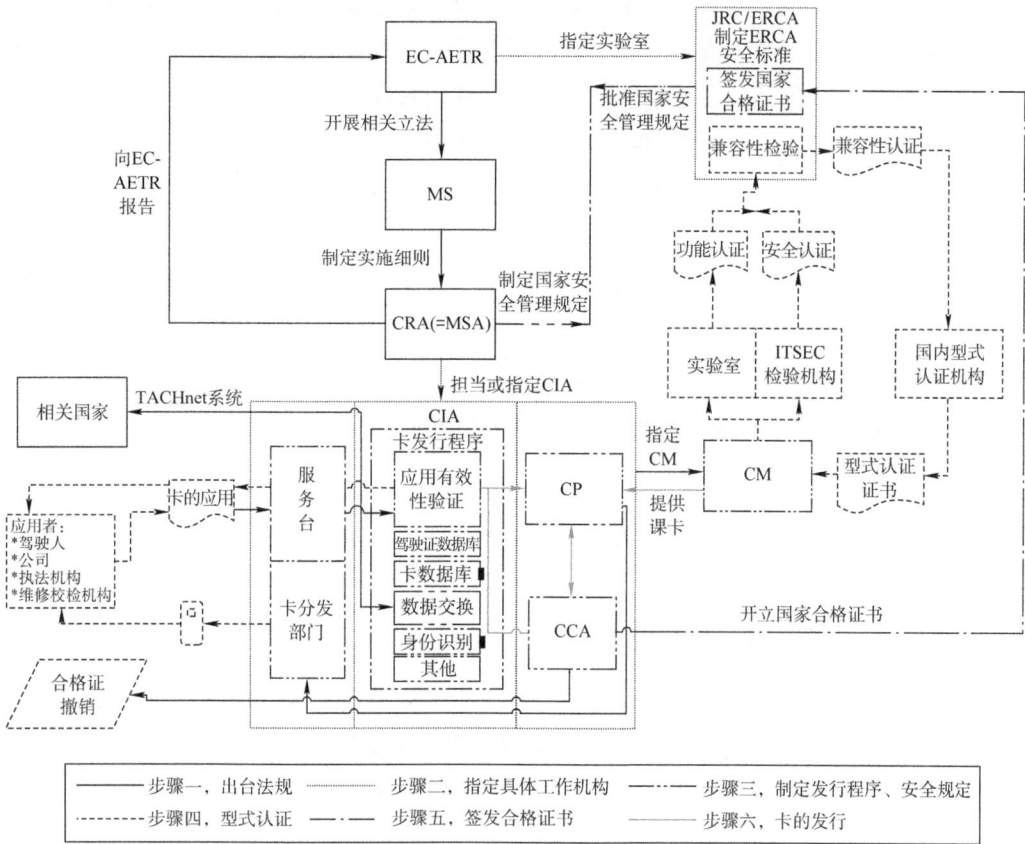

图9-4 欧盟行驶记录仪卡生产、认证与发行流程
资料来源:CORTE报告(2009.10)

各步骤主要工作内容及承担机构（1） 表9-2

主要工作	承担机构	工作频次
制定和引进国际立法	EC & AETR	唯一[1]
根据国际立法，制定成员国实施细则，指定行驶记录仪卡发行主管机构（CRA）（在欧盟成员国内CRA = MSA）	国家主管机构	唯一[1]
向EC -AETR报告，指定具体负责人	CRA （MSA）	唯一[1]

注：[1]政治原因引起的法规内容变化除外。

各步骤主要工作内容及承担机构（2） 表9-3

主要工作	承担机构	工作频次
指定有资质的实验室担当ERCA	EC	唯一[1]
指定行驶记录仪卡发行机构（CIA）。CRA （MSA）也可担当CIA 的角色	CRA （MSA）	唯一[1]

注：[1]最终取决于缔约双方约定。

（3）建立行驶记录仪卡发行机构（CIA）框架，制定安全管理规定。在ERCA安全管理框架下制定本国安全管理策略，报AECA批准通过；CIA确定本国的行驶记录仪卡使用者信息写入机构、国家认证主管机构，并确定行驶记录仪卡的发行程序（表9-4）。

各步骤主要工作内容及承担机构（3）　　　　表9-4

主要工作	承担机构	工作频次
制定ERCA安全标准	JRC/ERCA	唯一①
在ERCA安全标准框架下，编制国家安全认证管理规定	CRA/MSA—JRC	唯一②
指定专门厂家生产行驶记录仪裸卡（未认证，且未写入任何信息）	CIA	唯一①
指定行驶记录仪卡写入机构（CP），指定国家认证主管机构（CCA）	MSA/CIA	唯一①
建立行驶记录仪卡发行机构（CIA）框架，包括建立服务台（frontdesk）和行驶记录仪卡发行系统，主要工作： ● 建立工作程序 ● 建立与国内驾驶证数据库连接的行驶记录仪卡数据库 ● 将行驶记录仪卡数据库与TACHnet系统连接	CIA	唯一①

注：①最终取决于缔约双方约定。

　　②取决于ERCA安全管理规定修订频次。

（4）行驶记录仪卡型式认证。认证顺序：卡生产企业对样卡做功能和安全检验；之后将样卡送交有资质的实验室做功能和安全检验；功能和安全检验通过后，将样卡送JRC做兼容性检验；功能性检验、安全性检验、兼容性检验3项检验完成后，将有关检验或认证报告送交国内型式认证机构审核；审核通过后，厂家可获得国内型式认证机构颁发的型式认证证书，开展批量生产（表9-5）。

各步骤主要工作内容及承担机构（4）　　　　表9-5

主要工作	承担机构	工作频次
开展行驶记录仪卡样件功能和安全检验	CM	唯一①
根据法规开展行驶记录仪卡功能检验，开立功能认证合格证书	指定实验室	唯一①
根据法规开展行驶记录仪卡安全性能检验，开立安全性能认证合格证书	ITSEC检验机构	唯一①
根据法规开展行驶记录仪卡兼容性检验，开立兼容性认证合格证书	JRC	唯一①
签发型式认证合格证书	国内型式认证机构	唯一①

注：①对行驶记录仪卡样件进行检验验证即可。

（5）开立和签发国家合格证书。每两年一次由CCA（国家认证主管机构）开立合格证书，送交AETR签发（表9-6）。

各步骤主要工作内容及承担机构（5）　　　　表9-6

主要工作	承担机构	工作频次
开立国家合格证书	CCA	两年一度
签发国家合格证书	JRC/ERCA	两年一度

（6）发行行驶记录仪卡。行驶记录仪卡发行机构（CIA）应进行应用有效性验证、申请持有者身份识别（主要通过与驾驶证数据库核对完成）、行驶记录仪卡唯一性确定（通过对TACHnet系统的查询和核对完成）等工作；CCA逐卡发放合格证书，CP逐卡写入使用者信息；CIA应用部门对卡进行发放，回收问题卡，CCA撤销问题卡合格证书等（表9-7）。

各步骤主要工作内容及承担机构（6）　　　　　　　　　　　表9-7

主要工作	承担机构	工作频次
应用有效性验证	CIA	每张卡
行驶记录仪卡持有者身份识别	CIA	每张卡
确保每张卡的唯一性	CIA	每张卡
生产行驶记录仪卡合格证书	CCA	每张卡
生产卡片，并写入信息	CIA / CP	每张卡
分类发放行驶记录仪卡	CIA 的应用部门	每张卡
行驶记录仪卡合格证书撤销	CIA	每张无效卡[①]

注：①丢失、被盗、功能失灵、被没收。

4.维修校检机构管理

根据欧盟法律，各成员国应该设立维修校检机构（Workshop，又称tachograph centre），其主要任务是负责行驶记录仪的安装（出厂安装除外）、性能检查、校检、维修和行驶记录仪参数设定（如设定限速值）等工作。下面以英国为例，介绍行驶记录仪主管部门车辆和驾驶人服务局（VOSA）对Workshop的具体管理办法。

VOSA以行驶记录仪维修校检机构运营规定手册（The Approved Tachograph Centre Manual，ATCM）（以下简称手册）的形式对维修校检机构所需达到的条件作出规定。

（1）管理目的。对Workshop的管理，主要分为准入资质管理和过程管理，达到以下目标。

①确保有能正确安装和固定行驶记录仪的设施。

②确保安全可靠地使用维修校检卡。

③确保按照欧盟和AETR规定，正确检查和校检行驶记录仪系统。

④监管维修校检中心的其他行为。

（2）维修校检机构成立申请书。申请成立Workshop的申请书中应该包括以下内容。

①经营场地建设与管理计划（安全性管理、地沟建设、滚筒等）。

②场地使用证明。

③良好的财务状况证明。

④良好的声誉：无犯罪。

⑤技术支持、培训条件、设备使用和周期性检验证明。

⑥其他参考文件。

VOSA 通过实地考察申请者各项建设和管理是否达到手册规定要求。因此，经营场地建设与管理除了需要达到递交计划标准外，申请者还须做好培训技术人员与质量管理工作。

（3）设施与设备要求。要求具有如下设施。

①接待台。

②行驶记录仪卡安全保存设施。

③校检检测车间。

④地沟。

⑤毗邻校检检测车间但独立的工作间。

⑥超过 20m 的检测跑道。

要求具有如下设备。

①滚筒试验台（且满足制动试验要求）。

②编程/脉冲式计数器。

③数据下载设备。

④其他设备，包括行驶记录纸读取设备，便携式驱动器，计算机及软件等。

（4）安全管理要求。Workshop 安全管理主要涉及组织领导、日常安全管理与年度审计等内容，具体有以下内容。

①指定质量管理经理。

②例行质量控制与检查。

③例行审计检查。

④确保维修校检卡的安全使用。

⑤确保工作人员得到正规培训。

Workshop 年度审计要求如下。

①官方检查人员应该每年实地检查维修校检场地。

②检查维修校检机构铭牌发放台账。

③检查篡改记录。

④检查安全密封装置、工作钳、维修校检卡等的安全管理情况。

⑤检查重要事项公示情况。

⑥人员培训情况调查。

⑦行驶记录仪校准抽查。

（5）技术人员要求。Workshop 指定的技术人员需要满足以下条件。

①好的声誉。

②签署适合此项工作的声明。

③具有良好的工程技术背景。

④持有每 3 年注册一次的行驶记录仪维修校验培训证书。

（6）维修校检卡管理。维修校检卡管理的目标是实现安全管理，具体要求如下。

①具有密码保护措施。

②密码应与技术员家庭住址关联。

③维修校检卡应与技术员工作地址关联。

④非工作时间维修校检卡应安全保管。

⑤工作时间维修校检卡应安全保管。

（7）培训要求。Workshop机构可通过以下方式开展培训。

①内部培训。

②合同外包培训（主要由其他Workshop代为培训）。

③由国家认可的第三方培训机构培训。

关于培训的相关具体规定如下。

①课程内容需要经过VOSA审查同意。

②培训结束后要考试。

③培训主体须经过VOSA认可。

④要有一定的培训场地和设施。

⑤培训效果接受VOSA的评估。

⑥开展定期的培训总结交流会。

⑦须将培训合格学员情况向VOSA报告。

（8）台账记录要求。Workshop台账数据库应该包含以下内容，其中部分内容需要向社会公示。

①本机构地址信息。

②指定技术员信息。

③指定负责人信息。

④安全密封装置号码（应该定期向欧盟委员会提交）。

⑤维修校检卡卡号。

⑥交通检查官员出具的年度报告。

⑦与其他Workshop交流材料的副本。

5. 对我国的启示与建议

我国于2003年发布了国家标准《汽车行驶记录仪》（GB/T 19056—2003）❶，规定了汽车行驶记录仪的功能和技术要求。《中华人民共和国道路交通安全法实施条例》第十四条明确规定，用于公路营运的载客汽车、重型载货汽车、半挂牵引车应当安装、使用符合国家标准的行驶记录仪。交通警察可以对机动车行驶速度、连续驾驶时间以及其他行驶状态信息进行检查。安装行驶记录仪可以分步实施，实施步骤由国务院机动车产品主管部门会同有关部门规定。上述条款明确了汽车行驶记录仪的安装要求。然而，至今为止，我国尚

---

❶ 该标准已被代替，最新标准为《汽车行驶记录仪》（GB/T 19056—2021）。

未制定和实施汽车行驶记录仪使用相关的标准和规定，如行驶记录仪卡的发行与一致性管理、相关违法行为的处罚标准、行驶记录仪的维修校检和标定管理办法等，导致汽车行驶记录仪的实际使用效果不佳。因此，我国急需加快行驶记录仪使用配套法规和标准体系的建设步伐，以早日形成与我国国情相适应的行驶记录仪使用法律和技术标准体系。

二、关于三轮摩托车

1. 欧洲在提升三轮摩托车本质安全水平方面的做法

欧洲三轮摩托车分类与我国类似，一种为轻便三轮摩托车（L2e），如图9-5所示；一种为普通三轮摩托车（L5e），如图9-6所示。欧盟三轮摩托车保有量虽然较少，但非常重视车辆安全水平的提升，早在1992年就制定了专门法规规范三轮摩托车主被动安全要求，包括安全带、座椅、灯光与信号、车轮、制动、视野、电气安全等方面的要求。

图9-5 欧盟法规规定的轻便三轮摩托车（L2e）

a)   b)

图9-6 欧盟法规规定的普通三轮摩托车（L5e）

目前实施的《关于两轮或三轮、四轮摩托车型式认定和市场监管法规》（EU No 168/2013）及其实施办法（EU No 3/2014），在以安全带为代表的被动安全方面，主要规定如下。

（1）安全带要求。主要要求如下：①普通三轮摩托车每个座椅均应安装安全带。若普通三轮摩托车座椅为鞍座，或是轻便三轮摩托车，则由厂家自愿安装安全带，但一旦安装安全带，则安全带及其固定点等须满足相关标准要求。②对于驾驶员座椅，要求安装三点式安全带，对于鞍座，要求安装两点式安全带。③安全带固定点要满足相应的强度要求。为了方便安全带固定，欧洲规定安全带可固定在底盘、车身、座椅或其他车身结构上。

（2）座椅要求。欧盟规定有车身的摩托车，必须使用座椅，而不是鞍座，所有座椅必须有椅背，且对座椅固定强度提出了明确要求。

（3）车身安全要求。主要要求如下：①要求使用人身头部和膝部模型检查车内尖锐凸起物情况，减轻车内碰撞伤害水平。②要求车辆车门、顶部、车窗等，尽可能是闭合的，并对车门闭合强度提出要求，力争在事故中，车身能够为乘员提供最大限度的安全防护。③由于欧盟并未对三轮摩托车提出碰撞安全要求，因此十分注重加强对厂家产品安全质量的过程监管，特别是注重对焊接、组装等加工环节的监管，一旦发现不符合规定，应立即撤销型式认证资质，防止由于生产制造原因导致车身强度不足。

2.安全带在减少道路交通事故伤亡方面的效用

安全带的使用，可以有效防止乘员被抛出车外和车内二次碰撞，从而降低伤亡水平。国内外研究均指出："致命伤亡都发生在未使用安全带的乘员中。"因此安全带是最有效的被动安全措施。2020年，公安部深入推进"一盔一带"活动，电动自行车、摩托车、汽车驾乘人员事故死亡率同比下降10%以上，取得初步成效。世卫组织在发布的《使用安全带和儿童乘员约束系统》报告中指出："抛出是最常见的道路交通伤害事件之一，75%的抛出者死亡，抛出死亡人数比例占所有未使用安全带死亡人数的44%；而使用安全带的死亡人数中，只有5%是被抛出的。"另外，使用安全带后，乘员会被很好地固定在座椅上，与车辆同时减速直至停止，在此过程中始终受到座椅和车身的良好保护，大大减少了与车内物体碰撞导致的伤亡。世卫组织统计数据表明，使用安全带，前排座椅乘客死亡概率将降低40%~50%，后排座椅乘客死亡概率将降低25%。表9-8所列数字代表在不同碰撞形态下，安全带在减少人员伤亡水平方面的成效。

不同碰撞形态下，安全带在减少人员伤亡水平方面的成效　　　　表9-8

损伤水平	使用安全带后伤亡人数变化（%）	
	估值	区间估值（95%置信区间）
小型车辆驾驶员		
死亡	−50	（−55，−45）
重伤	−45	（−50，−40）
轻伤	−25	（−30，−20）
所有损伤	−28	（−33，−23）

损伤水平	使用安全带后伤亡人数变化（%）	
	估值	区间估值（95%置信区间）
小型车辆前排乘员		
死亡	−45	（−55，−25）
重伤	−45	（−60，−30）
轻伤	−20	（−25，−15）
所有损伤	−23	（−29，−17）
小型车辆后排乘员		
死亡	−25	（−35，−15）
重伤	−25	（−40，−10）
轻伤	−20	（−35，−5）
所有损伤	−21	（−36，−6）

三、关于公路客运准入管理

1. 欧盟公路客运概况

相比飞机、火车、自驾车等交通方式，欧洲公路客运并不发达，主要原因是需求不足。欧洲游客旅行很少选择乘长途汽车旅行，客运班车班次少，行车时间也长。欧盟鼓励各成员国客运公司以协议的方式缔结联盟，促进资源共享，提高运输市场要素配置效率，降低成本，提高风险抵御能力和市场竞争力。目前，欧洲最大的运输联盟是Eurolines。Eurolines是由欧洲各国的35个客运公司组成的联盟，通达25个国家的主要大城市，提供超过500个的旅行目的地。其通票可在规定的期限内无限地旅行。夜车线路的价格较便宜，但班次较少。

Eurolines在欧洲各主要城市均设有售票服务中心。单以法国为例，就设有17间服务中心及超过2300个售票地点。在欧洲各国寻找Eurolines巴士站非常方便，它们大多数与交通枢纽结合在一起。以巴黎的Eurolines巴士总站为例，直接连接地下铁路的3号总站，地铁内的路线图，均有显示Eurolines总站的标记。而某些Eurolines巴士站，与火车站共用一幢建筑物。如比利时布鲁塞尔、德国慕尼黑及法兰克福，其Eurolines车站均设于火车站外。Eurolines虽然是豪华长途巴士，但不是卧铺，只是座位；车票要提前预订，座位不固定，先到先得（图9-7、图9-8）。

与国内汽车运输公司相比，Eurolines的最大特点是其服务精神。其网站上有详细的车辆班次时间表、停靠站、不同时间段的车票价格信息，以及旅行保险、网上订票以及车票获得方式介绍等。另外，还有沿途旅店和风光的介绍。

图9-7 Eurolines网站订票引导

图9-8 Eurolines某乘车站点

2. 欧盟公路客运管理概况

欧盟境内公路客运及其管理主要受到以下几个层面所颁布的协议、法规与规范制约。

（1）欧盟层面。公路客运具有跨区域、流动性强等特点，由于欧洲国家面积普遍较小且一体化程度高，人员和货物流动较大，使得上述特点更加显著，因此欧洲国家主要通过欧盟层面制定共同规则对客运准入和运营安全管理进行规范。从近年来欧盟相关立法情况来看，这种通过欧盟层面来规范管理的趋势正在强化。目前欧洲主要国家的客运准入和运营安全管理基本都根据欧盟法规和指令施行。

（2）国际组织层面。欧盟鼓励各成员国互相之间以及和第三方国家缔结双边或多边协议，规范和简化客运准入审批程序与内容，强化运营安全管理和信息共享，鼓励各种授权文件和资质的互认等。典型的国际组织是"欧洲国际道路运输从业人员协定"。该组织成立于1985年7月31日，由阿尔巴尼亚、土耳其、俄罗斯等18个国家组成。从保护驾驶人权益的角度出发，该组织制订了驾驶时间、休息时间等方面的规定。

（3）国家层面。国家层面主要是各成员国在欧盟规范框架下制定的补充规定。随着欧洲一体化进程的深入，在客运安全管理的准入管理和动态监管方面，各成员国补充的实施细则内容进一步缩减，趋向于使用欧盟统一规定。以英国为例，在客运安全管理方面，主要制订了客车安全及配置标准、车辆外廓尺寸和载重标准、驾驶人驾驶时间与休息时间规定、违法处罚方式及数额、执法机关权限等方面的补充规定，其他如客运准入、路检路查、行驶记录仪使用规定等方面的内容主要以欧盟规定为主。

（4）国内不同区域层面。国内不同区域层面主要是对各类申请表格与文件等方面的细化规定，但主要集中于表格形式等方面，具体内容变动不大。如英国北爱尔兰对职业驾驶人资质申请表格的形式与英国国家层面的规定不同。

安全管理是公路客运管理的核心。当前，欧盟公路客运安全管理主要通过严格公路客运准入管理和强化公路客运动态监管来实现。以下主要介绍欧盟公路客运准入管理的政策内容。

3. 欧盟公路客运准入管理

（1）欧盟公路客运管理范围与分类。目前，欧盟层面规范公路客运管理的主要法规文件有：《关于利用公共汽车和长途客车开展国际长途客运服务活动的准入通用规定》（欧盟理事会和欧盟议会第1073/2009号法规）、《通过长途客车和公共汽车开展客运有关文件的细化规定》（欧盟理事会第2121/98号法规）、《关于从事国际国内公路客货运工作的许可和各成员国有关文书、证照及其他证明材料互认的规定》（欧盟理事会第96/26号指令）等。为了保障交通运输业的竞争开放性和公平性，促进区域客运市场一体化，欧盟基本统一了各成员国对公路客运准入管理的具体管理规定，代之以欧盟层面的统一规定。

①欧盟公路客运管理范围。欧盟主要对符合以下条件的公路客运活动进行规范管理。

a.在欧盟领土范围内利用长途汽车和公共汽车从事国际客运的。

b.客运主体是欧盟成员国内出租盈利、运营盈利或自主经营的单位。

c.载运工具须是在成员国内注册的汽车，并可以共享其他成员国客运场站和其他设施。

d.载客数（包括驾驶员）在9人以上。

②欧盟公路客运分类管理情况。根据各种客运经营方式对客运市场影响的大小，欧盟在对不同经营方式进行分类的基础上施行分类管理，主要客运经营种类有以下几种。

a.标准服务（Regular Services）。

b.特殊标准服务（Special Regular Services），例如运送工人或学生的班车。

c.临时服务（Occasional Services），例如运送一伙年轻人去其他成员国观看演唱会，或一次性旅游客运，类似于国内包车服务。

d.自主经营运输活动（Own-Account Transport）。

标准服务以出租盈利或运营盈利为目的，需要主管机构行政审批；临时服务采取里程表的方式进行管理，无须行政审批；特殊标准服务需要承运人和服务对象签订有关合同；自主经营运输需要获得自主经营许可（由车辆注册地所在国家颁发）。

（2）公路客运承运人所需满足的基本条件。欧盟鼓励不同国家的各类承运主体在欧盟境内公平地开展公路客运服务。这些承运主体主要包括：任何以营利或非营利为目的的自然人、法人，或不具备法人地位的社团、组织，或官方机构或其分支机构。但承运主体需要满足以下基本条件。

①好的声誉。

②适当的经济实力。

③专业能力。

如果申请者是无法达到"专业能力"条件的自然人，申请者可以指定满足"好的声誉"和"适当的经济实力"的，能持续有效开展相关运输活动的其他承运主体来代替其开展"专业能力"方面的工作。主管机构在申请者指定其他人之后，应该同意其开展经营活动。

如果申请者不是自然人，其有关工作人员必须符合"好的声誉"和"专业能力"的有关标准。

①基本条件之"好的声誉"。默认情况下，承运人均具有"好的声誉"，但出现下述情况时，即认为其不具备"好的声誉"或不再具备"好的声誉"。

a.严重犯罪，包括商业性质的犯罪。

b.根据现行规定，被宣判不再适合开展道路运输工作。

c.严重违反道路运输劳工工资和工作条件方面的法规。

d.严重违反道路客货运相关法规，尤其是违反驾驶时间与休息时间、商用车辆载质量和外廓尺寸、道路安全和车辆安全、环境保护和行业责任方面的规定。

②基本条件之"适当的经济实力"。适当的经济实力意味着承运人需具备足够的资源以确保运输工作的顺利开展。为正确评估承运人的经济实力，需重点关注以下财务指标：年度运输收入、现金流（包括银行现金存款、透支额和贷款额）、资产、成本（包括采购成本，最初购车、房产、车间、设备投入成本和营运成本等）。

为确保运输工作的正常开展，欧盟规定：承运人第一辆在用车辆所需的资本及资金储备应不少于9000欧元，以后每增加一台车辆，至少增加5000欧元的配套资金。财务方面的证明材料一般由银行或其他具备相关资质的机构出具。

③基本条件之"专业能力"。承运人所需掌握的知识主要有：与道路客运相关的民法、商法、社会法、财政法、经营和财务管理、市场准入、技术标准和操作以及道路安全方面等8个方面的知识，基本涵盖了从事公路客运所需的驾驶员管理、车辆管理、客运经营管理、安全管理、财务管理等方面的知识。其中道路交通安全方面主要需要掌握以下知识和技能（图9-9）。

a.知晓驾驶证、诊断书、健康证明等合格驾驶员所需具备的条件。

b.能根据不同成员国道路通行、禁止和限制方面的现行规定（速度限制、优先通行、等待和停车限制、灯光使用、道路标志标线等）采取必要的适应措施。

c.能制定车辆状况、安全设备和货物安全的检查程序及预防手段。

d.清楚事故处理程序，清楚防止二次事故和严重交通违法相关程序。

e.基本掌握各成员国基本路网布局。

（3）标准服务准入管理。

①标准服务定义。标准服务是在特定路线上特定距离范围内提供的客运服务，乘客在事先确定的停车点上车或下车。标准服务面向所有人，可能的适当情况下，需要强制保留这一服务。标准服务具有"定期"等稳定性特性，不能受到服务条件改变的影响。

②标准服务准入条件。标准服务是最普遍的公路客运服务，欧盟对其管理最严，开展相关工作必须获得国家授权，并且一般每5年需要提出续期申请。

申请开展标准服务的承运主体需要向成员国主管机关提交以下材料。

a.运营时间表。

b.票价表。

c.欧盟运输许可副本。

d. 拟提供服务的种类、运量等信息。

e. 标有运营路线和上下站点的合适比例的地图。

f. 驾驶时间编排表，确保驾驶行为符合欧盟法规有关驾驶时间和休息时间的规定。

欧盟共同体

颁发授权文件成员国标记[1]　　　　　　　　　　主管机构

_____　　　　　　　_____

_____

国内 (或国际)[3] 道路货运(或客运)[3] 专业能力凭证

第_____号

　我们[2]_____

在此颁发此证书给

　1)[4]_____

出生地_____　出生年月_____

已经通过了根据[5]_____ 组织的国内(或国际)[3]道路

货运(或客运)[5]专业能力凭证相关专业测试 (年_____：考试_____)[5]

　2)上条提及的考试人具备了从事国内(或国际)[3]道路货运(或客运)[3]专业能力：

　——只具备国内运输的专业能力[3]：

　——具备国际运输的专业能力[3]。

　本凭证是具备1996年4月29日发布的欧盟(EC)理事会第96/26号指令—《关于从事国际国内公路客货运工作的许可和各成员国有关文书、证照及其他证明材料互认的规定》第10章第一款所提到的专业能力的足够凭证。

颁发地_____，颁发时间_____

　　　　　　　　　　　　　　　　主管机构署名和盖章_____

_____

注: 1.奥地利 (A). 比利时(B). 丹麦(DK). 芬兰(FIN). 法国(F). 德国(D). 希腊(GR). 爱尔兰(IRL). 意大利[1].卢森堡(L). 荷兰(NL), 葡萄牙(P),西班牙(E), 瑞典(S), 英国(UK).

　2.欧盟成员国的指定的负责颁发此凭证的主管机构或分支机构。

　3. 可以删除。

　4.姓名: 出生地和出生日期。

　5.考试编号。

　6.在本指令中选取的相关法律法规。

图9-9　欧盟客货运从业人员专业能力凭证

资料来源：根据"欧盟理事会第96/26号指令"整理

出现下列情况之一，授权机构有权不予颁发授权文件。

a. 提供运输服务的硬件设备不达标。

b. 申请人在过去有过违反国内或国际道路运输有关法律的情况，特别是有关国际客运服务没有达到授权文件所载明的条件和要求。

c. 申请人在过去有过严重违反道路安全法律规定的行为，特别是违反有关车辆和驾驶记录、休息时间规定等方面的法律。

d. 有迹象表明现行服务问题将对授权标准服务行为产生危害，除非这种现行服务问题是由个别人或少数人造成的。

e. 申请文件表明服务活动只专注于线路中有利可图的服务。

f. 成员国经过详细考虑后认为申请的服务将对本地区相关铁路运输业务产生重要影响。

欧盟规定：法定机构在出具授权文件的时候需载明承运主体的名字，承运主体不可将运输许可转让给第三方。然而，在征得法定机构同意的情况下，获得授权文件的承运主体可将相关服务向其他方分包；在这种情况下，分包方的名称及其分包地位需要在授权文件中载明。也就是说，具备标准服务授权的承运主体，只能以协议或合同的方式将部分业务分包给其他承运主体，绝对不能有"挂靠"标准服务授权证书的现象发生（图9-10）。

图9-10　标准服务和未签订合同的特殊标准服务的授权文件模板

资料来源：根据"欧盟理事会第2121/98号法规"整理

③关于欧盟运输许可。以出租盈利或运营盈利为目的的承运人在欧盟境内开展国际客运工作，需要获得欧盟运输许可（Community License），作为承运主体应具有满足国际道路客运市场的准入条件、可以开展跨国或跨地区的客运活动的证明文件。因此，无论是

标准服务、特殊标准服务还是临时服务，只要在欧盟境内开展跨国客运，均需要获得承运主体成立地所在成员国颁发的欧盟运输许可。欧盟运输许可有效期为5年，期满可申请更新。

欧盟运输许可载明了运输主体的名称，该名称不可变更。欧盟运输许可分正本和副本两种。正本由运输主体持有；经过证明的副本一车一本、随车携带，便于授权官方机构随时检查，副本数量与欧盟运输许可中载明的可供运输主体所有者支配的可用车辆数目一致。所谓的"可供运输主体所有者支配的可用车辆"是指这些车辆或者是由运输主体所有者全权所有，或者是通过分期付款、租赁契约、租赁合同的方式所有。即是说，承运主体可支配的车辆所有权或使用权应该归属于承运主体（图9-11）。

欧盟共同体

(a)

(重型、蓝色纸张，德国工业标准A4)

(运输许可第一页)

(用官方语言填写或颁布本运输许可的成员国的官方语言填写)

颁发运输许可成员国标记[1]　　　　　　　　　主管机构指定机构

　　　运输许可号_____

适用于通过长途客车和公共汽车以出租或运营盈利方式开展国际旅客运输活动

运输许可持有人[2]：_____

_____

根据于1992年3月16日发布的欧共体(EEC)理事会第684/92号法规(该法规已经欧盟(EC)理事会第11/98号法规修改)和本许可确定的一般规定，你被授权通过长途客车和公共汽车以出租或运营盈利方式开展国际旅客运输活动。

注释：_____

_____

_____

本许可从_____至_____有效

颁发地_____颁发日期_____

　　　　　　　　　　　　　　　　　　_____[3]

_____

注：1.奥地利(A)，比利时(B)，丹麦(DK)，德国(D)，希腊(GR)，芬兰(FIN)，法国(F)，爱尔兰(IRL)，意大利(I)，卢森堡(L)，荷兰(NL)，葡萄牙(P)，西班牙(E)，捷克(CZ)，爱沙尼亚(EST)，塞浦路斯(CY)，拉脱维亚(LV)，立陶宛(LT)，匈牙利(H)，马其他(M)，波兰(PL)，斯洛文尼亚(SLO)，斯洛伐克(SK)，保加利亚(BG)，罗马尼亚(RO)，瑞典(S)，英国(UK)。

2.承运人全称或企业名称全称。

3.颁发机构署名和盖章。

图9-11　欧盟运输许可样本

资料来源：根据"欧盟理事会第11/98号法规"整理

（4）特殊标准服务准入管理。

①特殊标准服务定义。当标准服务对象是特殊群体时，这样的标准服务在以下部分被

定义为"特殊标准服务"。

a. 往返于居民区与工厂之间的工人班车运输。

b. 接送上下学学生的校车运输。

c. 往返于居住区与驻扎地之间的军人及军属班车运输。

②特殊标准服务准入条件。对于特殊标准服务，一般提倡运输主体与运输对象签订合同，以此规范各自的权利和义务；未签订合同的特殊标准服务需要完全按照标准服务的有关要求获得授权文件。承运人在开展运营服务时，要确保营运车辆随车携带欧盟运输许可、授权文件或合同，随时接受检查。

（5）临时服务准入管理。

①临时服务定义。临时服务是指达不到标准服务定义的服务，此处的标准服务包括特殊标准服务。临时服务的重要特性之一就是服务对象具有初始整体性（如包车）或服务对象就是运输主体员工。

②临时服务准入条件。临时服务不需要获得授权，主要通过控制文件——旅程表的方式进行管理和规范。旅程表则主要由承运主体成立地所在国家主管机构或主管机构授权的机构颁发。关于旅程表的使用，主要有以下规定：承运人应该在每次旅程前填写旅程表；承运人对旅程表的保存负责；旅程表首联由对应载客车辆全程携带，副本之一交由承运主体保存，并须按时向主管机构提交其他副本。

旅程表至少要包含以下信息。

a. 服务种类。

b. 主要旅程路线。

c. 参与的承运主体。

旅程表每25份装订成册，每份均有副本、可分拆。每册均有编号。每册中旅程表从1至25依次编号。具体旅程表样式参见图9-12。

（6）自主经营服务准入管理。

①自主经营服务定义。自主经营是指由自然人或法人承担的非商业目的或不以营利为目的的运输活动，提供的服务具有如下特征。

a. 运输活动仅仅是自然人或法人的辅业。

b. 运输车辆属于自然人或法人的财产，包括自有财产、通过延期贷款获得或长期租赁获得。

c. 运输车辆驾驶员为自然人或法人单位的职员或者就是自然人或法人自身。

②自主经营准入条件。自主经营承运人开展公路客运活动需要满足的条件：首先是满足有关市场准入条件的规定；其次是满足道路运输安全方面的条件，特别是达到驾驶员和车辆安全方面的标准。自主经营无须授权，但须获得相应许可。许可由车辆注册地所在国家主管机构颁发，全旅程有效，包括过境国家。自主经营管理相对比较简单，开展相关服务许可证样式如图9-13所示。

旅程表——模板　　　第_____号

(浅绿色纸张，A4)

适用于国际临时服务和以"异国服务"方式开展的临时服务

(如果需要，各条目可另备纸张补充)

1	车辆注册号	注册地点、时间，承运人签名			
2	承运人、分包商或承运人联盟	1_____ 2_____ 3_____			
3	驾驶员姓名	1_____ 2_____ 3_____			
4	对临时服务负责的组织或个人	1_____ 2_____ 3_____ 4_____			
5	服务种类	□国际临时服务　□"异国服务"方式的临时服务　□"异国服务"方式的特殊标准服务—月度报告　　日期：_____年_____月			
6	服务起始地国家_____　服务起始地_____ 服务目的地国家_____　服务目的地_____				

7	旅程 日期	路线/每日停靠点/上下客站点 出发地　到达地	旅客数量	空程(用×标出)	计划里程 km

8	由同组另一承运人转运的换乘点	下车旅客数量	终点站下车旅客数量	上车旅客数量

9	本地旅行 时间	计划里程 km	出发地	目的地	旅客数量

10	其他变动

图9-12　临时服务之控制文件旅程表

资料来源：根据"欧盟理事会第2121/98号法规"整理

颁发授权文件成员国标记*　　　　　　　　　　主管机构

_____　　　　　　　_____

自主经营许可

适用于根据欧共体(EEC)理事会第684/92号法规通过长途客车和公共汽车在成员国之间开展自主经营载客运输

_____

(以下部分由开展自主经营的自然人或实体填写)

署名人_____

对自主经营活动负责，非营利组织或其他组织(可进行描述)

_____

(名称或正式名称，及地址)

将遵循以下规定和事实：

——提供的旅客运输服务是非营利和不以商业为目的的：

——旅客运输服务只是本人或本组织的辅业：

——运输车辆属于自然人或法人的财产，包括自有财产、通过延期贷款获得或长期租赁获得：

——运输车辆驾驶员为自然人或法人单位的职员或者就是自然人或法人自身。

承运人或承运实体代表人签名_____

(主管机构填写)

本许可根据欧共体(EEC)理事会第684/92号法规第13章规定制作。

有效期：_____颁发地和颁发日期_____

主管机构署名和盖章_____

_____

注：*奥地利(A),比利时(B),丹麦(DK),芬兰(FIN),法国(F),德国(D),希腊(GR),爱尔兰(IRL),意大利(I),卢森堡(L),荷兰(NL),葡萄牙(P),西班牙(E),瑞典(S),英国(UK)。

图9-13　自主经营许可文件样式

资料来源：根据"欧盟理事会第2121/98号法规"整理

4. 对我国的启示

公路客运安全保障是一项微观工作，需要落实到具体的人、车、路与管理中去，这一任务最合适的承载体就是企业。因此，建立以企业为经营主体的公路客运体系，是公路客运安全管理的本质回归。运输企业在驾驶员的教育培训、激励与惩罚、日常管理，客运组织与管理，车辆性能维护等方面都能发挥很大的效用，这些方面也正是客运安全管理的重点和难点之所在。但是，也不应简单地限制个人或其他实体开展公路客运，这是构建开放公平的竞争环境的本质要求。

安全准入管理的最终目标是真正落实企业的安全主体责任。落实企业的安全主体责任，就是要从制度设计上保证企业提供高效、安全、舒适、经济、环保的服务产品，这主要取决于运输工具、人员、资金与管理等安全生产要素的整体效应发挥程度。参照欧盟做法，我国应提高开展公路客运活动在资金、运输车辆标准、专业技能、安全管理水平等方面准入条件，通过提高准入门槛的方式逐渐提高公路客运行业集中度。

企业作为人类有史以来最成功的生产与服务组织形式，能够有效整合资金、技术、物质基础和管理等各种资源，充分发挥整合效应和规模效应，最大限度地输出经济效益和社会效益。进行安全生产，是企业发挥社会效益的重要内容。因此，我国可通过市场的培育和竞争，鼓励各运输企业联合形成运输联盟，逐渐形成一大批管理优秀、竞争力强的企业或企业联盟，使得企业落实安全主体责任所需的物质和管理保障能力将进一步增强。需要注意的是，我国应该进一步明确提出客运车辆应该是运营主体能够控制的车辆，即所有权或使用权归属于运营主体的车辆，坚决杜绝公路客运的挂靠运营，改变挂靠运营中权利和义务严重不对等的现状。

第三节　临时入境管理

一、总体情况概要

《国际道路交通公约（1968）》《国际道路交通公约（1949）》《美洲地区汽车交通公约（1943）》是目前国际上应用最广泛的三大道路交通公约，绝大部分国家和地区加入了其中的某个公约，还有部分国家加入了以上2个或3个公约。上述公约均对临时入境车辆的条件做出了具体要求，包括登记要求、登记文件要求、临时入境滞留期要求、号牌号码要求、国别识别标识、车辆辨别标识、车辆安全技术条件、车辆尺寸和质量限值等方面。

二、《国际道路交通公约（1968）》对临时入境车辆的条件要求

1.临时入境车辆的范畴

在界定何为"临时入境车辆"时，该公约规定了以下3个方面的要素：①为通常居住在该国以外的自然人或法人所有；②非在该国登记；③暂时输入该国，对在缔约国境内滞留一年以上且无较长时间中断者，缔约国可拒绝认其为"国际交通"车辆，间断时间之长短，可由缔约国作出规定。

2.临时入境车辆的登记要求

临时入境的汽车、挂车和摩托车必须经过登记。登记证书中应包括以下信息：登记号牌；初次登记日期（或制造年份）；证书持有人的全名及住址；车辆制造厂家名称或商标；车辆底盘的编号（厂家的生产或序列编号）；如为运载货物车辆，登记最大允许质量；如为运载货物车辆，登记整备质量；有效期（如果不是永久有效）。另外，对于摩托车和小型车辆，还要求在登记证书上方印刷登记国的识别标志，并且要求在上述8项信息之前或

之后，加上相应的字母A、B、C、D、E、F、G和H。

3.登记号牌的要求

凡进入国际交通的汽车，均须在车头和车尾显示登记号牌，但摩托车只需在车尾显示登记号牌。登记号牌的构成及显示方式，应符合以下规定：①登记号码应由数字或数字加字母组成。数字为阿拉伯数字，字母为大写拉丁文印刷体；也可使用其他数字或字体，但此种情况下，须再以阿拉伯数字和大写拉丁文印刷体标示登记号码。②登记号码的组成和显示，须使处于车辆轴心线上的人在车辆处于静止状态下可在正常日光下于至少40 m距离处辨认；但登记的摩托车和难以安装足够规格之登记数字可供40 m距离处辨认的特别类型汽车，各缔约国可减少最低辨认距离。③显示登记号码的号牌应为扁平，垂直或接近垂直固定，与车的中央纵剖面成直角。

4.登记国的国别标志要求

凡进入国际交通的汽车，除其登记号牌外，还应在尾部显示该车登记国的国别标志。该标志可与车牌分开显示，也可放入车牌之内。识别标志由1~3个大写拉丁文字母组成。公约还对识别标志的形状、大小、颜色，以及各缔约国识别标志字母的分配等做了详细规定（图9-14、图9-15）。

图9-14　置于号牌外部的国别标志（一）

图9-15　置于号牌外部的国别标志（二）

5. 辨识标志要求

凡汽车和挂车进入国际交通，均应具备车辆辨识标志。对于汽车，辨识标志包括：①车辆制造厂家名称或商标；②车底盘或当无底盘时车身上的制造厂家生产或序列编号；③发动机编号（如制造厂家在发动机上标有号码）。挂车须具备上述前两项标识，轻便摩托车须有汽缸容量及"CM"标记。上述标记应位于便于查验之处，易于辨认。

6. 车辆的技术要求

《公约》对车辆的制动系统、灯光和信号系统、转向系统、后视镜、轮胎等均提出了功能和性能方面的要求，并且要求入境车辆满足上述要求。

7. 可不允许临时入境的情形

对于以下情形，缔约国可拒绝入境：①车辆外廓尺寸、总质量、轴荷超过本国法规限值的；②带挂车的摩托车、由汽车及数个挂车构成的车辆组合、用于载客的铰接车辆；③轻便摩托车和摩托车驾驶人及其乘客未戴防护头盔者；④残疾人用车、试验用车、低速车辆等。

三、《国际道路交通公约（1949）》对临时入境车辆的条件要求

1949年公约是1968年公约的基础，两个公约在对临时入境车辆的要求方面内容基本类似，只是1949年公约的部分规定稍显粗线条。不同的是，1949年公约直接给出了临时入境车辆外廓尺寸和质量限制的具体数值。

四、《美洲地区汽车交通公约（1943）》对临时入境车辆的条件要求

具体要求为：①进入缔约国境内的车辆必须事先在本国登记。②临时入境车辆必须粘贴国别识别标志，该标志为椭圆形，椭圆短轴不少于8cm，长轴为26cm，白底黑字，黑字内容为公约分配给各国的拉丁大写字母。该标志由本国车辆登记部门或其授权的机构核发。③车辆应有便于查验的辨识标志，包括制造厂名称、底盘制造厂家生产或序列编号，以及发动机号。④规定了车辆尺寸和质量方面的具体限值，对于超限车辆需要登记国颁发特别许可。⑤对车辆制动系统、转向系统等技术条件作了具体要求。⑥如果入境国有要求，则车辆须持有国际登记证书，证明该车符合本公约对车辆的所有规定，与本国登记证书共同使用。国际登记证书由本国车辆登记部门或其授权的机构核发，有效期1年。公约还对国际登记证书的尺寸、签注信息作了具体规定。⑦入境国应记录入境该国的车辆和驾驶人的信息，并且要标注车辆是否达到安全技术条件和尺寸、质量限制要求。另外，公约要求各缔约国要固定并明确在边界办理临时入境车辆手续机构的工作时间和地点。